# NOUVEAU

# DICTIONNAIRE HISTORIQUE

### DES

# ENVIRONS DE PARIS.

IMPRIMERIE DE LACHEVARDIERE FILS,

RUE DU COLOMBIER, N°. 30, A PARIS.

# NOUVEAU

# DICTIONNAIRE HISTORIQUE

### DES

# ENVIRONS DE PARIS,

#### PAR

## P.-J.-S. DUFEY (DE L'YONNE).

AVEC UNE NOUVELLE CARTE DES ENVIRONS DE PARIS,

DANS UN RAYON DE QUARANTE LIEUES.

## PARIS,

## CHARLES PERROTIN, ÉDITEUR,

RUE SAINT-HONORÉ, N°. 278;

MACCARTHY, LIBRAIRE, RUE MIGNON, N°. 2 ;

PONTHIEU, LIBRAIRE, PALAIS-ROYAL.

1825.

# INTRODUCTION.

L'aspect des environs d'une grande cité
révèle à l'observateur judicieux les mœurs, les
habitudes et les goûts de ses habitans. C'est
peu de savoir ce que chaque site offre de
remarquable, on veut encore connaître ce
qu'il a été, de quels événemens il a été le
théâtre, quels personnages célèbres ou fameux l'ont habité; quelles habitations ont
remplacées ces nouvelles demeures dont on
admire l'élégance; comment étaient cultivées
ces terres, dont l'agronomie moderne a per-
fectionné et varié les produits.

Cette comparaison des temps et des choses
qui ne sont plus, avec les objets qui frappent
nos regards, avec les événemens dont nous
sommes les acteurs ou les témoins, et le silence
des campagnes, épurent, élèvent, agrandissent
nos pensées, et impriment à nos méditations
ce calme et cette indépendance qui semblent
nous fuir au milieu du fracas et du tumulte
des villes. En se rapprochant de la nature,
l'homme se sent et plus grand et meilleur.

Le Prospectus de cet ouvrage a paru il y a

a

deux ans, en même temps que celui du Dictionnaire historique de Paris, dont il était le complément indispensable. Ce second ouvrage était prêt et devait suivre immédiatement la publication du premier; des circonstances qu'il m'était également impossible de prévoir et d'éviter, m'ont forcé d'en différer l'impression.

De nouveaux voyages, de nouvelles recherches, m'ont permis de faire à mon premier travail tous les changemens que des événemens politiques récens ont rendus nécessaires, et d'indiquer les mutations, les augmentations des établissemens d'industrie agricole et commerciale. Des villages, des bourgs, des villes, ont vu détruire d'anciennes constructions, et de nouvelles s'élever. Les produits agricoles ont varié sur certains points, des manufactures se sont formées sur un plus grand nombre; et, sans rien changer au plan de mon travail, j'ai dû lui faire subir de nombreuses corrections pour qu'il ne cessât point d'être exact.

Les environs de Paris sont riches en souvenirs historiques. Les rois de la première et de la seconde race ont, presque tous, fixé leurs résidences habituelles à des distances plus ou moins éloignées de la capitale. Ceux de la troisième race n'y tenaient leur cour qu'une faible partie de l'année. Les deux rois qui ont occupé le trône le plus long-temps, Louis XIV et Louis XV, n'y ont fait que de courtes et rares apparitions, soit que les souvenirs d'une minorité orageuse, soit que la facilité de s'isoler à la campagne, leur ait fait préférer le séjour de Saint-Germain, de Fontainebleau, de Compiègne, de Versailles, etc. Les courtisans, toujours disposés à se rapprocher du canal des faveurs et des grâces, n'avaient dans la capitale que des hôtels presque toujours déserts.

Je n'en citerai qu'un seul exemple entre mille : Ruel n'offrait qu'un vieux manoir seigneurial, presque oublié avant que le ministre cardinal Richelieu eût transformé ce manoir en un palais. Tous les gens de cour, qui n'avaient point songé à s'établir près de la résidence du roi, s'empressèrent de se faire construire des maisons de campagne dans le voisinage du ministre. Richelieu ne cessa de régner qu'en cessant de vivre, et à peine eût-il rendu le dernier soupir, que les nouvelles habitations de Ruel furent abandonnées.

a.

Il est facile de se faire une juste idée de l'état de nos campagnes dans les temps qui nous ont précédés. Une foule d'actes publics, de monumens, des documens historiques, nous en retracent le tableau.

Avant, et même long-temps après le rétablissement des assemblées nationales, appelées États-Généraux, les rois n'avaient d'autres revenus que ceux de leurs domaines : les résidences royales n'étaient que des fermes dont l'exploitation était plus ou moins étendue. Ils ont dû fortifier leurs manoirs, moins pour leur donner un caractère de souveraineté que pour leur propre sûreté; leur puissance était alors si bornée, que l'on vit un comte de Corbeil braver toutes les forces et toutes les troupes d'un roi de France, et ce roi était réduit à requérir, souvent sans succès, l'appui de ses vassaux.

Depuis que les seigneurs, mot qui dans son origine et dans sa véritable acception ne signifiait que les *anciens*, s'étaient fait reconnaître comme propriétaires des pays dont ils n'étaient que les administrateurs temporaires et révocables, ils régnaient en souverains dans le pays dont ils avaient usurpé la domination, fixaient et recevaient seuls les impôts. Leurs vassaux ne pouvaient plus se considérer comme sujets d'un roi qui ne pouvait les protéger, et dont ils n'avaient rien à espérer ni à craindre. Toujours en guerre les uns contre les autres, les seigneurs ne songeaient qu'à attaquer ou à se défendre; la culture des terres sans cesse exposées au pillage et à la dévastation, devait être très-négligée ou tout-à-fait abandonnée. Les produits étaient presque nuls, et les impôts ne pouvaient être considérés comme une ressource lucrative. Cependant les amendes, les compositions, étaient très-multipliées, mais ce qui prouve que la perception en était difficile, et souvent impossible, c'est que, d'après nos anciennes coutumes, chaque délit était passible d'une peine corporelle, au défaut de l'acquittement de l'amende.

Dans le premier partage des terres entre les compagnons de Clovis, un tiers fut, à titre de bénéfice, donné au peuple conquérant. Il faut déduire des deux autres tiers ce que les leudes ou fidèles acquirent ou usurpèrent, et les terres dont les monastères et les églises furent, dès cette époque, richement dotés. Ces leudes, laïques ou ecclésiastiques, conservaient encore sur la portion réservée aux anciens habitans le droit de pacage et de chasse; que restait-il pour l'agriculture dont les dîmes seigneuriales et ecclésiastiques prélevaient le plus net produit ?

Les terres concédées au clergé semblaient devoir échapper à tant de fléaux. Héritier de toutes les familles, acquérant toujours et n'aliénant jamais, le clergé, qu'enrichissaient chaque jour de nouvelles dotations, n'avait pas besoin de recourir à la voie des armes pour s'agrandir aux dépens de ses voisins; ce qu'il possédait n'était pas toujours respecté; mais il jouissait aussi de toutes les prérogatives seigneuriales, et les évêques, les abbés, les simples prieurs, marchaient au combat à la tête de leurs vassaux. On sait comment deux évêques se firent, sous des rapports différens, remarquer à la bataille de Bouvines; on sait quels furent les débats des moines de Saint-Denis et du chapitre métropolitain de Paris avec le redoutable Burchard, chef de la maison Montmorency.

Rien de plus bizarre et de plus affligeant que cette complication de foi et hommages entre les deux ordres, je pourrais dire, les deux factions dominantes auxquelles la France fut si long-temps asservie. Ici, les chefs des maisons les plus puissantes, les rois mêmes, s'humiliaient devant un évêque, un abbé, un prieur; là, un ecclésiastique ridiculement affublé d'un casque et d'un bouclier, et botté et éperonné, venait rendre foi et hommage à un seigneur, aussi pauvre que vain, et dont le gothique manoir tombait en ruines.

J'ai rappelé tous les écarts de l'anarchie féodale, et je me suis estimé heureux quand j'ai pu signaler à mes lecteurs quelques fondations pieuses dont l'objet, vraiment utile, intéressait les mœurs et l'instruction. Un seul nom m'a souvent fourni l'occasion de rappeler des événemens ou des personnages très-remarquables de notre histoire, et l'origine, le maintien ou la violation de nos plus importantes institutions.

L'ignorance perpétuait ce monstrueux conflit de toutes les passions basses et haineuses; un événement, non moins extraordinaire dans sa cause que dans ses résultats, en suspendit les effrayans progrès. Louis VII, dit le Gras, élevé dans un cloître, avait eu pour compagnon un pauvre orphelin, né sans doute dans le monastère; appelé enfin sur un trône qui n'était plus envié depuis qu'il ne donnait plus le pouvoir, il fit de cet orphelin son premier ministre, et il fut assez heureux pour

lui associer de dignes collégues, pris dans une
même famille, jusqu'alors inconnue, et le
ciel semblait avoir réuni près de lui ces
hommes aussi probes qu'éclairés : Louis VII
trouva dans Suger et les frères Garlande des
ministres citoyens qui sentirent que le roi et
la nation, également victimes des excès de
l'anarchie féodale, ne pouvaient mettre un
frein à ces désordres qu'en confondant leurs
intérêts, qu'on ne sépare jamais sans crime
et sans danger. Louis VII proclama l'affranchissement des communes; il vendait, il est
vrai, là jouissance d'un droit qu'il savait avoir
été usurpé, mais cet affranchissement n'en fut
pas moins un bienfait, et l'agriculture en re-
cueillit les premiers fruits. Les coteaux qui
environnent Paris se couvrirent de vignes,
les plaines, de riches moissons. Des maisons
plus commodes, plus vastes, remplacèrent
les chétives chaumières. Les famines, suites
inévitables de guerres intestines et jamais
interrompues, cessèrent d'être des fléaux périodiques. La peste suspendit ses ravages.
Ces améliorations préparèrent d'autres améliorations non moins importantes, et qui ont
immortalisé le règne de Saint-Louis. Les
*établissemens*, les grands baillages, et cette

pragmatique sanction, la plus sage de nos lois religieuses, la première garantie des libertés de l'église gallicane, et qui n'a jamais été légalement abrogée, sont autant de titres qui recommandent ce prince à la vénération, à la reconnaissance des Français.

La France avait pu espérer jouir de ces bienfaits dès le règne de Charlemagne. Ce prince fut aussi plus grand que son siècle; mais ses efforts pour ramener à la civilisation par l'instruction n'avaient pas été heureux. Il voulait que la nation fût instruite, et l'instruction resta concentrée dans les cloîtres. Et c'est une remarque peut-être nouvelle, mais démontrée par des faits incontestables, que celui de nos rois qui fit le plus pour l'instruction publique, fut Louis XI.

L'histoire des quatorzième et quinzième siècles n'est pas assez connue. Quelques annalistes, adoptant les rêves de nos vieux romanciers, ont fait de cette époque le plus attrayant tableau; d'autres ont vu la vérité des faits dans toute son hideuse nudité, et n'ont osé soulever qu'une partie du voile dont la couvraient tant de fictions et tant de préjugés.

Plus rapproché des rois, des princes et des

principaux seigneurs, et les dominant tous
par le double ascendant d'un ministère sacré
et de la puissance d'un système de domination unique et fortement combiné, le clergé
voyait croître ses richesses et son pouvoir, et
il possédait aux environs de Paris les terres
les plus fertiles : plusieurs de ses vastes domaines pouvaient être considérés comme de véritables principautés. Si quelques-uns des plus
riches établissemens religieux de l'intérieur
de Paris datent du règne de Louis XIII, ceux
de ses environs remontent à des époques
plus éloignées. Les successions amènent d'inévitables changemens dans les propriétés des
familles ; les grandes propriétés du clergé
n'étaient pas exposées à ces révolutions domestiques, et les nombreux couvens, les
chapitres, les abbayes, possédant une très-
grande partie des terres qui environnent la
capitale, ont dû, aussitôt que la paix fut
rendue aux campagnes, encourager les dé-
frichemens, et rendre à la culture des terrains immenses, que la tourmente féodale
avait, depuis plusieurs siècles, frappés de
stérilité.

Sous le règne des femmes, les hommes gou-
vernent, a dit Montesquieu, et il en conclut

que les peuples sont plus heureux. Notre histoire fourmille de nombreux exemples de l'o-
pinion contraire : ce sont des femmes, en effet,
qui ont tenu de fait le sceptre du pouvoir sous
les derniers Valois ; elles étaient gouvernées
par des hommes, mais ces hommes appartenaient à un ordre exclusif ; ils ne connais-
saient point de patrie, et ne s'occupaient de
leurs familles que pour les combler de richesses
et de dignités. Ainsi, Diane de Poitiers disposa
de l'administration publique sous Henri II ;
Catherine de Médicis lui succéda dans le
pouvoir ; un homme dirigeait Diane et Catherine, et cet homme était le cardinal de
Lorraine ; Mazarin gouverna sous l'autre Médicis ; des favorites plus obscures disposèrent
de tous les emplois sous Louis XIV et Louis XV.
Les châteaux n'étaient plus des forteresses
nécessaires, et devinrent des maisons de pur
agrément. Ce fut pendant cette période que
s'élevèrent et s'embellirent Anet, Saint-Germain, Versailles, etc.

Les environs de Paris prirent un nouvel
aspect. Les courtisans, les riches financiers,
rivalisèrent de luxe et d'ostentation. Les archevêques de Paris, les abbés de Saint-Germain-des-Prés, de Saint-Martin-des-Champs,

se firent construire des palais dans les environs de Paris. On ne vit partout que magnifiques châteaux. Les princes légitimes et légitimés imitèrent l'exemple de Louis XIV ;
les ministres, les premiers magistrats, voulurent aussi avoir à la campagne de vastes
jardins, des parcs, des appartemens somptueux, et l'on vit s'élever Chantilly, Saint-
Cloud, Mousseaux, Sceaux, Chanteloup, les
Ormes, Brunoi ; mais rien n'égalait la magnificence ; l'étendue de ce fastueux château
de Versailles, dont la vaste enceinte ne pouvait être comparée qu'à l'étendue d'une province du troisième ordre.

Le Nôtre, que Louis XIV, qui aspirait à
tous les genres d'illustration, avait envoyé en
Italie, pour y étudier les plans de ces *villa*
fameuses élevées pour les princes de l'Église,
ne rapporta rien de nouveau de son voyage.
Il ne pouvait donner à la France le beau ciel
et la température de l'Italie, il resta fidèle
aux inspirations de son génie, et suivit pour
la France les plans qu'il avait conçus et qui
seuls pouvaient lui convenir. Mais ces vastes
terrains consacrés à de fastueuses et inutiles
plantations, étaient perdus pour l'agriculture.
Les capitaineries des chasses, les garennes, ce

qu'on appelait les plaisirs du roi, laissaient beaucoup de terres sans culture, et cet état de choses se maintint jusqu'à la fin du siècle dernier. Les événemens politiques qui ont signalé cette époque si extraordinaire et si mal appréciée, ont tout changé au profit de l'agriculture et de l'industrie commerciale. Les propriétés privilégiées ont passé en d'autres mains, les nouveaux possesseurs, en ne cherchant que l'utile ont aussi trouvé l'agréable ; le sol s'est enrichi d'un grand nombre d'arbres et de plantes exotiques ; des espèces, jusqu'alors dédaignées ou méconnues, ont été utilisées ; l'agriculture a fait d'immenses progrès dans tous les genres ; de riches propriétaires se sont éclairés et enrichis par des expériences dont les cultivateurs ordinaires ont profité. Jamais nos campagnes n'ont présenté un tableau plus brillant, plus riche et plus varié.

Des haras, des bergeries, se sont formés. Louis XVI avait fondé à Rambouillet le premier établissement de troupeau mérinos ; des troupeaux semblables et très-nombreux existent maintenant sur tous les points de la France, et malgré les désastres et les dévastations des troupes étrangères, pendant les années 1814 et 1815, la France suffit encore aux besoins de ses manufactures.

Le troupeau établi à Rambouillet par Louis XVI, servit peu à l'agriculture, il eût fallu à ce prince des ministres dignes de lui, qui pensassent comme Colbert et Sulli. Ces ministres citoyens, si rares, même sous les bons rois, considéraient avec raison l'agriculture et le commerce comme les *mammelles* de l'État.

Paris qui n'était, il y a trente ans, qu'une ville de consommation, est maintenant une des premières places manufacturières de l'Europe; de nombreuses fabriques se sont formées, mais il a fallu porter hors de son enceinte celles qui exigent de vastes ateliers et un grand nombre d'ouvriers. La vente des anciens monastères, devenus inutiles, a favorisé ces nouveaux établissemens, et dans un rayon de plus de vingt lieues, Paris alimente des usines de tous les genres. La France n'est plus tributaire de l'étranger, et ses produits rivalisent, s'ils ne surpassent, ceux des autres nations sur les marchés des deux mondes.

Un ancien préjugé, dont nous avons peine aujourd'hui à concevoir la longue existence, attribuait aux fabriques étrangères une supériorité qui a disparu aussitôt qu'on a osé la croire invincible. C'est encore un de ces effets inaperçus dans les révolutions politiques et qu'il était impossible de soupçonner. La guerre de l'indépendance, qui s'est prolongée pendant un quart de siècle, avait suspendu nos relations commerciales avec l'étranger, surtout avec l'Angleterre, qui, comme tout le Nord de l'Europe, doit toute son industrie manufacturière aux Français de la religion réformée, bannis par la révocation de l'Édit de Nantes.

Les sciences et les arts n'auraient fait que d'inutiles progrès, sous le rapport du commerce, si la privation |de *fabricats* étrangers ne nous eût mis dans la nécessité de pourvoir nous-mêmes à tous nos besoins. L'application de la chimie aux arts industriels, de la statique aux machines manufacturières, nous ont révélé d'inappréciables ressources; et ce goût, ce goût français qui sait donner à tout des formes gracieuses et commodes, est une propriété toute nationale, qui porte son cachet avec elle. Les monumens fondés par Louis XIV n'avaient pas l'utilité publique pour objet; des temples, des statues, des palais flattent la vanité du prince, mais le pu-

blic n'en tire aucun profit. On a plus fait depuis, dans le court espace de quelques années,
pour l'assainissement de la capitale et son
embellissement, que pendant tout le cours
de ce siècle si vanté. Je ne prétends point dis-
simuler tout ce qu'on lui doit pour la perfection de ia langue et des arts libéraux, mais
les sciences, mais les arts utiles, n'ont été véritablement encouragés, n'ont pris une direction salutaire et n'ont fait de rapides progrès que de nos jours. Le canal des deux mers
est le seul grand monument d'utilité publique
qui ait été conçu et exécuté sous le règne de
Louis XIV, mais on sait que le grand homme
qui conçut ce hardi projet si souvent tenté,
si souvent abandonné, éprouva dans son entreprise tous les genres de contradiction : il
eût succombé si son courage n'eût égalé son
génie; et nous avons vu, il y a peu d'années,
d'autres projets de canaux, non moins vastes,
non moins dispendieux, obtenir en peu de
mois, de compagnies particulières, tous les
fonds nécessaires à leur exécution. Paris a vu
s'exécuter le canal de l'Ourcq en moins d'années qu'on n'en a employées jadis à délibérer
sur le plan du créateur du canal des deux
mers.

# CARTE DES ENVIRONS DE PARIS

SUR UN RAYON DE 40 LIEUES D'APRES LES MEILLIEURES CARTES

1825

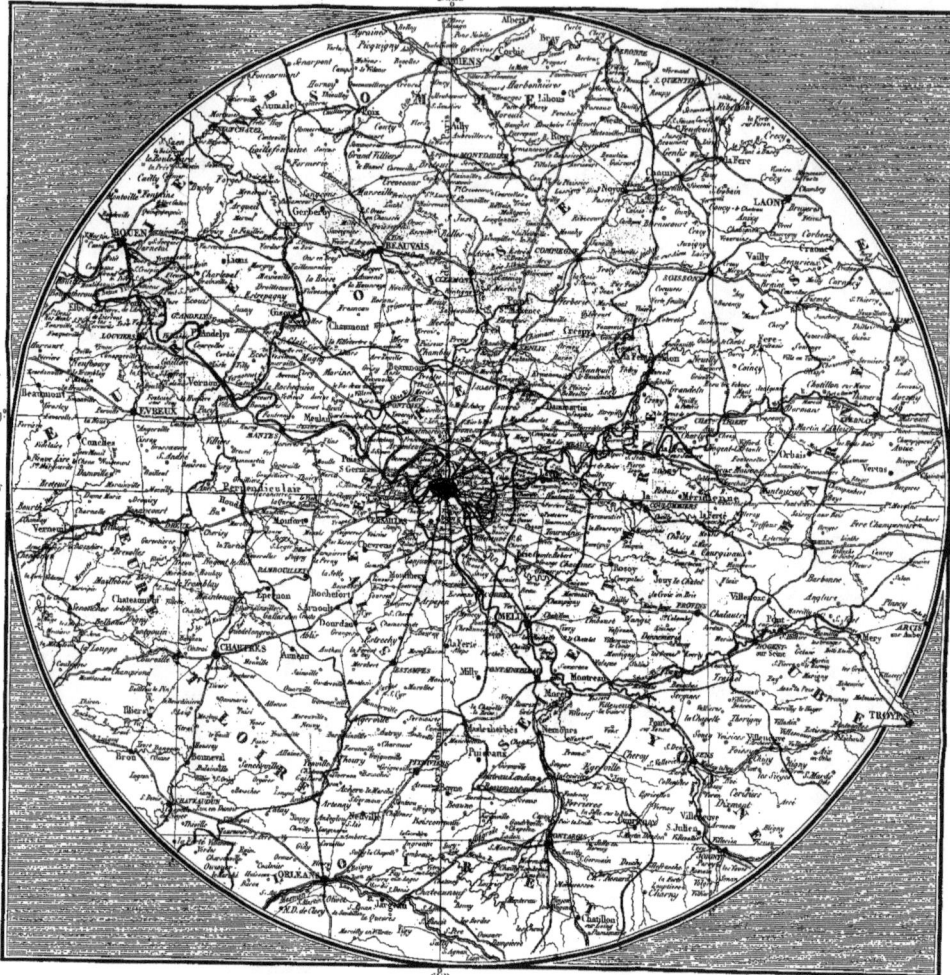

NORD

OCEST ... EST

SUD

Gravé par C.E. Collin, fils. Rue S. Jacques N.º 168 à Paris.

ECHELLES

Lieues communes de France de 25 au Dégré.

Lieues de Poste de 2000 Toises ou de 28 ½ au Dégré.

Myriamètres.

**SIGNES EXPLICATIFS**

● CHEF-LIEU DE DEPARTEMENT
◆ CHEF-LIEU DE SOUS PREFECTURE
• Ville ou Chef lieu de Canton
△ Ville ou Bourg
• Village
· Hameau

━━ Route Royale.
━━ Route Royale de Poste.
-·- Route de Poste.
---- Route Departementale.
∿∿ Canal Navigable.
═══ Limite de Departemens.

A Paris chez PERROTIN, Editeur Rue St Honoré N.º 278.

# CARTE

*SUR UN RAY*

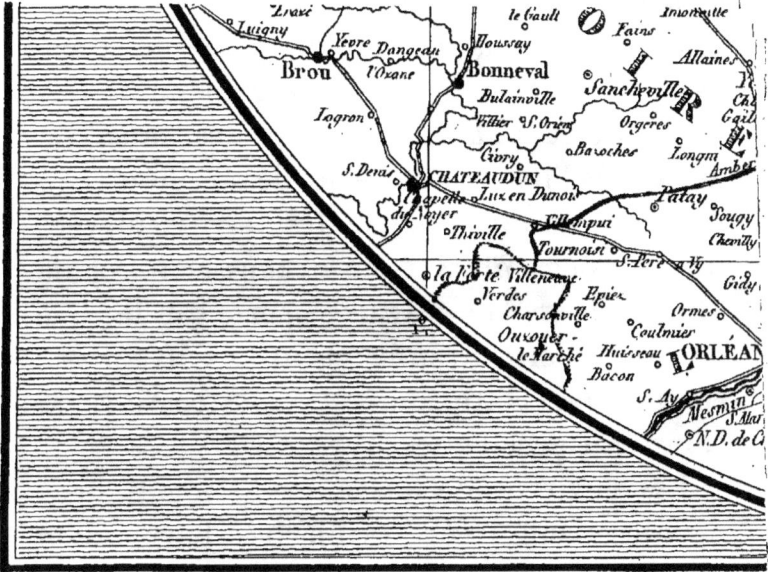

## *ECHELLES*

Lieues communes de France de 25 au

Lieues de Poste de 2000 Toises ou de 28 ½ au Δ

Myriametres.

*A Paris*

La navigation de la Seine et celle de la
Marne, si importantes pour les approvisionnemens de la capitale, ont reçu de grandes
améliorations. Je me suis empressé de citer
la nouvelle gare que l'on exécute près de
Charenton. Tous les bateaux y seront abri-
tés et parfaitement en sûreté, même à l'é-
poque de la plus grande crue des eaux. Le
terrain de l'île sera élevé au-dessus du niveau
des plus grandes eaux; les terres enlevées
servent de remblai pour exhausser le sol de
l'île, et le même travail s'opère sur la rive
opposée. Cette grande et utile entreprise,
commencée cette année, sera terminée la
campagne prochaine.

Les environs de Paris, proprement dits,
n'embrassent qu'un rayon très-borné. J'ai
cru devoir étendre mon plan beaucoup plus
loin, pour y faire entrer toutes les villes et
les lieux intéressans que les étrangers, qui
affluent maintenant à Paris, désirent visiter.
Ainsi, Reims et tous les endroits remarquables
des deux routes qui y conduisent s'y trouvent
compris. Je me suis attaché surtout à signaler les établissemens de commerce dont la
création appartient à notre âge.

La France d'aujourd'hui ne ressemble pas

b

plus à la France d'autrefois que nos habits
ne ressemblent à ceux du quinzième siècle.
Nos mœurs ont aussi changé, et quoi qu'on
en dise, leur amélioration est incontestable.
Il y a plus d'aisance dans les familles, les ca-
pitaux se sont décuplés par leur emploi; les
riches n'entassent plus, ils spéculent; la nation, en général plus instruite, s'est pour
jamais affranchie du fléau des guerres dont
la religion fut moins la cause que le prétexte;
il y a plus de piété que de superstition. Nos
campagnes ne sont plus peuplées de monastères et de chapelles, mais les églises parois-
siales sont plus fréquentées; on n'est plus
affligé du triste spectacle de l'oisive opulence
et de l'indigence laborieuse.

Un préjugé que la religion condamne et
que l'on protégeait au nom de la religion,
avait tout à fait disparu. On fait d'inutiles efforts pour le faire renaître. La société doit
des secours à l'indigence infirme, et du travail à celui qui a la force et la santé. L'oisi-
veté conduit à tous les vices, à tous les crimes.

On a dit avec raison que l'affluence des
mendians valides est un acte d'accusation
contre le gouvernement. Il fut un temps où
leur nombre effrayait les magistrats de la

capitale et des campagnes qui l'environnent : toutes les existences, toutes les propriétés, étaient menacées. Des congrégations religieuses, d'ailleurs richement dotées, s'appelaient *ordres mendians*; c'est surtout dans les campagnes qu'elles exerçaient leurs pieux monopoles : elles avaient des tributaires dans les plus chétives chaumières.

La raison humaine éclairée, qui ne peut être autre chose que la religion même, proclame aussi cette sainte maxime : *Travailler, c'est prier*. Tous nos villageois le savent et le pratiquent.

Tout se tient dans la marche de la civilisation, les sciences, les lettres, les arts utiles et les arts de pur agrément. Les hautes conceptions du génie et les modestes travaux de l'économie domestique, naissent de la même cause, sont arrêtés par les mêmes obstacles. Les progrès de l'industrie ne peuvent pas plus être contestés que ses bienfaits, et il n'est pas rare d'entendre des oisifs titrés crier contre l'aisance dont jouissent les plébéiens des villes et des campagnes. C'était un si bon temps que celui où l'on trouvait un château crénelé au milieu de mille chaumières délabrées !

h.

Deux générations entières se sont élevées avec d'autres habitudes, d'autres mœurs et d'autres idées. Le bien être de tous se trouve dans la sécurité de chacun. Cet état de choses durera tant que l'agriculture et le commerce conserveront leur heureuse indépendance.

Et il y a encore plus de folie que de sotte vanité à prétendre s'environner de toutes les jouissances domestiques que procure le perfectionnement des arts, et à vouloir rétablir le régime des priviléges, avec lequel les arts ne peuvent exister. Est-ce un si grand malheur que les vins de Suresne aient perdu de leur célébrité ?

Tout est changé, jusqu'à l'air que nous respirons. La peste et la lêpre nous sont aussi inconnues que les créneaux et les vertugadins des siècles de la chevalerie. Les mets, les vins et les liqueurs qui chargent nos tables et nos buffets, valent bien sans doute l'hypocras et la chipolata dont se régalaient nos aïeux ; et les chars élégans, les attelages brillans et légers qui volent sur les belles avenues de l'Étoile ou du bois de Boulogne, sont peut-être préférables à ces chariots où quatre bœufs,

> . . . . . D'un pas tranquille et lent ,
> Promenaient dans Paris le monarque indolent.

Les physiologistes se sont beaucoup tourmentés pour découvrir la cause de la célébrité des vins des environs de Paris : ils se sont demandé si la nature du sol avait changé, si les plants s'étaient détériorés ? C'est dans le changement de l'état politique de la France qu'il faut en chercher la véritable cause. Chaque province, soumise à un régime particulier, n'avait avec les autres que des relations rares, surtout pour les productions agricoles. Les vins de Bourgogne étaient aussi recherchés dans le pays, que ceux de Suresne et d'Argenteuil pouvaient l'être à Paris, et on se rappelle que Philippe-le-Bon, duc de Bourgogne, aimait à se donner le titre de duc *des bons vins.*

Les vins n'étaient pas généralement un objet de commerce d'une province à l'autre. Les meilleurs vignobles de Bourgogne et de Champagne appartenaient à des ordres religieux trop riches pour avoir besoin d'en livrer au commerce, trop gourmets pour s'en priver.

Les coteaux de Bourgogne et de Champagne n'ont pas plus dégénéré que ceux de Suresne et d'Argenteuil ; mais toutes les barrières qui isolaient les Français entre eux ont été rompues. Heureux ou malheureux, tous les événemens politiques dont la France a été le théâtre, ont établi entre tous ses habitans une communauté permanente de droits, de vœux et d'intérêts; et les citoyens de Dunkerque et de Perpignan sont moins étrangers l'un à l'autre, que pouvaient l'être jadis un Picard et un Normand.

Il est encore résulté de cet échange continuel et toujours croissant de services, de relations politiques et commerciales, nonseulement des ventes et des achats de denrées locales, mais chaque contrée a emprunté à une autre des plantations qui lui étaient inconnues ou étrangères.

Chaque terrain a reçu le genre de production qui lui était le plus convenable. La culture des fruits surtout s'est améliorée dans les environs de Paris, et s'est élevée à un degré de perfection qu'il était difficile de soupçonner.

Ainsi s'explique d'une manière aussi simple qu'évidente l'abandon de certaines productions agricoles, l'introduction de quelques autres.

La Faculté de Médecine ne renouvelera pas la fameuse thèse de la supériorité des vins de Suresne sur ceux de Champagne.

Les meilleurs vins que produit la France

sont si connus à Paris, les transports si faciles et si peu dispendieux, que les spéculateurs n'ont même plus rien à gagner à les
contrefaire; mais tant de vins étrangers se
fabriquent en-deçà des barrières !

C'est encore à la libre concurrence que l'on
doit ces nombreuses et commodes voitures
que l'on trouve à chaque heure et en cent
lieux différens pour toutes les routes. Il a
fallu que les spéculateurs offrissent le double
avantage de l'élégance et la modicité des
prix : ils se disputaient jadis quelques voyageurs, et leurs prix étaient fort élevés et ar-
bitraires. Ces voitures de la cour, qu'on appelait, avec plus de vérité que de décence,
*pots-de-chambre*, coûtaient le double du prix
exigé pour ces berlines élégantes et commodes, qui, en moins de temps et de frais,
transportent les voyageurs à des distances plus
éloignées.

Toutes ces entreprises se multiplient et
toutes réussissent; la foule s'y porte, et les
beaux jours, les fêtes si multipliées aux environs de Paris, le grand nombre de familles
qui s'y rendent par goût ou par besoin, suffi-
sent à l'entretien de toutes ces messageries
grandes ou petites. Cette circulation de voi-

tures dans toutes les directions anime les campagnes ; et pour qu'on puisse y trouver tous les plaisirs de la ville, des spectacles ont été établis aux barrières et dans la banlieue.

Aux cabarets sales et obscurs ont succédé des restaurans élégans ; aux grossières invectives, aux querelles souvent ensanglantées, des danses décentes et des spectacles où les mœurs sont toujours respectées. Ce calme, cette gaîté franche, cette sécurité pure qui fait le charme de toutes les réunions champêtres, sont des avantages dont le souvenir du passé fait plus vivement sentir tout le prix.

Je n'ai pas voulu faire partager à mes lecteurs, par de longues et froides dissertations, les fatigues que m'ont coûtées mes recherches historiques. Pour varier mes articles et en rendre les sujets intéressans, il me suffisait d'être simple et vrai.

# DICTIONNAIRE HISTORIQUE

DES

# ENVIRONS DE PARIS.

## A.

ABLONS. Petit village sur la rive droite de la Seine, à quatre lieues de Paris. Les commerçans de vins et quelques bourgeois y déposaient jadis leurs vins, qu'ils faisaient entrer en ville lorsque les besoins de la consommation l'exigeaient. Ils ont depuis établi leurs entrepôts dans les communes rurales plus rapprochées des barrières.

Henri IV, par l'édit de Nantes du mois de mars 1598, ayant permis aux protestans l'exercice public de leur culte hors des murs de Paris, il autorisa la construction d'un temple à Ablons : il était impossible aux vieillards, aux femmes, aux enfans, de faire ce trajet en un seul jour pendant l'hiver; et par de nouvelles lettres du 1er. août 1606, il fut permis aux protestans d'en faire construire un nouveau à Charenton Saint-Maurice. Sully se rendait chaque dimanche au temple d'Ablons, et il n'en rendait pas moins le pain bénit à l'église catho-

1

lique de Saint-Paul, sur l'arrondissement de laquelle il habitait : aussi disait-on qu'il était de deux paroisses. Nous ne voyons là qu'un acte de tolérance dont ce sage ministre croyait devoir donner l'exemple à ses concitoyens, et ce trait n'est pas un des moins honorables de la vie de ce grand homme d'état.

ACHÈRES. Près de Poissy, à quatre lieues de Paris, dans la forêt de Saint-Germain-en-Laye.

A deux lieues sud-ouest de Fontainebleau, il y a un autre village du même nom, qui fut jadis érigé en marquisat.

AIGREMONT. Village près Saint-Germain-en-Laye.

ALFORT, près de Charenton et du confluent de la Seine et de la Marne, à deux lieues sud-est de Paris, a donné son nom à l'École Vétérinaire, qui y fut fondée en 1764, sous la direction de Bourgelat. Cette école, dont la réputation est aujourd'hui européenne, n'avait autrefois qu'un système d'enseignement très-borné : celle de Lyon, plus ancienne et plus connue, jouissait d'une plus grande considération. La loi de germinal an 3 a donné à l'école d'Alfort une organisation toute nouvelle; elle a été placée dans les attributions du ministère de l'intérieur. L'enseignement comprend :

1°. L'anatomie et la physiologie de tous les animaux domestiques.

2°. La connaissance extérieure des animaux, l'hygiène.

3°. La botanique, la chimie pharmaceutique, la matière médicale.

4°. L'art de forger, la maréchallerie, la jurisprudence vétérinaire.

5°. La théorie et la pratique des traitemens des diverses maladies.

6°. L'économie rurale, théorique et pratique.

Dix répétiteurs et dix adjoints partagent les travaux des professeurs.

Les bâtimens, très-agrandis, contiennent une bibliothèque spéciale de zoologie domestique, un cabinet d'anatomie comparée, un autre de pathologie, qui sont tous les jours ouverts au public; de vastes hôpitaux pour les animaux malades, des forges, un laboratoire de chimie, une pharmacie, un jardin botanique, un terrain pour la culture des fourrages; un rucher, un troupeau de bêtes à laine destiné à des expériences sur le croisement des races et l'amélioration des laines; un bureau d'expériences, un amphithéâtre pour les cours; des bâtimens d'habitation pour les professeurs, les élèves et les employés. Une partie des élèves est aux frais du gouvernement; d'autres payent une pension : leur admission doit être autorisée par le ministre de l'intérieur. Les élèves du gouvernement sont reçus à l'âge de seize ans et au-dessus de vingt jusqu'à trente. Les élèves aux frais des communes ou de leur famille sont reçus à tout âge.

La durée des cours est de huit années. Un arrêté du conseil-d'état, approuvé par l'empereur Napoléon, a ordonné à chaque régiment de cavalerie stationné dans le nord de la France d'envoyer chacun un officier à l'école d'Alfort, pour y acquérir les connaissances d'hippiatrique nécessaires à un officier chargé de faire les remontes.

Il résulte de cet exposé, que l'école d'Alfort embrasse dans sa méthode d'enseignement l'art vétérinaire proprement dit et les parties de l'économie rurale qui s'y rattachent spécialement.

ALLUYE. A vingt-huit lieues de Paris, nord-ouest de La Houssaye. Bourg. Les empoisonnemens s'étaient tellement multipliés à la fin du dix-septième siècle, que Louis XIV institua un tribunal spécial pour ce genre de crimes. Catherine Deshayes, veuve de Monvoisin, une autre femme nommée Vigouroux, un prêtre appelé le Sage, et d'autres scélérats vendaient du poison aux gens de la Cour.

Plusieurs dames de qualité furent assignées devant ce tribunal, qu'on appela, à cause de ses attributions, *Cour des Poisons.* Parmi ces dames figurèrent la comtesse de Soissons, la marquise d'Alluye et madame de Polignac. Le roi fit prévenir la première que si elle était innocente, il la servirait comme un véritable ami ; mais il lui faisait donner en même temps le conseil de fuir, si elle était coupable.

La comtesse de Soissons était accusée d'avoir empoisonné un valet-de-chambre qui avait le secret de ses amours : la marquise d'Alluye, d'avoir empoisonné son beau-père.

Toutes deux partirent pour la Flandre aussitôt que la comtesse de Soissons eut reçu l'officieux avis du roi. (*Lettre de Bussy-Rabutin au sieur de Larivière,* 27 janvier 1680.)

AMBOILE. Petit village sur la rive droite de la Seine, près de Villeneuve-Saint-George. Suivant la tradition du pays, le château, bâti sous le règne d'Henri IV, avait été construit par ordre de ce prince, pour mademoiselle de Santeny, l'une de ses maîtresses. On y voyait encore son portrait à la fin du siècle dernier.

ANDILLY. Village dans la délicieuse vallée de Montmorency, à quatre lieues de Paris. Saint-Médard en est le patron. L'église a été presque entièrement reconstruite par les soins et aux frais de Dulier, qui en était seigneur, et qui y fut inhumé.

Quelques titres du treizième siècle donnent à ce village le nom de d'Andelly.

ANDREZY. Sur la rive droite de la Seine, au nord de Poissy et à une lieue de cette ville. Ses vins rivalisaient jadis ceux d'Argenteuil. Ils sont encore supérieurs au Surêne. Tous les vins de France affluent aujourd'hui à Paris, et les vignobles de ses environs, si fameux autrefois, ont été convertis en potagers et en vergers. Les agronomes et les consommateurs n'ont eu qu'à se féliciter de ce changement. Une heureuse communauté de vœux, d'affections et d'intérêts, unit toutes les parties de la France. La révolution a agrandi le cercle de nos jouissances et de nos besoins, et la consommation de chaque contrée n'est plus restreinte aux seules productions locales. Ces améliorations sont l'inappréciable bienfait des progrès de l'agriculture, du commerce et de la civilisation.

Le port d'Andrezy était déjà très-commerçant au quatrième siècle. L'un des deux préfets de la navigation, et qui résidaient à Paris, était appelé *Præfectus classis Andcrecianorum Parisiis*, préfet des navigateurs d'Andrezy à Paris.

ANET. ( Eure et Loire. ) A seize lieues de Paris, sur les bords de l'Eure. Voltaire, dans un épisode ingénieux de sa Henriade, présente ce lieu comme une création de l'amour :

> « Il voit les murs d'Anet bâtis aux bords de l'Eure ;
> » Lui-même en ordonna la superbe structure.
> » Par ses adroites mains avec art enlacés,
> » Les chiffres de Diane y sont encore tracés.
> » Sur sa tombe, en passant, les Plaisirs et les Grâces
> » Répandirent les fleurs qui naissaient sur leurs traces. »

Le château, dont il n'existe plus que des débris, avait été construit par ordre d'Henri II, sur les dessins du fameux architecte Philibert de Lorme, pour Diane de Poitiers devenue sa maîtresse, après avoir été celle de François Ier. « Elle avait, dit » Saint-Foix, les cheveux extrêmement noirs, la » peau très-blanche, les dents, les jambes et les » mains admirables, la taille haute et la démarche » la plus noble. Dans le plus grand froid elle se la- » vait le visage avec de l'eau de puits, et n'usa » jamais d'autre *pommade*. Elle s'éveillait tous les » matins à six heures, montait souvent à cheval, » faisait une ou deux lieues, et venait se remettre » dans son lit, où elle lisait jusqu'à midi. » (*Essais sur Paris*, tom. I., p. 259.)

Diane se prétendait issue des anciens comtes de Poitiers : elle répondit à Henri II qui voulait reconnaître une fille qu'il avait eue d'elle (Mademoiselle de la Montagne) : « J'étais de naissance à avoir des » enfans légitimes de vous; j'ai été votre maîtresse, » parce que je vous aimais; je ne souffrirai pas qu'un » arrêt me déclare votre concubine. »

Henri II n'avait que dix-huit ans quand il devint éperdûment amoureux de Diane de Poitiers, qui en avait alors plus de quarante. Elle conserva toujours sur son royal amant un pouvoir sans bornes. Henri fit frapper pour elle des médailles; il la nomma duchesse de Valentinois. On voit encore dans la cour du Louvre son chiffre et celui de sa maîtresse, HD; il portait ses couleurs *blanc et noir*. La faveur justifie tout à la cour. Diane, sans rien changer à son intimité avec Henri II, épousa de Brézé, grand-sénéchal de Normandie. Les Guises eux-mêmes sollicitèrent son alliance, et une de ses filles, fruit d'un double adultère, épousa le duc d'Aumale. Le connétable de Montmorency ne cessa de lui témoigner le plus servile dévouement : toute la Cour était aux pieds de la favorite. La reine elle-même reçut d'elle en cadeau la terre de Chenonceaux, et lui donna à son tour la terre de Chaumont-sur-Loire. L'amiral Annebaut et le cardinal de Tournon osèrent rester fidèles à l'honneur du prince, aux intérêts de la patrie : ils furent disgraciés. Tout ce qui refusa de fléchir devant Diane fut exclu du conseil du roi et exilé; et à la honte de la cour, le nombre en fut très-borné. Diane, qui paraissait régner sur toute la cour, était elle-même dominée par les Guises. Ce fut par le conseil du cardinal de

Lorraine qu'elle détermina le roi à rompre avec l'Espagne, et appela ainsi sur la France tous les fléaux de la guerre civile et de la guerre étrangère, qui se sont perpétués pendant plusieurs règnes. Diane avait près de soixante ans, quand Henri II fut blessé mortellement par Montgomery dans un tournoi. Elle lui survécut quelques années. Son tombeau a été transféré de la chapelle du château d'Anet, au Musée des Monumens français. Une des façades du château y fut rétablie, comme celle de Gaillon, dans son état primitif.

Diane occupa aussi un autre château à Gentilly près Paris. Rabelais, qui dans son Pantagruel a déguisé le nom de Diane sous celui de la grande jument, et celui de François Ier. sous le sobriquet de Gargantua, parle de ce château, dont la situation paraît avoir été découverte par deux de nos savans archéologues, MM. Esmengard et Johanneau. *Voy.* GENTILLY.

ANGERVILLIERS. Village à deux lieues de Paris. Une de ses avenues conduit à la forêt de Crême.

ANTONI. A une demi-lieue de Sceaux, près Paris. On y remarque plusieurs jolies maisons de campagne. On trouve dans le *Recueil des Historiens de France*, tom. X, pag. 185 et 186, un diplôme du roi Robert, sous la date de 1027, qui accorde à Garin, vicaire d'Antoni, la loi du duel : *Legem duelli, quòd vulgò dicitur campus.* Plusieurs seigneurs ecclésiastiques de Paris, oubliant la maxime *ecclesia abhorret à sanguine,* avaient sollicité et obtenu de semblables priviléges.

Ce Garin, ou Pipinelle, vicaire ou vicomte d'Antoni et de Verrières, accablait les habitans d'impôts arbitrairés. Des moines de Saint-Germain-des-Prés s'en plaignirent au roi Robert, qui ordonna que Garin, pour établir son droit, se battrait contre les serfs de ce village. Ces habitans étaient préparés au combat. ( *Regali conflictu duelli erant resistere parati.* ) Garin refusa de se présenter ; le roi le destitua de sa vicairie : punition vraiment illusoire. Les comtes et vicomtes, et les autres chefs de l'administration, se considéraient comme propriétaires et souverains des lieux dont ils n'étaient que les administrateurs temporaires. Le roi, en pareil cas, n'était pas obéi, et le vicomte ou vicaire Garin n'en continua pas moins ses exactions, sans s'embarrasser de prouver la légitimité de son prétendu droit par un combat contre ses serfs.

Le territoire d'Antoni a des plâtrières estimées, exploitées par MM. Cazin et Henri Chartier ; une manufacture de cire et de bougies, par MM. Teudon père et fils ; et un lavoir de laines, par M. Darblay, maître de poste.

ARCUEIL. A une lieue nord-ouest de Sceaux, sur les bords de la Bièvre. De jolies maisons de campagne, de belles pépinières donnent à ce bourg un aspect riche et varié : ses vergers fournissent d'excellens fruits aux gourmets de la capitale ; ses vins étaient jadis très-estimés, on en faisait des envois dans les cours du nord.

Le plus ancien de nos poëtes tragiques, Robert Garnier, y avait une maison où il réunissait ses amis. Ceux-ci imaginèrent de lui offrir un bouc : cette farce burlesque fut déférée aux autorités, comme une profanation sacrilége, et donna lieu à une poursuite criminelle. Ronsard eut beaucoup de peine à se justifier d'y avoir joué le rôle de grand-prêtre. Garnier avait vécu sous les règnes de François II, Henri II, Charles IX, Henri III et Henri IV. Ses domestiques avaient essayé de l'empoisonner avec toute sa famille, pour s'emparer de son mobilier et de son argent. Il paraît qu'il consomma ensuite toute sa fortune, car l'historien d'Aubigné nous apprend qu'il mourut pauvre.

On voit encore les restes d'un aqueduc que les Romains y avaient fait construire dans le troisième siècle, pour conduire les eaux de Rungis au palais des Thermes. Au seizième siècle, Marie de Médicis y fit construire le nouvel aqueduc. Louis XIII, alors âgé de treize ans, en posa la première pierre. Ce monument fut exécuté sur les dessins de l'architecte de la Brosse. Les eaux de cet aqueduc alimentent un grand nombre de fontaines de la capitale. M. Bertholet, l'un de nos plus savans chimistes, y fonda la réunion connue sous le nom de *Société d'Arcueil*. Elle s'assemblait tous les quinze jours dans la maison du fondateur, pour y répéter les nouvelles expériences et en constater les résultats. Elle comptait parmi ses membres les plus distingués, MM. Biot, Thénard, Gay-Lussac, Collet-Descotis, Decandole, le baron d'Humbolt, et le savant Malus, qu'une mort prématurée enleva aux sciences au moment où il allait présenter une nouvelle théorie sur les phénomènes de la lumière ; nous citerons encore parmi les savans distingués qui habitent Arcueil, le Newton français, M. de Laplace. La société d'Arcueil date de 1807.

Les Guises y avaient, au seizième siècle, un château dont on vantait la magnificence, et dont le souvenir n'existe plus que dans les annales du temps.

Les nombreuses constructions qui se multiplient à Paris avec une étonnante rapidité, impriment une très-grande activité à l'exploitation des carrières de pierre et de moellons d'Arcueil, qui possède en outre un lavoir de laine et des pépinières justement estimées. Le lavoir des laines appartient à M. Cabanon. Les principales pépinières appartiennent à MM. Larenant, Michéa, etc.

ARGENTEUIL. (Seine et Oise.) Sur les bords de la Seine, à quatre lieues de Paris. Ses vins tenaient jadis le premier rang sur la table de nos aïeux, et on croira difficilement aujourd'hui que dans l'École de Médecine de Paris on a soutenu une thèse pour démontrer qu'ils étaient préférables à ceux de Bourgogne et de Champagne ; mais, sur ce point de doctrine, comme sur beaucoup d'autres plus importans, les médecins d'autrefois et ceux d'aujourd'hui ne sont point d'accord. On cite encore maintenant les figues d'Argenteuil, ses lentilles et ses asperges. Les jardins sont très-bien cultivés.

Une contestation non moins étonnante que la thèse sur les vins, citée par l'abbé Lebœuf, est la dispute qui s'éleva entre les habitans d'Argenteuil, sur la question de savoir s'il fallait sonner l'*angelus* à midi ou à une heure : on déciderait maintenant en faveur de ceux qui auraient plus d'appétit que de dévotion.

Les plâtrières d'Argenteuil sont très-abondantes et d'une très-bonne qualité.

Les murailles qui forment l'enceinte d'Argenteuil ont été élevées sous François Ier., en 1544. On y remarquait jadis un couvent de l'ordre de Saint-Benoît, fort ancien : sa fondation datait de 665. Giselle, sœur unique de Charlemagne, et Théodrade, une de ses filles, s'y firent religieuses, et en l'an 800 Théodrade en devint abbesse. C'est à elle que l'on prétend que Charlemagne avait envoyé la fameuse robe sans couture, découverte dans une muraille en 1156. Les filles se rendaient en foule à Argenteuil pour y voir cette relique le jour de l'Ascension et le lundi de la Pentecôte, fête patronale de l'endroit.

Le couvent de Bénédictines dont je viens de parler tombait en ruine, lorsque la reine Adélaïde, veuve du roi Robert, le fit restaurer vers l'an 1000. Elle y plaça des religieuses et dota ce monastère de biens considérables. Héloïse y fit profession en 1120, et en devint supérieure; mais Suger, abbé de Saint-Denis, parvint à faire remplacer les religieuses par des moines. Héloïse et quelques-unes de ses compagnes se retirèrent au Paraclet, qui n'était qu'un modeste oratoire qu'Abeilard avait fait construire pour lui. Il le céda à Héloïse, et alla s'établir dans l'abbaye de Ruys en Bretagne, dont il venait d'être nommé abbé. Le monastère du Paraclet devint considérable ; Héloïse en a été la première abbesse. Le corps d'Abeilard y fut transporté : le même tombeau renferma les restes mortels de ces amans infortunés. Ce monument, parfaitement conservé, avait été, depuis la révolution, placé dans le jardin du Musée des Monumens français ; et depuis la suppression· de ce Musée, en 1815, il a été transféré dans le cimetière du Père-Lachaise. On comptait jadis dans le bourg d'Argenteuil, que quelques géographes appellent ville, quatre couvents; ses produits agricoles se bornaient aux figues, aux lentilles et aux asperges. Ses vastes potagers sont aujourd'hui les mieux assortis des environs de Paris : de riches vergers, plantés d'arbres d'un excellent choix, ont également remplacé les terrains réservés jadis pour les plaisirs des couvents. Si l'on n'y voit plus de moines ou de religieuses, le nombre des cultivateurs, et de cultivateurs riches, est augmenté. A ces pieux célibataires ont succédé de nombreuses familles aisées et laborieuses. Argenteuil a plus gagné que perdu au changement de sa population.

Un combat opiniâtre entre les Français et les Anglais ensanglanta le territoire d'Argenteuil le 2 juin 1815. Les Anglais perdirent le champ de bataille et deux drapeaux.

ARMAINVILLIERS. A neuf lieues de Paris. Ancien et beau domaine, qui appartenait, à l'époque de la révolution, au comte d'Eu. Un vaste étang, de longues charmilles figurant des arcades, et un cloître, étaient fort admirés jadis. On préfère maintenant à ces symétriques mutilations un choix d'arbres très-variés, une distribution bien entendue; et la grande quantité d'arbres exotiques dont s'est enrichi notre sol, permet aux riches propriétaires de varier leurs plantations sur un plan aussi agréable qu'utile. Les charmilles, jadis si recherchées, n'offraient, malgré la variété du dessin, qu'une symétrie savante et monotone : celles d'Armainvilliers passaient pour un chef-d'œuvre de ce genre. On les cite comme un modèle; elles ont été gravées dans l'ouvrage intitulé : *La Théorie et la Pratique du jardinage.*

ARNOUVILLE. Sur le bord de la petite rivière de Crou, à l'endroit où cette rivière reçoit un ruisseau appelé Rhône, à une lieue de Saint-Denis, près Gonesse. Village d'un aspect très-agréable; le jardin du château, le parc, ont été tracés sur les dessins de MM. Coutant et Chevotet. Une machine d'une ingénieuse simplicité, inventée par M. Parcieux, y fait monter à cinquante pieds d'élévation les eaux nécessaires à l'entretien et à l'embellissement des jardins. Le village est assez bien bâti, sur un plan régulier : au centre se trouve une place que décore une fontaine publique exécutée sur les dessins de M. Aubry.

M. Jolly aîné a établi à Arnouville une fabrique de mécaniques à filer, qui est dans la plus heureuse activité.

ARPAJON. (Seine et Oise.) Ainsi appelé depuis 1721; on le nommait avant cette époque Châtre.

Petite ville sur les bords de l'Orge, à huit lieues
de Paris, sur la route d'Orléans, dans un vallon
agréable, à une lieue au sud de Montlhéry. Sa
population est de deux mille cinq cents âmes : son
principal marché chaque vendredi. On y remarque plusieurs tanneries. C'est un chef-lieu de
canton, de l'arrondissement de Corbeil. Chaque
deux jours il part une voiture publique pour Paris
et retour.

M. Hache, fabricant de draps à Louviers, a
établi un lavoir de laines à Arpajon. On y trouve
quelques tanneries.

ASNIÈRES. Village à une lieue et demie de Paris,
sur la rive gauche de la Seine. Sa situation est charmante : une belle terrasse règne sur le bord de la
Seine. En face du château bâti par Mansard, s'élève
une petite île qu'un canal divise en deux parties.

En nivelant les terres pour l'embellissement des
promenades de la maison qu'y faisait bâtir M. de
Voyer sur le bord de la Seine. On découvrit, en janvier 1752, à la profondeur de deux ou trois pieds,
des squelettes humains, des bouteilles de diverses
couleurs et dimensions, une agrafe (*fibula*), dont
l'inscription semblait appartenir au quatrième
siècle, un sabre de fer, un seul cercueil en briques.

La seigneurie d'Asnières appartenait à la riche
abbaye de Saint-Denis. Elle fut rétablie au douzième siècle dans quelques terrains qu'elle soutenait
en avoir été aliénés. La propriété du Bac lui fut
contestée dans le dix-huitième siècle : un arrêt
de 1733 lui rendit ce droit ; et pour en prévenir la

prescription, les moines envoyaient chaque année, le jour des Rogations, un officier de leur juridiction y tenir une assise sous un orme. L'audience finie, le fermier du bac donnait à dîner aux moines et à leur officier. Les justices seigneuriales ont été supprimées en 1789.

Le nom d'Asnières a donné souvent lieu à d'assez mauvaises plaisanteries. En 1700, un docteur de Sorbonne, qui habitait en ce village, fit d'inutiles efforts pour faire changer ce nom. Un magistrat du lieu vient d'essayer la même tentative et n'a pas été plus heureux.

Il est même douteux qu'il eût pu réussir, même en obtenant sa demande. Le nouveau nom n'eût existé que pour les actes de l'autorité publique; mais la tradition locale, plus forte que l'ordonnance, eût maintenu Asnières. Des exemples récens ne permettent pas d'en douter.

ATHIS. Joli village sur la rivière d'Orge, à trois lieues sud de Paris. On y remarque le château, ses plantations, ses parterres; une machine hydraulique composée de quatre roues, y élève les eaux à soixante pieds. On voyait jadis, dans l'un des bosquets, le tombeau de la chienne favorite du duc de Roquelaure, avec cette inscription, composée, en 1717, par mademoiselle Scudéry:

> Ci-gît la célèbre Badine,
> Qui n'eut ni beauté, ni bonté,
> Mais dont l'esprit a démontré
> Le système de la machine.

Ce village, placé sur un coteau, offre un coup-d'œil charmant. Il doit son origine aux guerres des normands ; les Parisiens craignant que les ennemis ne pillassent la châsse de sainte Geneviève , l'avaient cachée dans cet endroit , alors très-solitaire. Une chapelle y fut bâtie ; bientôt elle fut environnée de petites maisons. Saint Louis et Philippe le Bel ont habité Athis ; du moins , plusieurs ordonnances de ces princes portent la date de ce lieu.

La tradition rapporte que Viole , appelé *Frère de la mort*, parce qu'il portait toujours une tête de mort pendue à son col, vécut long-temps à Athis. Mademoiselle Scudéry y avait une maison ; la lettre qu'elle écrit au ministre Colbert, pour lui demander la permission d'aller visiter Pélisson , alors prisonnier d'état, est datée d'Athis , décembre 1663. Cette lettre est une justification de Pélisson. Il fallait plus que du courage pour prendre la défense de ce malheureux proscrit, dont tout le crime fut de rester fidèle à l'honneur et à l'amitié. La Fontaine ne se montra pas moins dévoué.

Mademoiselle Scudéry demandait la permission dont nous venons de parler, non-seulement pour elle, mais pour la mère de Pélisson, Rapin, beau-frère du prisonnier, et Ménage. Elle demandait que la prison de Pélisson fût plus douce, attestait sa probité , sa vertu et son innocence. Cette lettre est le meilleur ouvrage de mademoiselle Scudéry.

ATTAINVILLE. A six lieues nord de Paris, non loin de la route de Beaumont-sur-Oise. Ce bourg était encore ruiné à la fin du dix-septième siècle. Les environs sont fertiles en grains et en pâturages, et

2

très-bien cultivés. Les Célestins le possédaient dès le quatorzième siècle; ils avaient succédé aux seigneurs. On sait à quel titre les moines succédaient.

ATTILLY. Village à sept lieues de Paris, près de Brie, entre Santeny, Ferolles, Chevry et Servon.

AUBERVILLIERS. A une lieue et demie de Paris, plus connu jadis sous le nom de Notre-Dame-des-Vertus. Vertus était alors synonyme de miracles. Son territoire produit les meilleurs légumes des environs de Paris. L'église n'était, au commencement du treizième siècle, qu'une succursale de la paroisse Saint-Marcel de Saint-Denis. Ce village doit son nom à Albert ou Aubert, qui y possédait un domaine au commencement du onzième siècle. Les miracles dont on a tant parlé y étaient assez rares ; la légende n'en compte que six dans l'espace de plus de deux siècles : le plus ancien était de 1338, le dernier de 1598; la date des autres n'est point connue.

Ce village avait été presqu'entièrement ruiné par les guerres civiles des Armagnacs, au commencement du quinzième siècle. Il était déjà dans un état déplorable avant cette époque; car Charles V, par une ordonnance de 1371, exempta les habitans d'Aubervilliers de toutes impositions; mais il se réserva « soixante-dix charretées de feures (paille) » bonnes et convenables, savoir : quarante pour » son hôtel, vingt pour celui de la reine, dix pour » celui du dauphin. »

L'église paroissiale fut bientôt rétablie au moyen des libéralités des pélerins. Les lettres données à

Paris, le 22 mai 1452, par le cardinal Destouteville,
légat du Saint-Siége, stimulèrent le zèle des fidèles
pour la dotation de cette église. « Il donne et remet
» à tous ceux qui visiteront et aumôneront de leurs
» biens à l'église parochiale de Haubervilliers, près
» Paris, sous le titre de Saint-Christophe, qui se-
» ront vrais pénitens et confessés aux jours dudit
» saint, de la dédicace, de l'assomption et nativité de
» la Vierge, et le second mardi du mois de mai, les
» trois jours fériés de Pâques et de Pentecôte, un an
» et autres jours, les susdits cent jours de pénitence
» à eux enjoints, etc. »

On y conservait précieusement une image de
la Vierge, et chaque année on s'y rendait en foule,
de Paris et des environs, surtout le second mardi
de mai. Philippe de Valois et sa femme, les seigneurs de la cour et les simples bourgeois, à leur
exemple, firent de riches présens à cette église. Il
fallut augmenter le nombre des prêtres, et François
de Montolon, seigneur d'Aubervilliers, donna une
ferme de cinquante arpens pour l'entretien de huit
prêtres.

On citait comme le plus brillant pélerinage, celui
de 1529 : toutes les paroisses et une grande partie
des habitans de Paris y furent en procession ; la nuit
chaque pélerin portait un flambeau.

Henri II fit construire la façade et la tour de
cette église. On y remarque un croissant et le chiffre
de ce prince et de Diane de Poitiers, sa maîtresse.

Henri IV s'était établi dans ce village quand il
assiégea Paris. Ce fut là qu'il remit les sceaux à

Chiverni, chancelier d'Henri III. « Aimez-moi, lui
» dit-il, comme je vous aime, et croyez que je veux
» que nous vivions comme si vous étiez mon père
» et mon tuteur. »

La place de chancelier a long-temps été considérée comme une magistrature nationale, et non
comme un simple ministère.

Les pélerinages à Aubervilliers se sont main-
tenus jusqu'en 1792. La veuve Pollalion, fonda-
trice des filles de la Providence, se fit remarquer par
sa ferveur. On la vit, sous le règne de Louis XIV,
aller de Paris à ce village, nu-pieds, même pendant
l'hiver, pour y prier Dieu pour le roi et sa famille.

Nous y avons vu bivouaquer les troupes étrangères en 1814; l'empereur Alexandre passa son
armée en revue dans la plaine qui l'avoisine. Nos
soldats y combattirent en héros dans la journée
du 30 mars : ils avaient mérité de vaincre.

AUBIN (Saint). A cinq lieues sud-ouest de Paris
et deux lieues de Chevreuse, dans la plaine de Sar-
clé, au-dessus du vallon de Gif. La plus riche
ferme de ce village appartenait à l'ordre de Malte ;
une autre, moins considérable, à l'abbaye de Gif,
dont elle était la première dotation. Les dames de
Saint-Cyr avaient la haute-justice ; c'était une dépendance de la seigneurie de Chevreuse.

Le régime féodal avait investi les religieuses de
ce couvent, et tant d'autres en France, du droit
terrible de vie et de mort. Une telle attribution
blessait non-seulement toutes les convenances,
mais les principes de la religion et de l'humanité.

Ce nom de Saint-Aubin est commun à un grand nombre de villages.

AULNAY-LES-BONDY. Village près de Pantin et la Villette. Les annalistes n'ont eu garde d'oublier que ce village avait été érigé en marquisat, et qu'un des plus beaux droits du seigneur était celui de chasse à la grosse bête.

Puissent ces lignes innocentes ne point réveiller d'antiques prétentions, ni ressusciter un privilége éteint depuis trente ans!

Il y avait plusieurs villages du même nom dans l'ancienne généralité de Paris.

AURAINVILLE. Village près d'Arpajon.

AUTEUIL. A une lieue ouest de Paris, sur la route de Versailles. Site pittoresque, peuplé de jolies maisons de campagne : des jardins charmans ont remplacé ses vignobles, jadis si vantés; les chanoines de Sainte-Geneviève en vendaient les produits aux évêques. Le nom de ce village doit maintenant toute sa célébrité aux écrivains du premier ordre, qui venaient, loin du tumulte de la cour et de la ville, y composer les chefs-d'œuvre qui font la gloire de notre littérature.

Molière et Boileau y avaient chacun une retraite champêtre. Boileau vendit la sienne à Leverrier, qui la revendit à Gendron, l'un des plus habiles médecins de son temps.

Voltaire, jeune encore, vint visiter cette ancienne demeure du législateur du Parnasse, devenue la propriété de Gendron : on lui attribue cet impromptu, qu'il désavoua ensuite dans une note de son *Dialogue de Pégase et du vieillard* :

> C'est ici le vrai Parnasse
> Des vrais enfans d'Apollon :
> Sous le nom de Boileau ces lieux virent Horace ;
> Hippocrate y paraît sous celui de Gendron.

Gendron passa ses dernières années à Auteuil : ses conseils et ses bienfaits ne manquèrent jamais aux malades et aux malheureux. Sa mort fut une véritable calamité ; il cessa de vivre le 3 septembre 1750, âgé de quatre-vingt-sept ans.

La maison qu'avait habitée Boileau, et, après lui, Leverrier et Gendron, est maintenant la propriété de madame Foster.

Celle de Molière appartient aujourd'hui à M. de Choiseul-Praslin : elle est située près de l'église. Notre poëte Andrieux a retracé, dans une jolie comédie, le tableau de ces joyeux soupers d'Auteuil, où Molière et ses amis offraient la réunion des plus grands écrivains du siècle, et dont les chefs-d'œuvre ont trouvé depuis d'heureux imitateurs, mais point de rivaux. La gaieté franche et communicative de Chapelle a pu inspirer à l'auteur d'Andromaque l'excellente comédie des *Plaideurs*.

Le chancelier d'Aguesseau, l'un des plus grands orateurs du barreau français, qui, par ses travaux, s'est placé au premier rang des législateurs, des magistrats et des écrivains dont la France s'honore, venait dans sa maison d'Auteuil, au sein de sa famille, se reposer des pénibles fonctions d'un ministère dont il remplissait les devoirs avec la plus courageuse exactitude. Son épouse, Anne d'Ormesson, y mourut en 1735; il ne lui survécut que seize ans : un même tombeau les réunit. Deux ans après, leur famille transféra leurs cendres dans un monument élevé en face de la porte de l'église. Sur une base de marbre s'élève une pyramide, que couronne un globe doré, surmonté d'une croix : une double inscription décore le socle de ce modeste monument.

Des souvenirs plus récens appellent l'intérêt sur le village d'Auteuil. Après la mort d'Helvétius, sa veuve fixa sa demeure à Auteuil. Là, se réunissaient des hommes distingués par leurs talens et les services qu'ils rendaient aux sciences, à l'humanité et à la patrie. Le docteur Cabanis reçut les derniers soupirs de madame Helvétius, décédée le 13 août 1800. Toute la population du pays assista à son convoi. Elle mérita les pleurs du pauvre et les regrets de tous ceux qui avaient apprécié son esprit, ses connaissances et son excellent cœur.

Napoléon, alors premier consul, allait souvent visiter la retraite de la veuve d'Helvétius. Parcourant ensemble son jardin, elle contemplait avec délice ses plantations et les troupeaux qu'elle faisait élever. Vous ne vous doutez pas, lui dit-elle, *combien on peut trouver de bonheur dans trois arpens de terre;* et Napoléon alors gouvernait la France, et par la France il voyait trembler ou fléchir devant lui tous les rois de l'Europe.

On remarque dans le cimetière d'Auteuil un

tombeau sculpté par M. Debay ; c'est un monument élevé par un de nos premiers manufacturiers, M. Ternaux, à son épouse, décédée en 1817.

Auteuil possède plusieurs établissemens de commerce très-remarquables, dont les principaux sont celui de M. Ternaux-Rousseau, en draperies ; la fabrique de toiles peintes de M. Gonin ; les bains médicinaux et de santé, établis dans une rue qui porte le nom de Boileau ; la fabrique de produits chimiques de M. Triquet.

AVARAI. A deux lieues de Beaugency, sur un coteau planté de vignes. L'ancien château appartenait à la famille Mineray : il était très-fortifié. Les propriétaires étaient protestans ; leurs co-religionnaires s'y réunissaient pour y exercer librement leur culte.

Les partisans des Guises les accusèrent de faire souffrir le roi Charles IX, en perçant une petite effigie de cire. On croyait alors à l'astrologie judiciaire ; il n'en fallut pas davantage pour faire proscrire la famille Mineray.

La femme de Montgomery étant morte à Paris, fut transportée dans ce château. Son épitaphe est la plus longue et peut-être la plus bizarre que l'on connaisse ; c'est une série de superlatifs en l'honneur de la défunte : deux mots pour Dieu seulement, et tout le long panégyrique vraiment burlesque pour la dame de Montgomery. Je ne citerai que les dernières lignes : « Les seigneurs baignèrent » de larmes les carreaux de sa chambre en telle » abondance, qu'il semblait qu'à sa mort fût con-

« joint et universel trepas de tout le monde. » Tel était le style funéraire du seizième siècle.

Ce château a été démoli et reconstruit sur un nouveau plan, qui ne manque pas d'élégance et de goût.

# B.

BAGATELLE. Joli château dans l'enceinte du bois de Boulogne, sur la rive droite de la Seine, vis-à-vis Surêne et sur le chemin de l'ancienne abbaye de Lonchamp à Neuilly. Mademoiselle de Charolais en faisait sa résidence favorite : elle se plaisait à y réunir, les dimanches, la jeunesse des villages voisins. La haute société de la cour et de la ville assistait à ces fêtes champêtres, dont mademoiselle de Charolais faisait les honneurs.

La fantaisie qu'eut cette princesse de se faire peindre en Cordelier inspira aux courtisans quelques plaisanteries graveleuses, dont le temps et le bon goût ont fait justice ; mais on n'a pas oublié cet impromptu de Voltaire :

> Frère Ange de Charolois,
> Dis-nous par quelle aventure
> Le cordon de Saint-François
> Sert à Vénus de ceinture.

Après la mort de cette princesse, le château fut acheté par le comte d'Artois ( aujourd'hui Charles X ), qui le fit démolir. Il fut reconstruit en soixante-quatre jours tel qu'on le voit aujourd'hui, sur les dessins et sous la direction de l'archi-tecte Alexandre Bellanger.

Une inscription en lettres d'or, au-dessus de la principale entrée, en explique le plan et l'heureuse distribution : *Parva... sed apta.*

Trois cours précèdent le bâtiment principal ; la dernière est élégamment ornée de statues ; des bustes en marbre d'après l'antique décorent le ves-tibule. Le rez-de-chaussée ne comprend que trois pièces, la salle à manger, le salon, la salle de bil-lard. Chaque pièce a un genre de décoration parti-culier et de très-bon goût ; la chambre à coucher a la forme d'une tente : tout l'ameublement est d'une simplicité toute militaire.

La distribution du jardin est d'une piquante variété ; c'est partout la nature embellie : l'ermi-tage, les galeries souterraines qui l'environnent ; cet oratoire que l'art n'a fait qu'ébaucher, l'étroit et ténébreux passage qui le sépare du pavillon du philosophe, placé sur un rocher ; cette distribu-tion, ces passages des ténèbres à la lumière, sont une ingénieuse allégorie dont il est facile de faire l'application. La nature semble prodiguer tous ses trésors autour du pavillon ; et pour compléter ces brillantes illusions, la mythologie grecque s'y montre avec tous ses attributs : de nouveaux sites offrent aux heureux promeneurs la sévère théo-gonie égyptienne.

Bagatelle est le plus agréable séjour des environs de la capitale. Depuis 1814, Monsieur, comte d'Ar-tois, en reprit la possession ; il le donna à son fils, feu monseigneur le duc de Berry. La jeune famille de ce prince y fait de fréquens voyages, et y passe quelquefois une partie de la belle saison, sur-tout pendant le séjour de la cour à Saint-Cloud.

BAGNEUX. A une lieue sud de Paris, sur le plateau de la hauteur de Châtillon. C'est un des plus anciens villages des environs de la capitale. On le trouve cité sous le nom de *Baniolum* ou Baniolle, dans des chartes des neuvième, dixième et onzième siècles. On avait ajouté à son nom actuel de Bagneux, dans le quatorzième siècle, celui de Saint-Herbland, patron de son église.

Cette église, remarquable par son architecture, présente, dans un plan resserré, l'aspect de l'église métropolitaine de Paris. Le presbytère, qui est assez étendu et élégamment construit, a été, non pas bâti, mais restauré et agrandi par François de Chabane de Rhodes, alors curé. C'est aujourd'hui la propriété de M. Filastre, desservant de cette paroisse.

Henri IV, au retour de deux expéditions dans le pays de Caux, et après avoir passé la Seine à Meulan, s'arrêta à Bagneux, le 31 octobre 1569, et fit cantonner son armée à Gentilly, Issy, et dans les environs.

Benicourt, confident et exécuteur des ordres secrets du cardinal de Richelieu, avait fait construire à Bagneux une très-belle maison, dont le cardinal fit les frais. On y remarquait un pavillon à l'extrémité du jardin, donnant sur la rue Saint-Etienne. Tout fut vendu et démoli. On découvrit alors la destination mystérieuse de ce pavillon, et d'un puits non moins fameux. Plus d'un proscrit, si l'on en croit la tradition, y passa par les *oubliettes*.

Un vaste mur entoure maintenant ce domaine, qui appartient à M. Benoit.

Bagneux est dans une situation agréable ; on y respire un air pur. On y remarque plusieurs maisons d'une construction élégante et de forts jolis jardins. M. Legal y dirige une institution ; son pensionnat compte un grand nombre d'élèves. Les vins de Bagneux étaient considérés comme les meilleurs des environs de Paris. Ce village était une des seigneuries du chapitre de Notre-Dame de Paris.

BAGNOLET. A une lieue nord-est de Paris, au fond d'un vallon dont la culture très-variée présente un coup-d'œil agréable. Des documens historiques de l'abbaye de Saint-Denis nous révèlent son existence au treizième siècle ; d'autres titres du quatorzième siècle le désignent sous le nom de *Beneletum*.

Le fermier-général Lejuge y fit construire un château, que le duc d'Orléans régent acheta. Il le fit agrandir ; les appartemens étaient magnifiques : tout annonçait une opulence vraiment royale. Une galerie galante et riche était ornée d'une collection de tableaux, dont les sujets trahissaient les goûts voluptueux du maître.

Le fils du régent, devenu propriétaire de cette résidence, en vendit le riche mobilier, et ensuite les bâtimens et les terres. De jolies habitations particulières ont remplacé le château.

On remarquait aussi dans ce village la maison qu'habita long-temps le cardinal Duperron, qui, par son dévoûment et ses complaisances sans bornes pour Gabriel d'Estrées, s'ouvrit la carrière de la fortune et du pouvoir.

Après la mort d'Henri IV, il se retira à Bagnolet, qu'il ne quitta que dans les derniers jours d'une cruelle maladie, pour revenir à Paris, où il mourut. Il n'avait survécu à Henri IV que de huit années : on a conservé l'épitaphe singulière qu'il avait composée pour ce prince.

> Et la France, et La Flèche, et les cieux, et les arts,
> Les soldats et le monde, ont fait comme six parts
> Du roy Henri le Grand; car une si grand chose
> Dans un seul cercueil ne pouvait estre enclose.
> La France en a le corps, qu'elle avait élevé;
> La Flèche en a le cœur, qu'elle avait esprouvé;
> Les cieux en ont l'esprit, et les arts la mémoire;
> Les soldats le regret, le monde sa gloire.

Les cultivateurs de Bagnolet rivalisent d'industrie et de succès avec ceux de Montreuil pour la culture des pêchers. Une des plus agréables habitations de Bagnolet appartient à M. de Shonen, conseiller à la Cour Royale.

BAILLAY ou BAILLET. A six lieues de Paris, sur la route de Beauvais. Son ancien nom était Bailleil; il est appelé, dans des registres du treizième siècle, *Baliolum*, que les archéologues traduisent par *petite avenue*.

La famille d'O, originaire de Bretagne, y avait sa sépulture. Une partie de cette paroisse avait porté le nom de Fayet, de Fays, *hêtres*. L'ancienne abbaye de Malnoue y levait des dîmes sous le règne de Charles VII.

BAILLEAU. Entre Dourdan et Bruyère-le-Châtel.

BANLIEUE. Se compose de quarante-trois petites communes, villes ou villages; cette division topographique n'existe plus : les communes qu'elle comprenait font partie des arrondissemens de Paris, de Saint-Denis ou de Sceaux.

On appelle encore Banlieue un cercle de plus de cent vingt communes qui environnent Paris, et pour lesquelles l'Administration générale des Postes aux lettres a établi un service particulier.

Le service de la petite Banlieue se fait, en général, dans l'espace qui se trouve entre les anciennes barrières et les nouvelles.

Les levées des boîtes ont lieu le matin à sept heures, à neuf heures, à midi; le soir, à quatre et à six heures.

La distribution a lieu le matin à sept, neuf et onze heures; le soir, à une heure et demie et à quatre heures.

Il y a régulièrement, pour le service de la grande Banlieue, une levée et une distribution chaque jour dans toutes les communes comprises dans le service.

Les chefs-lieux de distribution sont : Vincennes, Choisy, Meudon, Bicêtre. On ne peut affranchir pour Paris et la Banlieue qu'aux bureaux de Bercy, Vaugirard, Vitry, Villejuif, Châtillon, Passy, Boulogne, Montreuil-sous-Bois, Belleville.

BANLIEUE (la). On appelle ainsi une auberge

située dans un carrefour, sur le grand chemin de Paris au Bourg-la-Reine, à la distance d'une lieue et demie.

C'était jadis une des plus anciennes léproseries du diocèse : elle fait partie du territoire d'Arcueil.

Elle fut désignée, sous le règne du roi Jean, pour les séances d'une assemblée nationale, convoquée pour conférer sur les moyens de faire la paix avec l'Angleterre. Cette assemblée, dont les travaux pouvaient réaliser le vœu émis par la célèbre assemblée de 1355, ne put remplir qu'une partie de son mandat : elle ouvrit ses délibérations en 1360.

La France entière réclamait alors cette constitution qu'elle n'obtint qu'en 1789. Les intrigues de la cour et de l'étranger retardèrent de plus de quatre siècles l'époque de notre régénération politique.

BANNOTS. Bourg à quinze lieues de Paris (Seine-et-Marne). Les pauvres recevaient jadis, sur les revenus de l'hospice, des secours à domicile; maintenant les secours que réclame l'indigence sont partout considérés comme une dette publique.

BARBEAUX, à deux lieues de Melun, a donné son nom à une riche abbaye de l'ordre de Cîteaux, fondée en 1147 par Louis-le-Jeune. Les anciens titres l'appellent *Sacer Portus, Sequanæ Portus, Barbellus*. Le merveilleux a pour les traditions locales un charme irrésistible : on croit généralement dans le pays que cette abbaye des Barbeaux a été bâtie avec le produit d'un diamant trouvé dans le corps d'un barbeau, et cette opinion populaire a survécu à l'établissement religieux qui en est l'objet.

Suivant Dutillet, le corps de Louis VII y fut transporté et inhumé dans un mausolée enrichi d'or, d'argent et de perles, que lui fit ériger la reine Adèle, sa veuve.

BARRE (la). Écart de la commune du Dueil, sur le chemin de Pontoise.

BAUBIGNY. Au nord-ouest de Paris, près de Durancy et de Romainville. Ce village est bâti au centre d'une plaine; c'est au milieu du parc que jaillissent les trois sources du *Ru de Montfort,* que grossissent, avant de quitter le territoire de Baubigny, deux autres sources. Le sol est sablonneux et peu fertile.

L'église, sous l'invocation de Saint-André, est fort ancienne. *Jéhan Bonneau,* curé de Baubigny, greffier de la Chambre ecclésiastique et aumônier d'Étienne de Poncher, évêque de Paris, fut assassiné. On lit sur sa tombe cette épitaphe remarquable par sa simplicité :

> Ci-dessous gist de Dieu le féal serviteur
> Jéhan Bonneau, prêtre de Bobigni, curé,
> Clerc de la Chambre, chapelain de *Monsieur,*
> Servant à tous tant comme il a duré ;
> Par dard mortel fut le corps séparé
> De avec l'âme l'an mille cinq cent et quatre,
> Le jour treizième de juillet mal paré ;
> Dieu par sa grâce veuille ses maux rabattre.

Cette inscription prouve qu'au commencement du seizième siècle les prélats s'appelaient *Monsieur*.

BAULE. Bourg assez considérable, situé dans le vignoble à une lieue et à l'est de Beaugency.

BAZOCHE. Village à dix-neuf lieues de Paris, près de Provins. Ce nom est commun à plusieurs autres villages à des distances plus éloignées.

BEAUGENCY ou BAUGENCI. Ancienne ville sur la rive droite de la Loire, à dix lieues d'Orléans. Son origine est antérieure à l'invasion des Gaules par Jules-César. Raoul II, dernier seigneur de la baronie de Beaugency, la vendit à Philippe-le-Bel en 1291. Philippe de Valois la donna à son fils, Philippe I<sup>er</sup>., duc d'Orléans, en 1344. Elle appartint ensuite pendant long-temps aux princes de cette maison. Le feu duc d'Orléans en hérita à la mort de son père, en 1785.

Plusieurs conciles se sont assemblés dans cette ville, qui eut beaucoup à souffrir pendant les guerres civiles du seizième siècle.

Elle avait autrefois un commerce très-florissant; on y fabriquait des draps et des serges. On y compte encore quelques tanneries et des fabriques de bas communs; mais la principale branche de son commerce actuel est le vin, et depuis quelques années elle est l'entrepôt de toutes les matières nécessaires à la culture des vignes et à la confection des bariques.

BEAULIEU. Plusieurs villages ou bourgs portent ce nom. L'un près de Mantes; un autre près de Meriol, non loin de Provins; un troisième à une lieue de Chartres et de Ver-le-Grand. Il doit son nom à son heureuse situation : on assure aussi qu'il lui fut donné par Henri IV. Les caves du château ont été long-temps fermées. Les seigneurs étaient protestans, et l'on assure que ces caves servaient de sépulture à ceux de la religion réformée.

BEAUMONT-SUR-OISE. A huit lieues de Paris et de Beauvais. C'était un ancien apanage de la maison d'Orléans; les ennemis s'en emparèrent pendant la captivité des princes de cette maison, détenus en Angleterre depuis la bataille d'Azincourt. La ville fut livrée au pillage, et une partie des habitans jetés dans la rivière.

Son principal commerce consiste en blé et farines : on y trouve une fabrique de tissus à l'usage des troupes, et qui appartient à M. Gelhaye. Il y a un autre Beaumont près de Nemours.

BEAUTÉ ( château de ). *Voy.* Vincennes.

BEAUVAIS. A seize lieues nord-ouest de Paris, chef-lieu d'arrondissement du département de l'Oise, sur le bord du Thérain. Cette ville est fort ancienne; elle jouissait déjà de quelque considération du temps de Jules-César.

Son évêque était jadis comte de Beauvais et pair de France. Au commencement du onzième siècle Roger occupait ce siège, et fit don du comté à la manse épiscopale. Cauchon, depuis évêque de Lisieux, était évêque et comte de Beauvais lorsqu'il présida la commission qui condamna Jeanne-d'Arc au feu.

Il est aussi difficile de concevoir que de justifier

tous les poëtes qui, depuis Voltaire, se sont plu à dénaturer l'histoire de l'héroïne de Domremy.

Les citoyennes de Beauvais, dirigées par Jeanne Laisné, plus connue sous le nom de Jeanne Hachette, battirent les Bourguignons, commandés par Charles-le-Téméraire, en 1472, et les forcèrent de lever le siége.

Louis XI, en mémoire de ce trait d'héroïsme, ordonna que chaque année les dames de Beauvais précéderaient les hommes à la procession de Sainte-Augadresme, patrone de la ville, et qu'elles pourraient, ce jour-là, paraître sous tel uniforme que bon leur semblerait. Le chœur de la cathédrale passe pour un chef-d'œuvre d'architecture. On trouve dans cette ville plusieurs fabriques, dont la plus considérable est celle de tapis, qui rivalise avec celle des Gobelins. Beauvais est la patrie de Vaillant, de Loisel, de Guy-Patin.

BELLE FONTAINE. Village à six lieues de Paris, près de Fosses. Il y a un autre village de ce nom près de Montmorency.

BELLEVILLE, anciennement *Savie et Poitronville*. A une petite lieue Est de Paris. Son premier nom était Savie ( *Saveiæ* ou *Savegia*, et par abbréviation, *Saviæ* ) : le nom de Poitronville ne désignait d'abord que la partie la plus éloignée de Paris. Les anciens rois possédèrent ce village : une monnaie portant le mot Save, semble prouver qu'elle y avait été fabriquée. Le territoire fut ensuite divisé entre plusieurs seigneurs laïcs ou ecclésiastiques, à qui les rois firent des donations ;

3.

les habitans dépendaient des paroisses de Saint-Méry, de Paris, de Pantin et de Bagnolet. Il paraît que les seigneurs ecclésiastiques étaient plus occupés des dîmes que du salut de leurs paroissiens; car les fidèles n'obtinrent qu'avec peine la permission de placer un autel portatif dans un petit oratoire qu'ils avaient fait construire, et l'église n'a été bâtie qu'au dix-septième siècle : elle est sous l'invocation de Saint-Jean-Baptiste, qui est le patron du village.

La révolution, en détruisant le régime seigneurial, fit cesser cette confusion.

On y remarquait jadis un couvent de pénitens du tiers-ordre de Saint-François, fondé en 1638 par *Jean Bordier*, argentier de la petite écurie du roi, et *Marie Bricart*, sa femme.

Le plus ancien titre qui donne à ce village le nom de Belleville-sur-Sablon, est du 30 juillet 1649.

L'aqueduc de Belleville existait déjà au quinzième siècle. C'est dans ce village que demeurait le poëte Favart, auteur de plusieurs opéras-comiques, dont Grétry et Monsigni ont fait la musique. Madame Favart était actrice distinguée : c'était pour elle que son mari avait composé la comédie des Trois Sultanes, qui est restée au répertoire du Théâtre-Français. L'abbé de Voisenon, leur inséparable ami, habitait aussi Belleville. Favart y mourut le 18 mai 1792, à l'âge de quatre-vingt-deux ans.

Sa maison est maintenant occupée par un pensionnat de demoiselles, dirigé par madame de Noire-terre. Favart fut enterré à Belleville, près de son épouse : le modeste monument qui leur fut érigé n'existe plus; un seul cyprès indique leur sépulture.

Le joli plateau sur lequel est bâti ce village est couvert de maisons de plaisance. La partie inférieure est occupée par des carrières de plâtre et des jardins : on y trouve aussi quelques usines, un établissement de fêtes champêtres et de courses en chars sur une pente douce et rapide, qu'on est convenu d'appeler *Montagnes*.

BELLEVUE. Sur les coteaux qui bordent la Seine, entre ce fleuve et la *garenne de Sèvres*, ou le *bois de Cotiniers*. La beauté du site, l'agréable variété des paysages qui l'environnent, fixèrent l'attention de madame de Pompadour : elle désira y avoir un château, et bientôt l'architecte Lespérance trace le plan d'un élégant édifice; d'Isle en dessine les jardins; les artistes les plus distingués s'empressent de l'embellir de leurs productions. Coustou, Falconet, Adam l'aîné, Sale, Pigale, Lagrenée, Doyen-Fragonard, Boucher, Brunette, rivalisent de talent et de succès : tous les arts concourent à l'embellissement de ce château, de son parc et de ses jardins. La statue de Louis XV, sculptée par Pigale, s'élève au milieu du parc; une balustrade dorée en défend l'approche. Tous ces travaux furent terminés en deux années. Louis XV vint peu de jours après, le 24 novembre 1750, visiter la nouvelle résidence de sa favorite, et, par une nouvelle galanterie dont le trésor public subit encore les frais, le monarque témoigna le désir de posséder Bellevue. Le contrat d'acquisition ne fut passé que le 22 juin 1757;

mais la jouissance en, fut' réservée à madame de Pompadour : l'acquéreur ne devait le posséder qu'après la mort de cette dame.

Ce château faisait partie des domaines de la couronne lorsque Louis XVI le donna à Mesdames de France, ses tantes, qui y firent leur résidence habituelle jusqu'à l'époque de leur départ pour l'Italie.

Devenu propriété nationale, ce château fut converti en caserne ; il a été vendu depuis à M. Testu Bussy, mais à la charge de ne point interrompre la route qui conduit à Meudon.

Parmi les inscriptions en vers qu'on lisait dans les jardins de Bellevue, on remarquait celle-ci :

> Laissez sur leurs tiges nouvelles
> Les fleurs qui parent ces bosquets ;
> Car la fraîcheur est aux bouquets
> Ce que la pudeur est aux belles.

Il ne reste plus de ce somptueux édifice que deux portions des aîles du château et la *tour de Marlborough*.

BELLOY ou BELOY, village à six lieues de Paris, entre Maflée, Moissel et Villers-le-Sec : des vallons plantés d'oseraie le séparent d'Attainville.

BEL-OEIL. Cette maison de plaisance avait appartenu au prince de Ligne ; il a été chanté par Delille dans son poëme des Jardins.

> Bel-OEil tout-à-la-fois magnifique et champêtre, etc.

BENAINVILLIERS, hameau entre Morainvilliers, Orgeval et Poissy.

BERCHÈRES, hameau à cinq lieues nord de

Paris, fort ancien ; il existait déjà du temps de Louis-le-Gros.

BERCY, à trois quarts de lieue de Paris. Ce village compte plusieurs maisons de plaisance très-jolies. Un grand nombre de commerçans en vins y déposent leurs marchandises. Ces entrepôts forment une partie du revenu de ce village. Un incendie en détruisit une partie en 1821 ; mais toutes les maisons atteintes par ce fléau se sont relevées comme par enchantement. Le château, bâti sur la rive droite de la Seine, fait honneur aux talens de Louis Leveau : l'intérieur a été distribué dans un goût plus moderne par M. de la Guespière. Des tableaux, qui passent pour les meilleures compositions de Carrey, élève de Charles Lebrun, et par Jordaans, décorent le vestibule et les appartemens : le parc a été tracé sur les dessins de Lenôtre. Une longue terrasse s'étend sur le bord de la Seine ; elle est terminée par un grand pavillon, que sa forme singulière a fait nommer *Pâté-Paris*. Cet édifice avait été bâti pour M. Pâris, père du financier Pâris de Montmartel. Bercy avait déjà, au commencement du quatorzième siècle, un port sur la Seine. De nouvelles manufactures ont augmenté ses ressources et sa population.

BERNY, à trois lieues de Paris, sur la route d'Orléans. Le château, qui en est le principal ornement, avait appartenu au chancelier de Belièvre, et à M. de Lionne, ministre et secrétaire d'état.

Saint Benoît, pour se livrer sans distraction à ses exercices religieux, s'était retiré dans une obscure caverne du désert de *Sublac*. Ses successeurs, moins timides, n'ont pas craint de s'exposer à toutes les séductions des jouissances mondaines. Les abbés de Saint-Germain-des-Prés avaient choisi pour retraite le château de Berny et ses dépendances : ce château, bâti par François Mansard, est un de ses premiers ouvrages. Les bâtimens sont assez vastes ; le corps principal est flanqué de quatre pavillons : les appartemens, richement meublés, répondaient à la magnificence des jardins ; des bassins, décorés de vases et de jets, des pelouses toujours vertes, des boulingrins, des bosquets ; un canal, alimenté par la rivière de Bièvre, bordait un bois très-agréable, et lui servait d'ornement et de clôture. Le cardinal Furtemberg, abbé de Saint-Germain-des-Prés, avait encore embelli cette charmante résidence. Le comte de Clermont, prince du sang, abbé de Saint-Germain-des-Prés, habita ce château pendant trente ans; l'agréable et l'utile y étaient réunis : on y trouvait les meilleurs légumes, les meilleurs fruits et les fleurs les plus rares. Ce village offre de nouvelles maisons de plaisance fort agréables. Berny est encore cité pour ses fruits, ses fleurs et ses légumes : de laborieux jardiniers, d'honnètes bourgeois les cultivent ou les consomment; et ce qui suffisait à peine aux fantaisies d'un opulent célibataire, assure les besoins et le bonheur de cinquante familles.

BÉTHEMONT ou BERTHEMONT. A six lieues de Paris, à l'extrémité occidentale de la forêt de Montmorency, à un quart de lieue de Villiers-Adam.

Un titre de 1610 atteste qu'il y avait à cette époque une seigneurie appelée Monglant, et depuis Montauglan ; ce dernier nom a été substitué à celui de Berthemont. Le territoire était jadis très-boisé ; c'est là sans doute l'origine de ce nouveau nom.

BÉTHIZY. Bourg sur la petite rivière d'Auterval, à l'extrémité méridionale de la forêt de Compiègne. Les Anglais ont été vaincus deux fois dans les environs de Béthizy ; les lieux où ils furent défaits portent encore le nom de *champ Dolent* et de la *cavée aux Anglais.*

BEUVRONE ou BEUVERONE. Petite rivière qui prend sa source à Saint-Vic ( Seine-et-Marne ) , et arrose Gressé, Goville, Claye, et se jette dans la Marne au-dessous d'Anet : son vrai nom est Breurone.

BEZONS ou BESONS , village à trois lieues de Paris. Un roi de la première race y fit battre monnaie. Les Parisiens s'y rendaient jadis en foule le dimanche après la Saint-Fiacre, patron de ce village. La route était couverte de voitures, de cavaliers, qui affectaient de s'y montrer en habit de bal ; c'était le Longchamp de l'époque. En 1381, les habitans plaidèrent contre Jean de Meudon, capitaine de Saint-Germain en Laye, pour être déchargés du *guet :* c'était un impôt arbitraire contre lequel les cours souveraines et les États se sont souvent élevés.

Charles VI, en 1404, exempta les habitans de Bezons des prises. On appelait ainsi les réquisitions en meubles, argent ou denrées, dont étaient frappées les communes pendant le séjour du roi ou des princes; c'était un véritable pillage. Ce droit fut remplacé par une redevance annuelle de quatre charrettes de paille, que les habitans de Bezons devaient fournir à l'hôtel du roi à Paris.

La foire de Bezons a fourni à Dancourt le sujet d'une comédie. Cet auteur a peint avec une gaîté souvent graveleuse les mœurs et les travers de son temps.

M. Borde possède à Bezons un très-beau troupeau de mérinos.

BICÊTRE. Château, hospice, prison, etc., à une demi-lieue de la barrière d'Italie, à l'ouest de la route de Fontainebleau. Jean, évêque de Wincester en Angleterre, fit bâtir en 1204, sur ce territoire, appelé alors la Grange-aux-Queux, un château qu'on nomma *Bichestre* et ensuite *Bicêtre*. Ce château fut confisqué par Philippe-le-Bel en 1294; Charles VI y habita. Des ordonnances de ce prince, de 1381 et 1409, sont datées de ce lieu.

Le duc de Berry, Jean de France, fit reconstruire ce château dans le quinzième siècle : ce fut là que, réuni avec le duc d'Orléans, il se ligua contre le duc de Bourgogne; là s'ouvrirent et se terminèrent les négociations pour le traité appelé *paix de Wincester*, et ensuite *trahison de Wincester*, parce que ce traité fut violé un an après.

Ce château fut ruiné par les guerres civiles, et en 1416 le duc de Berry le donna avec toutes ses dépendances au chapitre de Notre-Dame, qui n'y fit faire aucune réparation. Louis XIII le racheta en 1632, et fit construire sur l'emplacement du château, en 1634, une chapelle sous l'invocation de saint Jean, et des bâtimens pour les officiers et soldats invalides. Il érigea cet établissement en *commanderie de Saint-Louis.*

L'Hôtel des Invalides ayant été construit en 1656, la commanderie de Saint-Louis devint inutile, et fut convertie en succursale de l'Hôpital général. Les pauvres, veufs ou garçons, valides ou infirmes, de jeunes débauchés, y furent placés : ceux qui étaient atteints de maladie honteuse y étaient fustigés par les chirurgiens avant le pansement. Cette absurde correction a été longtemps en usage. L'isolement de Bicêtre, les carrières qui l'environnent avaient fait naître de singuliers préjugés. Des charlatans, dont la tradition locale, consacrée par la superstition et l'ignorance, favorisait les spéculations, y levaient de lucratives contributions sur les gens curieux de voir des revenans, des loups-garoux et même le grand diable.

Bicêtre est maintenant hospice d'insensés, hospice d'indigens et prison des condamnés à une peine infamante. Ils y restent jusqu'à leur départ pour le bagne ou jusqu'à l'expiration de leur peine, s'ils ne sont condamnés qu'à la réclusion. Les condamnés à mort y sont ordinairement transférés de la Conciergerie aussitôt après leur pourvoi en cassation, et n'en sortent que pour être conduits devant une autre cour, si l'arrêt est cassé, ou pour aller subir la peine capitale, si l'arrêt est confirmé.

Tous les autres condamnés doivent travailler dans

les ateliers. Les prisons se composent de six corps de bâtiment à plusieurs étages : ils ont été récemment agrandis. On compte ordinairement mille prisonniers.

Le produit de leur travail est ainsi réparti : un tiers et deux centimes par franc pour le gouvernement, pour l'indemniser des frais de coucher et de nourriture ; un tiers aux travailleurs ; l'autre tiers, mis en réserve, leur est compté en sortant de prison. Leur nourriture consiste en une livre et demie de pain, un demi-litre de bouillon, un demi-litre de lentilles ou de haricots, et deux fois par semaine quatre onces de viande désossée. Ils couchent deux dans un lit, composé d'une paillasse, d'un matelas, de draps, d'une couverture et d'un traversin de paille d'avoine.

Les non travailleurs ont une nourriture moins substantielle, et leur couché n'a ni draps ni matelas.

Tous portent un habillement moitié noir moitié blanc ; on leur fournit encore une chemise par semaine, une paire de bas de laine, une paire de sabots, tous les six mois.

Toutes rigueurs inutiles pour s'assurer de la personne d'un prisonnier sont interdites par l'humanité et par nos lois. Des commissaires de bienfaisance, le conseil général des prisons, sont chargés de surveiller les agens de l'autorité. Les prisons devraient exclusivement être placées sous la surveillance de l'autorité municipale. Nos nouveaux codes ont étendu ce droit à toutes les autorités judiciaires et administratives, et les magistrats s'en rapportent presque toujours à des inspecteurs négligens ou passionnés : les visites des commissions spéciales sont rares et toujours connues d'avance par les préposés. Si quelques abus ont été réformés, on le doit à l'humanité de quelques hommes humains et courageux, qui ont révélé aux magistrats et au public les vexations de tout genre dont ils avaient été les témoins. D'importans mémoires sur cette partie essentielle de l'administration publique ont été publiés par MM. Cadet Gassicourt, Pariset et Delaborde.

En parcourant les listes des prisonniers, on est aussi affligé que surpris d'y trouver cette désignation, *suspects*. Si, sous ce titre, on ne comprenait que des hommes soupçonnés de crimes dont la preuve légale n'est pas encore acquise, il faudrait encore accuser nos lois ou leurs organes d'imprévoyance ou d'incapacité; mais des hommes, d'ailleurs très-connus, dont la probité était notoire, ont été, comme *suspects*, condamnés à plusieurs mois de prison à Bicêtre par un fonctionnaire tout-à-fait étranger à l'ordre judiciaire. Nous ne disons point que ces abus de pouvoir existent encore; mais il est incontestable qu'ils ont existé, et à une époque peu éloignée.

Les prisonniers malades sont traités dans des infirmeries particulières; leur coucher, leur nourriture sont d'une meilleure qualité. D'habiles médecins président à leur traitement : les médicamens nécessaires sont fournis par la pharmacie centrale des hospices.

Chaque partie de ce vaste établissement occupe un local séparé. Nulle communication entre les lieux destinés aux prisonniers et l'hospice des insensés et celui appelé du Bon Pauvre. On appelle ainsi ce dernier asile destiné aux vieillards qui n'ont aucun moyen d'existence : ils sont reçus sur un certificat du bureau de bienfaisance de leur arrondissement. Les bâtimens réservés aux insensés sont accessibles au public ; les furieux restent renfermés dans leurs loges ; ceux dont l'aliénation mentale ne fait craindre aucun danger circulent dans l'enceinte. Ce spectacle inspire moins d'horreur que de pitié.

Les curieux, plus jaloux d'admirer les progrès des arts que de calculer les déviations de l'humanité dégradée, s'arrêtent devant le chef-d'œuvre de Boffrand, l'un des meilleurs architectes de son temps. Ce fut sur ses dessins qu'a été construit le puits de Bicêtre : sa largeur est de seize pieds, et sa profondeur de cent soixante-onze. La machine qui élève l'eau est très-ingénieuse.

BIÈVRE (la). Cette petite rivière, qui a sept lieues de cours, prend sa source près de l'étang d'Arcis dans le parc de Versailles ; elle passe à Buc, traverse la route d'Orléans au pont d'Antoni, arrose Arcueil et Gentilly, où elle prend le nom de rivière des Gobelins, entre dans le champ de l'Alouette, et se dirige vers le faubourg Saint-Marcel ; vient porter le tribut de ses eaux à la fameuse manufacture des Gobelins , et va se perdre dans la Seine au-dessus du Jardin des Plantes.

BINAS. Bourg au nord et à quatre lieues de Beaugency.

BLANCMÉNIL. A deux lieues et demie de Paris , dans la plaine du Bourget. Pendant le règne de Charles VI les Parisiens y allaient en pélerinage à la chapelle de Notre-Dame , bâtie par le roi Jean en 1353, époque fameuse par l'assemblée des États-Généraux , dont les sages décisions auraient prévenu tous les maux qui ont accablé la France sous le règne de ce prince et de ses successeurs , si elles eussent été exécutées. Les changeurs et les orfèvres de Paris y avaient une confrérie , dont les membres étaient convoqués par le son d'une cloche dans les rues de Paris ; cette cloche fut volée plusieurs fois : on en fondit deux en 1585 , qui ont existé jusques vers la fin du siècle dernier.

BLENNE. Village près de Piscop , Saint-Brice , Montmorency et Écouen.

BLOIS. A quarante lieues sud-ouest de Paris , sur la Loire , environné de coteaux plantés en vignes. Le château a été bâti à diverses reprises par des seigneurs des maisons de Champagne et de Châtillon ; il ne restait des anciennes constructions qu'une tour. Louis XII a fait bâtir la face orientale et celle du midi ; François I<sup>er</sup>. celle du nord : on montre encore la chambre où Henri III fit assassiner Henri , duc de Guise , et retint prisonnier dans la tour de Château-Renaud le cardinal de Guise et l'archevêque de Lyon.

On appelle encore salle des états un corps de bâtiment, partie ancien, partie moderne : les États-Généraux s'y assemblèrent en 1576 et 1588. Henri III, sur la fin de son règne, y avait fait commencer la construction d'un appartement.

Ce prince s'est délivré par un guet-apens des Guises, qu'il aurait dû faire juger ; il aurait vu toute la France élever contre eux une voix accusatrice. La faction ultra-montaine survécut à ses chefs, et Henri III en fut la première victime.

Le bâtiment que Gaston, Jean-Baptiste de France, avait fait bâtir dans la partie occidentale du château, est un des plus beaux ouvrages de François Mansard.

BOISETTE. Petit village agréablement situé sur le bord de la Seine, arrondissement de Melun. On y remarque plusieurs maisons de campagne très-jolies, que viennent habiter pendant la belle saison plusieurs familles de la capitale.

BOISSISE-LE-BERTRAND. Sur le bord de la Seine, dans l'arrondissement de Melun.

BOISSY-LE-CURÉ. Village peu étendu, près d'Étampes.

BOISSY-SAINT-LÉGER. Ce nom de Boissy est commun à plusieurs autres villages des environs de Paris ; celui-ci doit son surnom au patron de sa paroisse. Les archéologues font dériver le mot Boissy, de *buxus*, buis, ou *boscus*, qui, dans le vocabulaire de la latinité du moyen âge, signifiait bois. Ce village est à quatre lieues de Paris, sur la route de Brie-Comte-Robert. Suivant la légende sacrée, ce n'était, au sixième siècle, qu'un hameau, que Saint-Germain, évêque de Paris, rendit fameux par ses miracles.

En 650, Clovis II donna ce territoire aux moines de Saint-Maur, dont Saint-Babolein, mort en 660, fut le premier abbé. On voyait encore, il y a peu d'années, au bas d'une maison en face de l'église, la fontaine de Saint-Babolein, qui a été comblée depuis.

L'église, d'ailleurs peu remarquable, est sous l'invocation de Saint-Léger, évêque d'Autun. Un château bâti sur une éminence, et appelé *du Piple*, n'était, au quatorzième siècle, qu'un manoir des moines de Saint-Maur, qui en cédèrent la jouissance à Jean de Chevry. Le château fut bâti en 1725 par Cantorbe : il a appartenu depuis au maréchal de Saxe, qui s'y plaisait beaucoup. On lit dans une lettre du 1er. août 1750, à Favier, son ami, et que nous avons sous les yeux : « Je reviens dans le » moment du Piple, où je suis la plupart du *tamp*. » La grange n'*ait* pas encore achevée. »

Le maréchal de Saxe refusa, dit-on, d'être de l'Académie française, parce qu'il ne savait pas l'orthographe : d'autres grands seigneurs n'ont pas été aussi scrupuleux, et du moins il avait publié un ouvrage estimé qui lui a survécu. Nous avons vu entrer à l'Académie des hommes qui n'étaient pas grands seigneurs, et dont le discours de réception était le premier ouvrage. On a justement regretté que le maréchal de Saxe n'ait point publié l'histoire de ses campagnes. Quelques personnes avaient engagé Favier à le presser sur ce point. J'y

4

ai pensé plus d'une fois, répondit le maréchal; mais, esclave de la vérité, j'ai mieux aimé me priver de cette satisfaction et ne pas déshonorer le nom de trois familles. On connaît le héros : cette réponse généreuse peint l'honnête homme.

BOISSY-SOUS-YON. A neuf lieues de Paris et à une lieue d'Arpajon. Son église compte au nombre de ses bienfaiteurs l'abbé Penati, secrétaire de légation du grand-duc de Toscane à la cour de France ; il la dota de trois cents livres de rente, à la charge d'une distribution de vingt-quatre chemises et douze camisoles à trente-six pauvres, et cinquante livres au maître d'école. Il avait en outre fait construire à ses frais un autel dédié à la Vierge, un banc pour les marguilliers, d'une forme très-élégante, des fonds baptismaux en marbre, etc.

BOITRON. A dix-sept lieues de Paris, arrondissement de Meaux. Henri IV l'avait érigé en baronie en faveur de Jean Bochard, avocat.

Ce fief avait passé depuis dans la famille de Breteuil.

BOMBON. Village à une demi-lieue de Melun.

BON ( Saint ). A une lieue de Sens. Village remarquable par une source d'eau minérale tellement abondante dans toutes les saisons, qu'elle fait tourner un moulin.

BONDI ou BONDIES, village à deux grandes lieues de Paris, dans une plaine, sur le chemin de Meaux. Le château de Raincy, qui appartient au duc d'Orléans, a été distrait du territoire de Bondi. La fête patronale de ce village est Saint-Pierre. C'était dans la forêt de Bondi où la basoche se transportait tous les ans, au mois de mai. Son procureur-général prononçait une harangue sous un *orme* qu'on appelait l'orme aux harangues, avant de requérir les officiers des eaux et forêts de marquer deux arbres, dont l'un devait être planté le dernier samedi du même mois dans la cour du Palais, au bruit des fanfares. Dans la suite, la fête fut transférée au mois de juillet. Ce fut dans la forêt de Bondi que Chilpéric, roi de France, fut assassiné par Landry, amant de sa femme, et par l'ordre de cette princesse.

Le domaine de Raincy, qui appartient au duc d'Orléans, fait partie du territoire de Bondi.

M. Framin possède à Bondi un troupeau de mérinos de race pure espagnole.

BONDOUFLE. A sept lieues et au midi de Paris, dans la plaine entre Montlhéry et Corbeil. Il était érigé en paroisse dès le onzième siècle.

BONNES. *Voyez* CHAMARANTE.

BONNEUIL-SUR-MARNE, au-dessus de Creteil, sur un coteau près des rives de la Marne. Suivant la chronique de Fredegaire, écrivain du septième siècle, Clotaire II y possédait en 616 une maison de plaisance, qu'il appela Bonogilum. Ce fut là qu'il vit venir auprès de lui les premiers seigneurs du royaume de Bourgogne.

L'église, dédiée à Saint-Martin, est très-petite; on remarque encore dans le chœur des vestiges de voûtes gothiques qui, par leur style, appartiennent au treizième siècle. Le château, situé derrière

4.

l'église, appartient au général Musnier, qui, après s'être distingué par ses talens militaires et son courage, s'est retiré dans cette commune, dont il est maire.

BONNEUIL-EN-FRANCE, sur le Crould, à quatre lieues de Paris, en deçà de Gonesse.

BORDES (les). Écart de la commune de la Queue, à quatre lieues de Paris, près de Fontenai en Brie. Henri IV avait établi des écuries dans ce hameau, quand il venait habiter le château d'Amboile. Bordes, dans le vieux langage, signifie maisonnettes couvertes en jonc. Ce mot est synonyme de ferme ou métairie dans le midi de la France.

BOUCHET (le). A six lieues sud de Paris. Henri de Guénégaud, secrétaire-d'état, avait acquis ce château en échange d'une belle maison qu'il avait à Paris, et qui fut depuis l'hôtel Conti. Il était fort riche, et n'épargna rien pour embellir ce château; cette terre fut érigée *en marquisat, en faveur d'Abraham Duquesne*, l'un des chefs les plus célèbres de la marine française. Fidèle à sa patrie, à l'honneur et à la croyance de ses pères, Duquesne ne fut point courtisan : heureux et fier d'avoir vaillamment défendu son pays, il ne voulut point acheter par une apostasie des richesses et des dignités. Il employa à l'achat de la terre du Bouchet une gratification de deux cent mille francs, qu'il avait reçue pour prix de ses services. Nulle considération ne put le faire changer de religion ; il était né, il mourut protestant, et ce grand homme, à qui la patrie reconnaissante eût voté un monument national, fut inhumé sur le bord d'un fossé de son château. Ses cendres reposeraient auprès de celles de Turenne, si, comme lui, il se fût fait catholique.

BOUCY SAINT-ANTOINE. Sur la rive droite de l'Hière, entre Villeneuve-Saint-Georges et Brie-Comte-Robert. Les religieux de Saint-Antoine à Paris étaient seigneurs de ce village.

BOUGIVAL, à trois lieues de Paris et à une lieue de Saint-Germain-en-Laye, assis au milieu d'un vallon pittoresque. On fait dériver son étymologie de bog ou boi, vieux mot qui signifiait boges ou cavités. L'exploitation des carrières de craie qui s'y trouvent dans une montagne voisine l'a fait nommer Vallée des Boges, d'où l'on a fait Bougival. La craie est encore une branche de commerce du pays ; la vallée n'en est pas moins fertile en fruits.

On y remarque plusieurs maisons de plaisance, et surtout celle de M. le comte Boissy-d'Anglas, membre de l'Institut, pair de France, à qui nous devons l'excellent *Essai sur la vie, les écrits et les opinions de Malesherbes.*

L'église de ce village, dont la fête patronale est l'Assomption, date de la fin du douzième siècle. On voyait autrefois à l'extrémité de l'aile méridionale de ce temple le tombeau de Rennequin Sualeur, qui, sans savoir lire et par la seule inspiration de son génie, inventa et fit exécuter la machine de Marly. La pierre tumulaire contenait cette inscription :

« Cy gisent honorables personnes, sieur Renne-

» quin Sualcur, seul inventeur de la machine de
» Marly, décédé le 29 juillet 1708, âgé de soixante-
» quatre ans ; et dame Marie Nouelle, son épouse,
» décédée le 4 mai 1714, âgée de quatre-vingt-
» quatre ans. »

Cette église avait été vendue; mais la pierre tumulaire sur laquelle était gravée cette épitaphe a
été conservée par madame veuve Philibert, de Marly.
En face de ce monument est la chapelle de Saint-
Avertin, dont la petite figure est en bois doré et
placée au-dessus d'un reliquaire. Les bonnes gens
du pays invoquent ce saint contre les maux de tête.

M. Sirhenri, coutelier à Paris, a établi à Bougival
une fabrique d'aciers damassés justement estimés.

BOUFÉMONT. A cinq lieues de Paris, sur le revers des hauteurs de la forêt de Montmorency. Le
cimetière avait été placé sur le haut de la montagne.
Plus zélé pour les convenances du curé que pour
la salubrité du pays, l'archevêque de Paris l'a fait
transférer, le 2 décembre 1727, dans un pré voisin
du village.

BOUFLERS. Bourg sur les rives du Thérain, à
trois lieues ouest de Beauvais. Il avait été érigé en
duché. On avait élevé devant le château une statue
équestre de Louis XIV.

L'ancien nom de ce village est Caqui.

BOULAYES ou BOULETS. Village près de Chatres (Seine-et-Marne). Cette terre a passé de la
famille Maillard dans celle de Ségur. On y exploite
des carrières de grès.

BOULOGNE. Sur la rive droite de la Seine, arrondissement de Saint-Denis, à deux lieues de Paris; il est séparé de Saint-Cloud par la Seine, que l'on traverse sur un pont, qui n'était encore qu'en bois lorsqu'en 1556 Henri II le fit construire en pierre, excepté les deux arches du milieu, qui restèrent en bois jusqu'en 1810, où il fut entièrement restauré en pierre.

L'ancien nom de ce village était *Menus-les-Saint-Cloud*. Les habitans de Paris étaient dans l'usage d'aller en pélerinage à Boulogne-sur-Mer. Philippe le-Long leur permit en 1319 de faire construire au village des Menus une église sur le modèle de celle qu'ils allaient visiter, et d'y instituer une confrérie. Le Pape Jean XXII accorda les mêmes indulgences qu'à l'église de Boulogne-sur-Mer. La confrérie prit le nom de Notre-Dame-Boulogne. On appela successivement ce village Boulogne-la-Petite et Bologne.

Le journal du règne de Charles VII rapporte qu'en 1429, le frère Richard, cordelier, y attirait tout Paris par ses sermons; il prêcha un jour avec tant d'éloquence et de succès contre le luxe et le jeu, que les Parisiens qui l'avaient entendu, à peine de retour chez eux, se hâtèrent d'allumer dans les rues de grands feux « dans lesquels les » hommes brûlaient tables, cartes, billes, billards, » boules, et les femmes les atours de leur tête, » comme bourseaux, truffes, pièces de cuir et de » baleine, leurs cornes, leurs queues, etc. »

Le vocabulaire des toilettes n'était pas aussi harmonieux, aussi élégant que de nos jours. Les mots et les choses ont également changé.

Le statuaire Lecomte, dont les ouvrages décorent encore le château et le parc de Versailles, mourut à Boulogne en 1694.

Le bois voisin de ce village conserva long-temps le nom de bois de Saint-Cloud, jusqu'à la fin du 14e. siècle; d'anciens registres l'indiquent encore en 1577 sous la double dénomination de bois de Rouvray, dit de Boulogne. Ce bois était jadis très-fréquenté par les botanistes; mais depuis il est devenu dans la belle saison le rendez-vous des heureux du jour. Les routes qui le traversent sont pendant la belle saison couvertes d'équipages élégans; ses réduits touffus servent aussi d'asile aux amours, et trop souvent à ces combats que Louis XIV a proscrits par une ordonnance sévère, et contre lesquels a tonné sans succès l'éloquence de Rousseau.

Ces belles et vastes plantations disparurent en 1815 sous la hache des armées étrangères. Ce désastre était du moins réparable.

De grands privilèges etaient jadis attachés à la place de gardien de ce bois, et de grands seigneurs se trouvaient honorés d'en être les concierges. Leur orgueil se contentait d'un titre peu imposant, et un suppléant salarié veillait pour le titulaire à la garde du gibier et des grilles. On se rappelle à regret que l'ordonnance des chasses qui livra à la merci des gardes-chasses l'honneur et la liberté des chefs de famille, et qui pendant plus de deux siècles fit condamner tant de malheureux aux galères, était l'ouvrage d'Henri IV.

Feu Cambacérès, dont la carrière politique offre le plus étonnant contraste, y possédait la belle maison située à droite en entrant par le bois.

On remarque à Boulogne deux établissemens de commerce fort utiles : la filature de coton de M. Boucher, et une fabrique de cire à cacheter.

BOUQUEVAL. A cinq lieues de Paris, près de Plessis-Gassot.

BOURG-LA-REINE, à deux lieues de Paris, arrondissement et canton de Sceaux, s'appelait dans l'origine *Briquet*, suivant quelques archéologues, à cause d'un pont de briques voisin, et, suivant d'autres, Vert-Pré, à cause des prairies qui l'environnent.

Mais à l'époque où la reine Blanche vint occuper le château de Laï, elle fit loger son monde dans ce village, qui prit alors le nom de *Bourg-la-Reine*.

Le château, si long-temps célébré par les trouveres, n'a pas entièrement disparu : on y trouve encore un escalier tel qu'il existait du temps de la reine Blanche. Ce château appartient maintenant à M. Despréaux. On fait remarquer dans le vallon une maison que l'on prétend avoir été bâtie par Henri IV pour Gabrielle d'Estrées. Ce fut dans cette maison que Louis XIV eut un entretien avec l'infante d'Espagne. Louis XV devait aussi en avoir un autre; mais la duchesse du Maine fit recevoir l'infante dans son château de Sceaux. Ce prince s'y rendit en effet au mois de mars 1722.

Tout ce qui reste de cette propriété de Gabrielle d'Estrées appartient à M. Chrétien-Lalanne, qui a

loué le pavillon qu'occupait Henri IV, à madame Godmez, qui dirige un pensionnat de demoiselles.

Les religieuses de Montmartre, qui avaient la
seigneurie du Bourg-la-Reine, alors appelé Briquet
ou Vert-Pré, obtinrent la permission de bâtir
l'église. Le tableau de Saint-Gilles passe pour un
des bons ouvrages de Restout; cet artiste l'exécuta
en 1746.

Condorcet, mis hors la loi en 1793, errait dans
cette contrée, vêtu d'une simple veste et la tête
couverte d'un bonnet; il croyait, à l'aide de ce
déguisement, échapper à la surveillance des pros-
cripteurs. Il allait demander un asile à un de ses
confrères à l'Académie, qui avait une maison de
campagne au Bourg-la-Reine; il ne le trouva pas.
Il se cacha dans les carrières, dont la faim le con-
traignit de sortir : il entra dans un cabaret, et
tandis qu'il y mangeait une omelette, il est reconnu
par un membre du Comité révolutionnaire, qui le
fait arrêter et jeter dans un cachot.

Le lendemain, 28 mars 1794, le malheureux
prisonnier n'existait plus. On présume qu'il s'em-
poisonna avec une *pilule philosophale* qu'il portait
avec lui dans un petit œuf d'ivoire, suspendu au
cordon de sa montre, et on en attribue la recette
au docteur Barthez.

Son corps fut inhumé dans le cimetière du
Bourg-la-Reine. Aucune pierre tumulaire, aucun
signe extérieur, n'indique la sépulture de cet élo-
quent philosophe, dont le nom sera toujours cher

aux amis de la patrie, de la liberté et des sciences. Son *Essai sur les Progrès de l'Esprit humain* est le dernier ouvrage qu'il légua à la postérité.

En 1793, le Bourg-la-Reine a reçu le nom de Bourg-Égalité; il a repris son ancien nom sous le gouvernement de Napoléon.

Le Bourg-la-Reine renferme plusieurs usines, dont la principale est une manufacture de faïence.

BOURGET (le). Sur la grande route de Paris à Senlis, canton de Pantin, arrondissement de Saint-Denis, à une lieue et demie est de cette ville. Ce hameau se compose d'une seule rue où passe la grande route. On y voyait jadis une léproserie dépendante de la seigneurie abbatiale de Saint-Denis.

M. G. Victor Musnier y possède de beaux troupeaux de mérinos.

BOUVILLE et FARCHEVILLE, à douze lieues de Paris, près d'Étampes.

BRASSEUSE. Village à quatorze lieues de Paris, près de Chantilli. Madame de Pons, belle-sœur de M. Larochefoucault-Liancourt, avait renoncé, jeune encore, aux plaisirs de la capitale pour aller habiter sa ferme de Brasseuse : elle donnait tous ses soins à l'amélioration de ses terres. Elle mérita les éloges du savant agronome Arthur Young, étonné de voir, par les soins d'une dame française, deux cent cinquante arpens de luzerne en plein rapport. ( Voyez *Voyages en France en* 1787, 88, 89, 90, par Arthur Young, tom. I<sup>er</sup>, pag. 196. )

BRETEUIL. A vingt-quatre lieues de Paris. Petite ville près d'Amiens. Campagne très-variée qu'environnent des forêts. Il y a un autre Breteuil dans le département de l'Oise.

BRETIGNY. A huit lieues de Paris, au-delà de Montlhéry, sur la route d'Orléans; bourg fort ancien. Les vignes que l'on y cultivait aux douzième et treizième siècles ne produisaient qu'un vin fort peu estimé ; de là le proverbe : Le vin de Bretigny fait danser les chèvres. On assure qu'il existait dans ce pays un vigneron appelé *Chèvre*, dont la manie, quand il avait bu, était de faire danser sa femme et ses filles. Il est plus vraisemblable d'attribuer l'origine de ce proverbe à l'âpreté du vin du pays. Un vieux noël semble indiquer que la principale industrie des habitans de Bretigny était la pêche. Tout le monde connaît ce noël, qui commence par ces mots : *Tous les Bourgeois de Chartres*, etc.

> Vous eussiez vu venir tous ceux de Saint-Yon,
> Et ceux de *Bretigny*, apportant du poisson,
> Les barbeaux et gardons, anguilles et carpettes,
> Étaient à bon marché;
> Croyez
> A cette journée-là,
> La, la,
> Et aussi les perchettes.

L'abbé Lebœuf, dans son *Histoire du Diocèse de Paris*, rapporte que M. de Vintimille, archevêque de Paris, fit enlever de l'église Saint-Pierre de Bretigny une pierre carrée portant cette inscription :

« Cy gît Anne de Berthevin, dame vertueuse de » ce lieu, décédée l'an 1587, et trouvée entière et » sans corruption le 30 avril 1706. »

Bretigny rappelle une des époques les plus

désastreuses de notre histoire : il a donné son nom au funeste traité qui y fut conclu, le 8 mai 1360, entre le dauphin, régent de France, pour *Monsieur le Roi*, et Édouard, roi d'Angleterre ; celui-ci garda la Guienne, le Poitou, la Saintonge et la ville de Calais. La France devait payer trois millions d'écus d'or, pour la rançon du roi Jean, dont six cent mille après la rentrée du roi en France, et quatre cent mille d'année en année, jusqu'à parfait paiement.

Un des fils du roi fut envoyé en otage avec d'autres princes et seigneurs français. Presque toutes les villes de France envoyèrent aussi des otages pris parmi les bourgeois.

Voyez le texte de ce Traité, 2ᵉ volume des *OEuvres complètes du chancelier Lhospital*, pag. 380.

BRÉVANE. Hameau près de Limeil et de Valenton, et dans une vallée assez agréable, à trois lieues et demie de Paris. Le château fut, en 1786, reconstruit sur un plan très-vaste par Le Pileuz, conseiller au parlement : on évalue les dépenses de construction et d'embellissement à un million. Il avait appartenu au duc de Chaulnes, gouverneur de Bretagne. Madame de Coulanges y possédait une maison. Madame de Sévigné, écrivant à sa fille (11 novembre 1688), disait de madame de Coulanges : « Elle est encore ici plus aimable qu'à Paris ; c'est une vraie femme de campagne : je ne sais où elle a pris ce goût ; il paraît naturel en elle. »

La beauté, les grâces, l'amabilité de madame de Coulanges ne purent fixer son époux : ils se séparèrent volontairement en 1679. Le volage duc fut chansonné; c'était l'esprit du temps. Il suivait partout le duc de Chaulnes moins par goût que par spéculation : il avait gagné beaucoup d'argent au jeu pendant les états de Bretagne, et n'en reçut pas moins les cadeaux en argent que le duc de Chaulnes lui fit donner par les Bretons. M. de Coulanges achetait son crédit auprès du gouverneur par des couplets; il se consola des épigrammes des Bretons en emportant leur argent. Ces gratifications ne l'enrichirent pas : il fut obligé, pour payer ses dettes, de vendre la charge que son père lui avait achetée le 26 décembre 1658.

Le duc de Chaulnes, pendant son ambassade à Rome, prenait le plus grand intérêt à l'Académie des Beaux-Arts, fondée en 1666; il devina le talent de Girardon, qu'il recommanda spécialement au ministre Colbert.

La petite chapelle, sous l'invocation de sainte Marie Madeleine, est un véritable oratoire champêtre; de jolis bosquets en font ressortir l'élégante simplicité.

Le château de Brevane appartient à madame la baronne de Varanges.

BRIARE, petite ville sur les rives de la Loire, à trente-cinq lieues sud de Paris, a donné son nom au canal de communication de la Loire à la Seine, construit sous le règne de Louis XIII.

BRICE ( SAINT-). Bourg à cinq lieues de Paris. L'air y est très-pur. C'est de tous les environs de Paris le lieu où l'on jouit de la meilleure santé et où l'on compte le plus d'octogénaires. Ce bourg faisait partie de l'ancien duché de Montmorency. Le territoire y est très-fertile et les productions très-variées : les maisons de plaisance y sont nombreuses et jolies.

La terre de Saint-Brice a passé de la famille de Montmorency à celle de Condé. Le château, dont l'architecture est d'une noble simplicité, est bien distribué, et les entours en sont fort agréables. Il appartient au maréchal Macdonald.

BRICHE (La). Écart d'Épinay-lez-Saint-Denis, sur la rive droite de la Seine, à trois lieues de Paris. Les Anglais y furent battus en 1436.

Ce hameau, qui fut agrandi de nos jours par les usines qu'on y a établies, ne consistait jadis qu'en une seule maison gothique et peu considérable que l'on décorait du nom de château.

BRICHANTEAU. Village dans les environs de Dreux, à dix-sept lieues de Paris.

BRIE-COMTE-ROBERT, à six lieues sud-est de Paris, doit son nom à Robert, fils de France et comte de Dreux. On l'appelait anciennement Braye (Bradeia). C'était le chef-lieu d'un petit pays nommé autrefois la Brie parisienne. Brie a été successivement village, bourg, châtellenie et ville. Elle était fermée de murs dès le douzième siècle : il s'y faisait dès-lors un très-grand commerce. Beaucoup de Juifs s'y étaient établis : ils y avaient été appelés par Agnès de Braine, veuve du comte Robert. Ils furent accusés d'un crime affreux, et dont tout semble démontrer l'invraisemblance.

Suivant une chronique du temps, ils se seraient saisis d'un chrétien, qu'ils auraient faussement signalé comme coupable de vol et d'homicide; et après l'avoir dépouillé, lui avoir attaché les mains derrière le dos et couronné d'épines, ils l'auraient promené par tout le bourg un vendredi saint, l'auraient accablé d'insultes et de coups de fouet, et ensuite attaché à une croix; et pour que rien ne manquât à cette atroce parodie, ils lui auraient percé le côté d'un coup de lance. Un tel trait, au douzième siècle, au milieu d'une population chrétienne et si près de la capitale, n'est nullement vraisemblable. Il paraît mieux établi que Philippe-Auguste fit brûler quatre-vingts juifs sur une absurde accusation : leurs richesses faisaient sans doute tout leur crime. Le château de Brie était jadis fortifié; il appartenait, à la fin du siècle dernier, à la famille Chauvelin. Les habitans de Brie payaient une double dîme à l'abbesse d'Hières et à leur curé.

Brie avait deux couvens : celui des Filles de la Croix, fondé par Marie Lhuillier, en 1640; celui des Minîmes, fondé en 1634, par une disposition testamentaire du maréchal Nicolas de Lhopital.

La petite rivière d'Hières, qui coule près de Brie-Comte-Robert, fertilise ses belles campagnes qu'embellissent plusieurs maisons de plaisance. Le territoire produit beaucoup de blé; les coteaux sont couverts de vignobles.

BRIENNE, près des bords de l'Aube, à quatre lieues nord-ouest de Bar-sur-Aube, se divise en deux parties, *Brienne la ville* et *Brienne le château.*

Napoléon était élève de l'École militaire de Brienne; il y avait été placé par M. de Marbeuf.

Cette ville a été le théâtre d'un fameux combat entre les Français et les armées alliées, le 29 janvier 1814. L'attaque commença à trois heures après midi et finit à minuit; les fastes militaires offrent peu d'exemples d'un combat aussi important, aussi opiniâtre, sur un terrain aussi peu étendu : deux fois les Russes escaladèrent le château, et deux fois ils furent repoussés à la baïonnette; les cours et les escaliers étaient jonchés de cadavres. Les Russes désespérés se jetèrent dans les maisons; on se battait à chaque étage, dans chaque pièce. Le major-général Berthier reçut un coup de lance sur la tête. Ce n'était plus une bataille, mais un horrible carnage éclairé par l'incendie d'une ville. A minuit les deux armées ont cessé leur feu; les Français restèrent maîtres du château, et les Russes d'une partie de la ville; mais ils se retirèrent bientôt sur la route de Bar.

Le maréchal Blucher, général en chef ennemi, faillit être enlevé dans le château avec son état-major au moment où nos braves s'en emparèrent. Nous perdîmes deux mille hommes; la perte de l'ennemi fut bien plus considérable.

BRINBORION, *Voy.* BELLEVUE. Le château de Brinborion appartient maintenant à M. Lenchères.

BROU. A une demi-lieue de Chelles, sur la route de Lagni. On l'appelle aussi Villeneuve-aux-Anes. Villeneuve, parce qu'une maison des religieux de la Trinité prit ce nom; et aux Anes, à cause de la quantité d'ânes que ces religieux entretenaient pour leur service.

L'ancienne église, extrêmement petite, se partageait en quatre portions de propriété ; le chœur appartenait à l'abbaye de Chelles, une moitié de la nef à M. de Pompone, l'autre au seigneur du lieu : elle fut démolie, et l'intendant de Paris, Feydeau, en fit construire une nouvelle sur un point éloigné.

BROU (la forêt de) a pris son nom du village, ou plutôt le lui a donné, si l'on fait dériver *Brou* de breuil, vieux mot qui signifiait petit bois.

BRUNOI. Village à neuf lieues de Paris, entre la route de Bric-Comte-Robert et Melun. Les érudits ne sont point d'accord sur l'étymologie de son nom : les uns le font dériver du fameux chef des Gaulois, *Brennus* ; d'autres, de breu, vieux mot gaulois qui signifie *son* ( déchet de la farine ). Il est plus vraisemblable qu'il doit son nom à un des premiers propriétaires du lieu, mais que son obscurité a dérobé aux recherches des savans. Le livre des Gestes du roi Dagobert en fait mention au septième siècle.

L'église, sous l'invocation de Saint-Médard, est fort ancienne.

Le château, que l'on présume plus ancien que Corbeil, avait été acheté par M. Paris de Montmartel. Ce riche financier dépensa des sommes considérables pour l'embellir, et il est parvenu à vaincre les irrégularités du terrain. On vantait la magnificence des appartemens, la beauté des jardins, le nombre et la perfection des pièces d'eau ; on trouvait partout des vases, des statues des plus célèbres artistes du temps : l'intérieur était décoré de tableaux justement estimés.

Louis XV avait érigé cette terre en marquisat en faveur de M. Paris de Montmartel, et le premier financier devint le dernier noble de France : le nouveau seigneur pouvait avec certitude se vanter de posséder une ancienne résidence royale ; il est vrai que deux édits de Philippe de Valois, de 1346, sont datés de Brunoi. Le premier, du 29 mai, est un réglement pour les eaux et forêts ; le second, du 29 juin, défend de prendre les chevaux et harnois des marchands qui amènent du poisson à Paris : cet édit s'appliquait aux seigneurs de sa cour, qui, pour leurs menus plaisirs, s'amusaient à détrousser les passans sur les grandes routes, et même dans les rues de la capitale.

On présume que le château qu'habitait Philippe de Valois pourrait bien être le château actuel : on croit en reconnaître les restes dans une vieille tour ronde, près le hameau des Beausserons, et qu'on appelait la *Tour de Ganne.*

Le château actuel, situé dans un enfoncement, ne pouvait offrir la jouissance d'une perspective étendue. Le fils de M. Paris de Montmartel, plus connu sous le nom de *marquis de Brunoi,* héritier d'une fortune immense, s'est rendu fameux par les dépenses énormes qu'il faisait chaque année pour les processions. Il avait enrichi l'église de son village d'une grande quantité d'ornemens somp-

5.

tueux ; il faisait venir de Paris jusqu'à trois cents
prêtres pour la procession du Saint-Sacrement :
tous y portaient des chapes, des chasubles d'étoffes
précieuses et chargées de broderies d'or et d'argent.
Le dais en fer, chef-d'œuvre du serrurier Girard,
était évalué 3o,ooo fr. , sans compter les ornemens
d'or dont il était surchargé. Le soleil pour exposer le
Saint-Sacrement était d'un grand prix. Il avait,
dit-on, projeté le plan d'un pélerinage aux Saints-
Lieux : les frais de cette pieuse caravane eussent
hâté sa ruine, à laquelle il ne put échapper plus
tard. S'il eût employé en utiles manufactures une
partie de ce qu'il prodiguait en cérémonies religieuses, il eût augmenté ses revenus et répandu
l'aisance et le bonheur dans son canton ; il eût été
aussi bon chrétien et le bienfaiteur du pays ; mais
il avait plus de dévotion que de véritable piété : il
pouvait se rendre célèbre, et ne fut que fameux.
Ses folles prodigalités et son insouciance jetèrent le
plus grand désordre dans ses affaires ; il fut ruiné.

*Monsieur* (depuis Louis XVIII) acheta la terre
de Brunoi, et y fit encore de nouveaux embellissemens. Il ne reste plus de ce château que des débris ; on remarque cependant encore des traces de
cette belle cascade, chef-d'œuvre hydraulique de
Laurent. Les vases, les statues, les plombs, ont
été vendus. Brunoi offre des maisons dans le goût
moderne fort agréables ; on remarque surtout celle
de notre premier tragédien, Talma. Lafon possède
une fort jolie habitation à une distance très-rap-
prochée.

Près de Brunoi, et dans la forét de Bouron, était le couvent des Camaldules, l'ordre monastique le moins nombreux, le plus riche et le plus inutile qu'il y eût en France. Institués par Saint-Romuald, ils s'appelèrent d'abord Romualdins; ils prirent ensuite le nom de Camaldules, de Camaldoli, en Toscane, où ils s'établirent dans le onzième siècle.

Louis XIII les autorisa à former un établissement en France, par lettres-patentes de 1643, et en 1640 quatre ou cinq se réunirent sur le *Mont-Ety*, en Brie. Louis XIII est celui de nos rois qui a le plus fondé de communautés religieuses; c'était la seule prérogative royale que lui avait laissée Richelieu, qui régna sous son nom.

Le duc d'Angoulême, alors seigneur de Grosbois et d'autres lieux voisins, donna aux Camaldules le *Mont-Ety*. Ils n'y restèrent qu'un an, et vinrent ensuite occuper une solitude plus agréable près d'Hyères, où ils restèrent jusqu'au moment de leur suppression. Chaque moine avait sa petite maison et son oratoire. Ils furent richement dotés. Des personnes riches et puissantes vinrent finir leurs jours au milieu d'eux : on distingue parmi celles qui furent inhumées dans leur église le fameux prince de Transylvanie, Ragotzy.

BUTTAR. Petit pavillon où Louis XV venait se délasser des fatigues de la chasse; le site est charmant et domine un vaste horizon. Ce pavillon et la maison, dont il est la plus agréable dépendance, et le terrain qui les environne, appartiennent à

M. Pérignon, qui, par de nouvelles plantations bien distribuées et des constructions d'une piquante variété, en a fait un séjour tout-à-fait romantique.

BUC. Village à quatre lieues sud-ouest de Paris, sur le bord de la Bièvre. Cette terre fut achetée par Louis XIV et enclavée dans le parc de Versailles. Bâti sur le sommet et la pente d'une colline, il offre une culture très-variée ; les sources y sont très-abondantes : c'est un des plus agréables paysages des environs de Paris. On y remarque plusieurs jolies maisons de campagne, dont la plus considérable est connue sous le nom de la Guérinière. Un très-bel aqueduc de dix-neuf arches, construit par Louis XIV, conduit à Versailles les eaux des étangs de Saclé, du Trou Salé et de Saint-Hubert.

Le vallon est arrosé par la Bièvre, encaissée dans une bordure de saules.

# C.

CACHANT. Hameau qui n'est séparé d'Arcueil que par l'aqueduc. L'étymologie de son nom, *Catti cantus*, a beaucoup exercé les savans. Plusieurs ordonnances de Philippe-le-Bel, Philippe-le-Long et Charles-le-Bel et du roi Jean, sont datées de Cachant. Ce dernier, après avoir agrandi le manoir qu'y possédaient ses prédécesseurs, le donna au duc de Berry, qui le céda ensuite au connétable Duguesclin. Le pays abonde en gibier.

Des chartes plus anciennes établissent que sous

le règne de Louis-le-Débonnaire, l'abbaye Saint-Germain-des-Prés possédait une grande partie du territoire de Cachant. Sa possession avait été confirmée par un diplôme de Charles-le-Chauve, en 872. Cet acte désigne Cachant par le nom de *Catti cantus*. Le manoir royal s'appelait, en 1424, hôtel du roi; il n'en est plus question dans nos annales depuis cette époque. Les religieux de Saint-Germain des Prés y ont fait bâtir dans le siècle suivant une fort belle maison, qui devint la résidence d'agrément de l'abbé, qui en était seigneur. Cette maison a été démolie, il y a quelques années, par le dernier acquéreur, qui habite un beau pavillon à la romaine, d'une forme élégante, surmonté d'une balustrade.

CAGNI. *Voyez* BOUFLERS.

CALVAIRE. *Voyez* MONT-VALÉRIEN.

CARRIÈRES des environs de Paris. Leur exploitation a multiplié les excavations sous Paris et ses alentours. Le procédé par piliers tournés qui s'exécute à même le cube de la masse de pierre est le plus dangereux et occasione des vides considérables : c'était celui qui fut jadis le plus en usage.

Une fouille de ce genre causa, le 17 décembre 1774, un vaste écroulement, qui renversa une partie des pavés et des alentours de la route d'Orléans, près de la barriere Saint-Michel. Nulle précaution n'avait été prise pour éviter ou prévenir cet éboulement. Ce fut alors que le gouvernement chargea Denis, voyer des Chasses du roi, en sa capitainerie de la Varenne du Louvre, de visiter

l'éboulement et d'en réparer les dommages. Cet intrépide architecte se rendit le lendemain de l'événement sur les lieux, et descendit dans l'intérieur
de la fouille jusqu'à quatre-vingt-quatre peds de
profondeur. Il y trouva de doubles fouilles les unes
sur les autres ; elles formaient ensemble dix-neuf
pieds de haut sur la largeur de la route, et se pro-
longeaient sur une étendue de cent cinquante toises.

Il fit suspendre le passage sur la route et étayer
avec de fortes pièces de charpente l'intérieur des
cavités dans les endroits les plus praticables.

Les travaux ultérieurs ont été exécutés avec autant de bonheur que de talent.

CARRIÈRES (les). Ce village est plus grand et
aussi peuplé que le bourg de Charenton, près duquel il est situé. Les rois de la première et de la
seconde race habitaient hors de Paris : le testament
de Philippe-le-Long est daté de Conflans-les-Car-
rières, 26 août 1321. Le roi y avait un *séjour* qui
en a conservé le nom, et a été érigé en fief, que
possédait depuis plus d'un siècle la famille *Dionis
du Séjour*, dont un des membres était député à l'assemblée constituante.

Les grandes chroniques de Saint-Denis rapportent, « Que le 11 juillet 1358, les troupes du roi
» de Navarre, quittant la montagne de Charonne,
» allèrent à la grange aux *Merciers*, d'où elles délo-
» gèrent pour s'approcher du duc régent, qui était
» campé vers *Carrières*, et que là il y eut une grande
» escarmouche; rencontre sans doute bien diffé-
» rente de celle où le même roi de Navarre était

» allé joindre le régent. Charles, fils du roi Jean,
» assemblé avec sa noblesse proche le pont de Cha-
» renton, se contenta de leur parler sans en venir
» aux mains; ce qui fut cause que les Parisiens ne
» voulurent plus de lui pour leur capitaine. »

On déposait au port des Carrières les vins de
Bourgogne et de Champagne destinés pour la
consommation de Paris et des provinces. Ce port
est moins fréquenté depuis l'établissement des entrepôts de Bercy, de la Râpée et de la Halle-aux-
Vins de Paris. Les bateaux de charbon stationnent
encore près d'une petite île voisine, qui a conservé
le nom d'Ile-au-Charbon : la situation de ce village
et de son port offre une perspective vaste et très-
variée.

Ses principaux établissemens de commerce sont
la fonderie de fer de MM. Manbi, Wilson, Henri
et compagnie ; la fabrique de savon vert de MM. de
la Touche, Wittersheim et compagnie; les ateliers
de M. Saulnier et compagnie, graveurs de cylindre
pour l'impression des toiles.

CARRIÈRES-SAINT-DENIS (les), sur un coteau
près les bords de la Seine, appartenant jadis à l'abbaye de Saint-Denis; on y voyait encore, à la fin du
siècle dernier, les débris d'un vieux château fort,
qui appartenait aussi à ce monastère.

Les coteaux dont se compose en grande partie le
territoire de ce village, offrent des productions va-
riées, et sur-tout des vignes.

CATACOMBES. L'entrée est près de la barrière
Saint-Jacques. Cet établissement funéraire est

unique dans l'histoire monumentale du monde ; il se compose des ossemens des divers cimetières intérieurs de Paris, lors de leur suppression : sa description appartient à l'histoire particulière de Paris. *Voy.* l'excellent ouvrage de M. Héricart de Thury, intitulé : *Catacombes de Paris.*

CELLE-LEZ-SAINT-CLOUD, à trois lieues de Paris, à une lieue de Saint-Cloud, sur la rive gauche de la Seine. Ce village est situé sur une colline qui le sépare de Saint-Cloud; son territoire, très-fertile, se divise en terres labourables, en vignobles et en vergers.

M. Morel de Vindé, pair de France, et principal propriétaire de Celle, a fait de son vaste domaine une des plus belles exploitations rurales de France. Il y entretient un très-beau troupeau de mérinos.

CERCELLES. *Voyez* SARCELLES.

CHAILLOT. Ce bourg, autrefois dans la banlieue, a été enclavé dans le territoire de Paris depuis l'établissement des barrières.

CHAMARANTE, jadis *Bonnes,* à dix lieues de Paris, près du grand chemin d'Orléans, sur la rive gauche de la Juine. A peu de distance s'élève le vignoble de la côte *Cocatrix,* ainsi appelée du nom d'un seigneur du lieu. — Ses vins sont le Champagne de cette contrée.

CHAMBORD, à quatre lieues de Blois. Les anciens comtes de Blois y avaient un château dès le douzième siècle. François Ier. le fit démolir à son retour d'Espagne, et fit construire le château qui existe encore. On assure que dix-huit cents ouvriers

y travaillèrent pendant douze ans. On y remarque
un double escalier, d'une forme plus singulière qu'é-
légante. On a prétendu qu'il avait fait venir d'Italie
l'architecte Serlio pour en diriger la construction ;
mais on n'y reconnaît point le talent de cet artiste
distingué.

Ce fut sur un des carreaux de vitre d'un cabinet
près de la chapelle, que François I*. traça avec un
diamant ce distique :

> Souvent femme varie,
> Mal habile qui s'y fie.

Louis XV en avait donné la jouissance, en 1748,
au maréchal de Saxe sa vie durant : il n'en jouit
pas long-temps, il mourut en 1750.

Chambord était une des dotations de la légion
d'honneur ; une souscription ouverte après la
naissance du duc de Bordeaux, a été destinée à
en faire l'acquisition pour l'offrir au jeune prince.

CHAMP-AUBERT, village à vingt-cinq lieues de
Paris, célèbre par la victoire remportée par l'armée
française, le 10 février 1814.

Après une marche de vingt-quatre heures par
des chemins affreux et sans avoir reçu de vivres,
l'armée impériale, partie la veille de Nogent, se
trouvait à Sézanc. « L'empereur était encore incer-
» tain s'il se dirigerait sur Montmirail ou Champ-
» Aubert ; mais la cavalerie du général Grouchi se
» trouvait engagée près de Saint-Gond avec dix
» mille hommes du général Alzuziew, qui s'était
» établi dans cette position pour lier l'armée de
» Blucher à celle de Sacken et Yorck.

» Attaqués au village de Roye par le maréchal
» Marmont, et chassés par les divisions Lagrange et
» Ricard, les Russes s'étaient concentrés autour
» de Champ-Aubert, pour filer ensuite par Châ-
» lons; mais coupés dans leur retraite par le général
» Girardin à la tête de deux escadrons, ils forment
» leurs carrés, bien déterminés à se faire jour à la
» baïonnette. Leur général, Alzuziew, convaincu de
» l'inutilité de ses efforts, avait tenté de se retirer
» derrière Épernay; la division Ricard lui ferma
» le passage.

» Cernés de toutes parts, les Russes se jetèrent
» dans les bois.... Cependant Alzuziew combattait
» encore avec deux mille grenadiers; il fut obligé
» de se rendre : deux autres généraux, plusieurs
» colonels furent faits prisonniers; toute l'artillerie
» fut prise ou jetée dans les marais. Les généraux
» Colbert et La Ferrière marchèrent rapidement sur
» Montmirail, et firent encore des prisonniers. La
» journée de Champ-Aubert est un des plus beaux
» faits d'armes de cette campagne, où la France fut
» envahie sans avoir été vaincue. » ( *Napoléon et la*
*grande armée*, tom. 2, p. 108 et 109, librairie de
Dalibon, Paris, 1822. Des considérations particul-
lières me déterminèrent à ne pas mettre mon nom
à cet ouvrage. )

CHAMPEAUX. A onze lieues sud-est de Paris
et à trois lieues nord-est de Melun. Bourg très-ancien, situé à l'entrée d'une longue plaine; c'est un
paysage agréablement varié par des coteaux, des
bois et un ruisseau.

Ce bourg avait une collégiale, dont le clergé, nombreux pendant quatre cents ans, cessa de l'être à la fin du seizième siècle : les guerres civiles en avaient réduit les revenus. La structure de l'église collégiale, dont Saint-Martin de Tours était patron, est du douzième siècle ; elle avait été réparée et embellie à la fin du dix-septième. Le prévôt des chanoines rendait la justice en surplis et en aumusse. Ce bourg est la patrie de Guillaume de Champeaux, instituteur de la congrégation de Saint-Victor.

Ce bourg était jadis fermé ; on y entrait par trois portes garnies de ponts-levis. On y remarque la fontaine de Vervane ; elle est si abondante, qu'elle fait mouvoir un moulin à sa source.

Jean Laumônier fit creuser, en 1458, l'étang de Vervane.

L'église paroissiale est sous l'invocation de la Vierge. Ce bourg avait une léproserie, en 1352, destinée aux habitans du bourg, à ceux de Fouja, de Saint-Merry, d'Andreselle et de Quiers.

CHAMPIGNY. A trois lieues sud-est de Paris, sur la rive gauche de la Marne. Son territoire produit peu de grains ; une grande partie a été convertie en potagers depuis vingt ans. Champigny fournit du grès, de la pierre meulière et du sable. Il s'y tient chaque année deux foires, en novembre et en mai.

L'église, sous l'invocation de Saint-Saturnin, date du treizième siècle. Le chef d'escadre de Pointis, que son expédition de Carthagène a rendu célèbre, y a été inhumé. Il s'était retiré au château de Champigny, où il mourut le 27 avril 1707.

Le pays est très-boisé, et on y voit de jolies maisons de plaisance. Celle qui est à l'entrée du village est remarquable par ses jardins.

CHAMPLATREUX, à six lieues de Paris, en-deçà de Luzarches, sur la route de Chantilly. Le nom de ce village indique assez la nature de son sol. Une partie des terres est labourable; le reste consiste en carrières à plâtre. On y a établi beaucoup de fourneaux.

Le président Molé avait hérité de cette seigneurie, que sa famille possédait depuis long-temps. Louis XIV, dans les derniers temps de sa minorité, avait logé au château, bâti sur les dessins de l'architecte Chevotet : c'était un des artistes les plus distingués de son temps, et ce château passait pour une des plus belles résidences seigneuriales des environs de Paris. La chambre où Louis XIV avait couché, a conservé le nom de chambre du roi.

CHAMP-MOTTEUX, près d'Étampes, à seize lieues de Paris : c'est dans une chapelle de l'église de ce village, que sont déposés les restes mortels de Michel de l'Hospital. Le modeste tombeau avait été mutilé par le temps. M. de Bizemont, propriétaire du château de Vignay, qui avait été construit par l'illustre chancelier, a réuni les débris de ce tombeau, l'a fait entièrement restaurer en 1818. Une inscription nouvelle atteste l'époque de cette solennité patriotique et religieuse. M. Lainé, alors ministre de l'intérieur, a secondé de tous ses vœux et de tous ses moyens l'érection du nouveau monument.

La chapelle funéraire, le tombeau, les inscriptions, ont été dessinés et gravés par M. Ambroise Tardieu, pour l'édition des *OEuvres complètes du Chancelier l'Hospital.* ( *Voy.* VIGNAY. )

CHAMPS. A cinq lieues est de Paris, sur les bords de la Marne. Sa situation sur une petite colline, à un quart de lieue de la rivière est assez pittoresque; le territoire est fertile, surtout en grains et fourrages. Le ruisseau appelé *Grace*, et plus communément le *Ru* Merdereau, baigne le bas des côtes. Une partie des terres appartenait aux chanoines de Vincennes.

Le financier *Bourvalet,* fameux par ses richesses et par l'arrêt du parlement qui ordonna en 1717 la confiscation de ses biens, avait fait bâtir le château de Champs sur les dessins de Chamblin ; l'architecture en est régulière. Les jardins étaient remarquables par leur étendue et leur belle ordonnance ; ils ont disparu : l'architecte Delille en avait tracé le plan. Les tapis de verdure, les bosquets ont été remplacés par d'utiles productions.

CHANTILLY. A neuf lieues de Paris, sur les rives de la Nouette, arrondissement de Senlis, département de l'Oise. Ce bourg, dont la domesticité du château et quelques auberges formaient presque toute la population et toute l'industrie, a totalement changé. On y compte maintenant deux mille domiciliés et un plus grand nombre d'ouvriers. On y remarque une très-belle manufacture de tissus de coton et d'indienne; ses fabriques de blondes et de dentelles sont renommées pour l'élégance et la supériorité de leurs produits. D'autres fabriques de boutonnerie, de tabletterie, de porcelaine, de grès et de fer, y sont dans la plus heureuse activité. Les principaux fabricans ont des entrepôts à Paris.

L'art et la nature semblaient avoir épuisé tous leurs efforts pour faire du château et de ses dépendances un séjour enchanté.

Le château est un magnifique palais. Boutard, le P. Rapin en vers latins, et Delille, dans son élégant poëme des *Jardins*, ont célébré les beautés de Chantilly.

Louis XIV, après une fête brillante que lui avait donnée à Chantilly le prince de Condé, pria ce prince de lui céder ce beau domaine, et le laissa le maître d'en fixer le prix. « Il est à Votre Majesté pour le prix qu'elle déterminera elle-même, répondit Condé; je ne lui demande qu'une grâce.... celle de m'en faire le concierge. — Je vous entends, mon cousin, répliqua le roi, Chantilly ne sera jamais à moi. »

Tous les princes de l'Europe, qui sont venus à Paris, ont été visiter Chantilly. Nous citerons les rois de Dannemarck et de Suède, le prince Henri de Prusse et l'empereur de Russie, qui, ayant conçu le projet de civiliser son vaste empire, parcourut les divers états de l'Europe pour en étudier les lois, les mœurs et s'initier dans les arts et les sciences; ce projet a été suivi avec plus de zèle que de succès

par ses successeurs. Ce prince fut tellement enchanté de la beauté du site, de la magnificence
des appartemens, de l'élégante distribution du parc
et des jardins, qu'à son retour dans ses États il
fit bâtir un château et toutes ses dépendances sur le
même plan.

Jusqu'à l'époque de l'émigration du feu prince
de Condé, cette magnifique résidence fut entretenue
avec un luxe tel, que l'on ne pouvait le comparer
qu'à celui de la cour du monarque.

Bâti sur un plan moins vaste que le château de
Versailles, Chantilly offrait des sites aussi variés et
des bâtimens de tout genre aussi somptueux. On
y remarquait le grand et le petit château, les écuries, le parc, l'île d'amour, l'orangerie, la fontaine
de la Tenaille, les cascades, le canal des Truites,
la faisanderie, le pavillon de Manse, le grand canal,
l'étang de Sylvie, la laiterie, la ménagerie, etc.

Ces vastes bâtimens, ces décorations magnifiques,
les chefs-d'œuvre de peinture et de sculpture,
toutes les merveilles de l'art et de la nature, disparurent en grande partie au commencement de la
révolution. Les principaux ouvrages d'art suscepti-
bles d'être transportés, furent envoyés à Paris. Les
armes anciennes et modernes, dont la riche et précieuse collection était un des premiers ornemens
de Chantilly, furent enlevées à la même époque,
et transférées dans la capitale.

Deux ans après, le château fut converti en prison.
Cette tempête politique fut terrible et rapide : des
jours plus sereins brillèrent pour la France; l'in-

6

dustrie et le commerce lui rendirent une nouvelle existence, et les bâtimens de Chantilly furent occupés par des manufactures. Feu le prince de Condé, à son retour en France, fut remis en possession de ce qui se trouva invendu. Son fils, le duc de Bourbon, lui a succédé dans la possession de ce domaine.

CHAPELLE-SAINT-DENIS (la), banlieue de Paris, à une lieue de cette ville, sur la route de Saint-Denis. Ce village s'appelait dans l'origine la Chapelle-Sainte-Geneviève : cette pieuse bergère s'y rendait la nuit du samedi au dimanche, avec ses jeunes compagnes, pour célébrer les Vigiles.

En 1358, les gens du roi de Navarre, qui était alors à l'abbaye de Saint-Denis, et les Anglais, brûlèrent le village et le grenier de Landit ou Lendit, qui en était voisin, et qui a donné son nom à cette foire fameuse, où chaque année, à la mi - juin, les écoliers de l'université venaient s'approvisionner de parchemin.

Ce village fut encore incendié par les Armagnacs, le 8 juillet 1418. Il fut pris par les armées coalisées dans la sanglante bataille donnée sous les murs de Paris le 30 mars 1814.

Ce village fut le berceau du poète Chapelle, qui prit le nom de son pays ; la loi civile lui refusait celui de son père ; il était fils naturel de François Luilier, maître des requêtes ; il consacra ses talens et sa vie à chanter les plaisirs et à en jouir ; poète aimable et paresseux, il est sur-tout connu dans le monde littéraire par son charmant voyage, dont il partagea le travail et le succès avec Bachaumont.

Il avait eu pour maître *Gassendi*. Chapelle mourut à Paris en septembre 1686, âgé de soixante-cinq ans.

Ce village a vu naître François Eudes, plus connu sous le nom de Mézeray, et l'un de nos meilleurs historiens : il habita long-temps la Chapelle; et c'est dans l'agréable retraite qu'il s'y était préparée, qu'il composa sa grande Histoire de France. L'abrégé qu'il en fit lui-même ne fut pas heureusement soumis à la censure ; il est écrit avec une courageuse impartialité. Le ministre lui retira sa pension, et ce ministre c'était Colbert, qui n'osa résister aux sollicitations des *maltôtiers*, dont Mézerai avait peint sans ménagement et les déprédations scandaleuses et l'insolente cupidité.

Mézerai a laissé un Traité de l'Origine des Français, ouvrage où la vaste érudition de l'auteur ne se montre que dans ses utiles résultats. Ce traité curieux est trop peu connu. On a presque oublié la continuation de l'Histoire des Turcs par le même auteur. Les principaux documens lui manquèrent ; cette histoire n'a pu être écrite avec exactitude que de nos jours : Mézerai mourut en 1683, âgé de soixante-treize ans.

Le curé actuel de la Chapelle est un descendant de Mézerai, et porte le même nom.

CHARENTON, à une lieue sud-est de Paris, au confluent de la Marne et de la Seine, arrondissement de Sceaux. L'étymologie de son nom n'est pas bien connue ; d'anciennes chartes appellent son pont *Pons Carantonis*. Ce lieu est fort ancien. L'histoire nous apprend qu'en 865 les Normands détruisirent ce pont, qui fut toujours considéré comme un poste important pour la sûreté de la capitale. Sous Henri IV il était défendu par une tour. Ce prince détruisit le pont et la tour à coups de canons. Il y établit un poste nombreux, pour arrêter sur ce point les arrivages pour l'approvisionnement de Paris ; et les documens historiques les plus authentiques attestent qu'il avait pris les mesures les plus sévères pour affamer Paris, et que s'il y parvint des vivres, ce fut au moyen de la contrebande, que favorisait la cupidité de ses officiers.

Avant la révocation de l'édit de Nantes, les protestans avaient à Charenton leur principal temple, bâti sur les dessins de Jacques Debrosse : il pouvait contenir quinze cents personnes ; mais à peine l'édit fut-il révoqué, que ce vaste édifice fut détruit de fond en comble, en cinq jours, par les catholiques.

On éleva, seize ans après, sur ses ruines, un couvent de religieuses dévouées à l'adoration perpétuelle du Saint-Sacrement : ce couvent a été supprimé et les bâtimens vendus ; une partie a été réservée pour aggrandir l'hospice, fondé par Leblanc en 1644, et destiné d'abord à la guérison des maladies ordinaires : il ne contenait originairement que douze lits ; il a été aggrandi depuis, et a reçu une autre destination. On y traite spécialement les aliénations mentales. Il est situé à l'extrémité de Charenton, sur les bords de la Marne. En l'an X de la république, le gouvernement y établit quarante lits pour les hommes et vingt pour les femmes attaqués de folie ; ils sont spécialement destinés aux indigens. Si le traitement est sans succès, et si la maladie est reconnue incurable, les aliénés sont transférés à Bicêtre ou à la Salpétrière.

Le fameux jurisconsulte Dumoulin avait une maison de campagne et des vignes à Charenton.

La première maison à gauche, en venant de Paris, était jadis un des châteaux de Gabrielle d'Estrées.

On y remarque aussi une autre maison, qui fut autrefois *le séjour du roi*, et qui appartient depuis plus d'un siècle à la famille *Dionis du Séjour*.

Les environs de Charenton offrent une perspective très-variée.

Ce lieu a été le théâtre d'événemens militaires dans presque toutes les guerres intérieures. J'ai déjà rappelé que les Normands rompirent le pont en 865, il est encore certain que les Anglais, qui s'en étaient rendus maîtres sous Charles-VII, en furent chassés en 1436.

L'armée du prince chef de la faction si improprement nommée du Bien public, s'en empara en 1465, sous le règne de Louis XI.

Les protestans le prirent en 1567, Henri IV l'enleva à la ligue en 1590 ; ce poste soutint une attaque plus vigoureuse encore le 8 février 1649 : les *frondeurs* y perdirent leur commandant et quatre-vingts officiers.

En 1814, lorsque l'Europe armée vint attaquer Paris, le pont de Charenton, défendu par des conscrits, les élèves de l'école d'Alfort et de l'école Poly-

technique et la neuvième légion de la garde nationale, opposa une vigoureuse, mais inutile, résistance
aux nombreuses troupes alliées que vinrent ren-
forcer sept bataillons commandés par le prince
royal de Wirtemberg.

Nos jeunes braves et les gardes nationaux se
replièrent en bon ordre, et en disputant vaillamment le terrain aux masses formidables des troupes
ennemies, encouragées par leurs succès sur d'autres
points.

On exécute maintenant de grands travaux sur
l'île de Charenton; le pourtour sera creusé au-
dessous des plus basses eaux, et la superficie ex-
haussée au-dessus du niveau des plus grandes eaux.
Le but de cette utile entreprise est de former une
garre assurée pour tous les bateaux de charbon et
d'autres productions expédiés à Paris par la navigation de la haute Seine.

CHARENTON-SAINT-MAURICE , ainsi appelé
pour le distinguer du précédent, qu'on nomme
*Charenton-le-Pont,* ou simplement *Charenton*, n'est
séparé de celui-ci que par la route de Saint-Mandé.
La nature du sol est la même. On y remarque un
laboratoire de chimie, et un hospice particulier ou
maison de santé pour les aliénés, qui y sont reçus
moyennant pension.

Parmi les établissemens de commerce qui s'y
sont formés, on distingue la fabrique de produits
chimiques de MM. Buran jeune et Marchand; la
manufacture d'acier poli de MM. Veyrassat et compagnie.

CHARLEVANNE , appelé depuis *La Chaussée* , était connu sous le premier nom dès le neuvième siècle. Ce hameau est une dépendance de *Bougival.*

Les Normands y arrivèrent au printemps de 846, et s'avancèrent jusqu'à Celles. Ils tâchèrent d'incendier les églises de Saint-Pierre et de Saint-Germain. Charles le Chauve les joignit à Charlevanne; à son arrivée les Normands se hâtèrent de passer à l'autre bord de la Seine du côté de Chatou.

Il existait une léproserie à Charlevanne en 1224; elle fut conservée très-longtemps. Elle était destinée à recevoir les malades de quinze paroisses.

CHARONNE ( Le Grand ). Ce village est voisin de la dernière barrière du faubourg Saint-Antoine, et comprend une partie du parc de Bagnolet et de Ménilmontant. On y comptait autrefois cinq cents arpens plantés en vigne.

Il y avait, au quatorzième siècle , une garenne. Les malheureux cultivateurs de Charonne souffraient beaucoup de ce voisinage des *plaisirs du roi.* Charles le Bel en *fit don aux bonnes gens de Charonne,* qui, de leur côté, firent don à ce bon roi d'une somme d'argent, qui fut payée par chacun d'eux. C'est en mémoire de ce bienfait que l'on célébrait chaque année un service pour le roi Charles.

L'existence de ce village est constatée par les donations de terrein que firent Hugues-Capet et le roi Robert au monastère de saint Magloire.

L'église, bâtie sur la pente d'un coteau, n'était originairement qu'un simple oratoire, élevé en mé-

moire de quelque miracle de saint Germain , évêque d'Auxerre. Elle fut agrandie sous le règne de
Charles VI ou Charles VII. L'inclinaison de ses
piliers inspire l'effroi.

Marguerite de Lorraine, femme de Gaston d'Orléans , y fonda, en 1643, plusieurs établissemens
religieux , dont le plus remarquable était celui des
*Filles de Notre-Dame-de-la-Paix*. Le roi permit , en
1661 , la création d'un marché, dont les revenus
furent affectés à l'entretien de ce couvent, qui obtint dans la suite d'autres dotations.

Charonne avait une devineresse sous le règne de
saint Louis ; c'est ce que nous apprend un poëte
du treizième siècle :

> « L'an mil deux cent et vingt et dix
> » Fut Dammartin en flamble mise,
> » Et scachiez que cel an meisme
> » Fu à Charonne la devinne.»

Louis XIV, encore mineur, était à Charonne,
lorsque mademoiselle de Montpensier fit tirer le
canon de la Bastille.

La plus bel e maison de Charonne appartient à
M. de Saint-Cricq , ancien directeur-général des
douanes.

CHARONNE ( Le Petit). Écart du Grand Charonne, à l'entrée de la grande avenue de Vincennes,
à gauche en venant de Paris ; c'est peut-être le
même village appelé Charonneau, Maizières ou
Mésières, dans un titre de 1489. Ce dernier nom
était connu dès le treizième siècle.

CHATEAUFORT. Gros bourg à cinq lieues ouest

de Paris, sur la route d'Orléans. C'était, au dixième ou onzième siècle, une forteresse, à l'abri de laquelle vint s'établir une population assez considérable, et forma une petite close, dont huit tours protégeaient l'enceinte. Elle se divisait en deux paroisses, dont la plus considérable était sous l'invocation de la Sainte-Trinité.

On voit encore deux des anciennes tours. Une des rues porte le nom de la Monnaie, ce qui semblerait indiquer que les seigneurs de Châteaufort, dont les plus anciens datent du onzième siècle, y battaient monnaie. Le territoire est fertile et ses productions sont très-variées.

CHATENAY. A trois lieues sud de Paris, arrondissement de Sceaux, sur la pente d'un coteau planté de vignes et d'arbres. De jolies prairies, des jardins en varient l'agréable perspective.

Ce village est fort ancien; Irmion, abbé de Saint-Germain, sous Charlemagne, l'a cité dans ses écrits.

La tour qui sert de clocher n'est pas aussi ancienne que le prétend l'abbé Le Bœuf, qui n'a pas remarqué sous la clé de la voûte de la chapelle latérale dédiée à sainte Geneviève, cette date DCCCCXIX.

Les colonnes de l'église, dédiée à Saint-Germain, appartiennent au style de la même époque.

L'inscription gravée sur un marbre noir, et qui rappelait qu'en 1713 l'abbé Malezieu, fils de l'académicien de ce nom, avait été sacré évêque dans cette église, a été enlevée, il y a plus de trente ans; elle est dans le cabinet de M. Giffard.

Le savant Malezieu a été inhumé dans la nef de cette église, en 1727. La porte de l'église a été élargie et refaite en 1817.

Le chapitre de Notre-Dame avait la seigneurie de Châtenay. Il écrasait d'impôts et de corvées les malheureux habitans, qu'il appelait ses serfs : réduits à la profonde misère, ils ne pouvaient acquitter les impôts ; les chanoines les plongent dans les cachots : les femmes, les enfans font parvenir leurs plaintes à la reine Blanche. Cette princesse intercède pour eux : les chanoines répondent en faisant emprisonner le reste de la population. Blanche indignée arrive à Châtenay et fait ouvrir les prisons. Ce trait honore la reine Blanche, et offre une des mille et mille preuves des maux de l'anarchie féodale ; les plus redoutables, les plus cupides seigneurs n'étaient pas les nobles laïques.

Ce village offre maintenant l'heureux tableau d'une population laborieuse. Son active industrie a doublé ses ressources et ses revenus, dont la jouissance lui est garantie par les lois.

L'une des plus agréables maisons de Châtenay appartient à l'ancien évêque de Cazal, M. de Villaret.

Ce charmant village a vu naître Voltaire, le 20 février 1694. Ses commentateurs ne sont pas d'accord sur la date de sa naissance. La date que j'indique, et qu'a suivie Condorcet dans *sa Vie de Voltaire*, est seule exacte. Voltaire écrivait à M. Cideville, le 20 février 1765 : « J'entre aujourd'hui » dans ma soixante-douzième année, car je suis né

» en 1694, le 20 février, et non le 20 novembre,
» comme le disent les commentateurs mal ins-
» truits. »

CHATILLON. A deux lieues sud-ouest de Paris,
sur le bord de la Seine, près de Fontenay-aux Roses.
L'aspect de la campagne offre un nouveau tableau.
On n'aperçoit que des plantations de cérisiers, de
rosiers, de groseillers ; des noyers nombreux s'élèvent au-dessus de ces jolis arbustes, et de grandes
plates-bandes de fraisiers parfument les jardins.

Placé sur le coteau, on découvre tout Paris et
la brillante vallée de Montmorency. Ce village porte
le nom de Châtillon depuis le douzième siècle. Son
étymologie n'est pas bien connue.

L'église, qui paraît avoir été construite sous le
règne de Charles VII, a été réparée en partie en
1610, et dans son entier en 1741. Jacques Tardieu,
conseiller du roi, et son épouse, assassinés dans leur
maison à Paris, quai des Orfèvres, par les deux
frères Touchet, le jour de la Saint-Barthélemy
( 1665 ), ont été inhumés sous la chapelle de la
Vierge. Les époux Tardieu étaient fort riches et fort
avares. La seigneurie de Châtillon leur appartenait.
On prétend que Boileau, qui les connaissait particulièrement, les a peints dans sa dixième satire :

    « Comme ce magistrat, de hideuse mémoire,
    » Dont je veux bien ici te crayonner l'histoire, etc., etc. »

Au commencement d'octobre 1417, Jean, duc de
Bourgogne, partant pour le siége de Montlhéry,
vint camper sur les hauteurs de Châtillon, et se

reposa contre un arbre, où il fit suspendre son étendard de guerre.

CHATILLON. Petit hameau sur le bord de la Seine, près de Vicq. Son origine date du douzième siècle.

CHATOU. Sur la rive gauche de la Seine, canton de Saint-Germain-en-Laye, assez fertile en blé et en vin. Le pont a été bâti en 1560.

On y traversait jadis la Seine dans un bac; un citoyen généreux, Portail, y fit construire un pont en 1700. Mal entretenu, il céda à l'action du temps; il n'a été rétabli qu'en 1812 : il épargne un long détour aux piétons qui se rendent à Saint-Germain.

M. Travault, maire de ce village, y possède un beau troupeau de mérinos race pure.

Chatou est à deux lieues de Paris.

CHATRES, maintenant *Arpajon*. Ce bourg est cité dans une bulle d'Innocent II, de 1136, qui confirme les priviléges des religieux de Saint-Maur. L'église ne date que de cinq cents ans au plus : le portail et la tour ont seulement quelques parties dont la construction semble annoncer une époque plus ancienne.

Le marquis d'Arpajon, devenu propriétaire de cette seigneurie, n'obtint qu'en 1720 des lettres-patentes qui érigèrent ce domaine en marquisat et substituèrent le nom d'Arpajon à celui de Châtres.

On raconte que Philippe de France, duc d'Anjou, passant, en 1700, par Châtres pour aller combattre et régner en Espagne, fut complimenté par le curé du lieu, qui imagina de rimer sa harangue sur l'air d'un noël très-connu :

> Tous les bourgeois de Châtres
> Et ceux de Montlhéry
> Vous viennent en grand'hâte
> Complimenter ici.
> Petit-fils de Louis, vous allez en Espagne :
> Prince de grand renom,
> Sus donc,
> Passant par Arpajon,
> Dondon,
> Que Dieu vous accompagne.

Le prince dit *bis*, et le jovial curé répéta son couplet. Que l'on donne cent écus à M. le curé, dit le duc. *Bis*, dit à son tour le joyeux pasteur, et il reçut six cents livres.

Le seigneur d'Arpajon avait haute et basse justice et toutes les autres prérogatives féodales.

Henri IV avait surpris cette place aux ligueurs en 1592, le jour des Rois; son unique but était d'en enlever les provisions pour les besoins de la garnison qu'il avait mise à Corbeil.

Le château de Chanteloup est un des plus remarquables des environs.

On y distinguait jadis le château de la Bretonnière, où l'on montrait un cachot en forme d'oubliettes; il était fermé par une pierre. Il avait été fortifié par Jean Lebreton, seigneur du lieu; il a été entièrement démoli en 1750. *Voy.* ARPAJON et CHANTELOUP.

CHAVILLE. A trois lieues de Paris, sur le chemin de Versailles.

Ce village, situé sur le penchant d'une colline, et

qui existait dès le treizième siècle , n'a fixé l'attention que vers la fin du seizième. Le chancelier Letellier obtint du roi le droit de justice dans ce domaine. L'antique château tombait en ruine; le chancelier y avait planté un vaste parc, et Louvois , son fils, fit bâtir sur les ruines du vieux manoir seigneurial de ses pères un château magnifique.

En 1698 , Louis XIV acheta à la veuve Louvois la terre de Chaville, qu'il donna au dauphin. Les bâtimens ordonnés par Louvois n'étaient pas entièrement achevés.

Devenu propriété nationale , le château fut vendu à M. Gouli, qui fit démolir les constructions depuis si longtemps abandonnées.

On a établi près du parc un haras.

CHELLES. Sur les bords de la Marne, à quatre lieues est de Paris. Son abbaye était une des plus anciennes et des plus riches de France. On en attribue la fondation à la reine Clotilde, femme de Clovis. La même enceinte renfermait deux couvens , l'un de religieuses , l'autre de moines qui en avaient la direction. Les rois de la première race avaient une maison de plaisance à Chelles. Chilpéric y renfermait son trésor; il allait chasser dans la forêt voisine , appelée alors *Lanconia sylva ;* sa femme l'y fit assassiner en 548.

*Sigaubandus* ou *Sigoberrandus* , trentième évêque de Paris, vint à Chelles en 664, auprès de la reine Bathilde. Il se querella avec les francs de cette reine , et fut tué dans l'émeute qu'il avait excitée. L'auteur de la vie de sainte Mathilde assure que cet évêque, qu'il appelle misérable, mérita son sort.

Charlemagne allait souvent à Chelles visiter sa sœur Gizelle, qui en était abbesse.

Le trésor de l'abbaye de Chelles rivalisait de magnificence avec celui de Saint-Denis ; la grille du chœur, exécutée par Pierre Denis, était considérée comme un chef-d'œuvre de serrurerie.

On voyait encore, à l'époque de la révolution, sur la place de Chelles, une échelle de bois, instrument de supplice, qui fut aussi en usage à Paris.

En 1113, Étienne, évêque de Paris, s'était rendu, avec Thomas, prieur de Saint-Victor, et plusieurs autres ecclésiastiques, à l'abbaye de Chelles pour réformer les désordres scandaleux des religieuses. Il s'en retournait à Paris, lorsque Thomas fut assassiné près de Gournay, par les neveux de Thibaut-Notier, archidiacre de Notre-Dame ; ce Thibaut-Notier, dont les neveux n'étaient que les séides, ne fut puni que par l'excommunication et la perte de ses bénéfices.

Au mois d'août 1590, le maréchal de Biron dirigea l'armée d'Henri IV sur la plaine de Chelles, pour s'opposer à la prise de Lagny qu'assiégeaient les ligueurs.

L'une des filles du régent, Marie-Adélaïde d'Orléans, fut abbesse de Chelles.

Jean de Chelles, architecte, qui construisit la partie méridionale de Notre-Dame, dans le treizième siècle, était né dans ce village.

L'abbaye a été supprimée en 1790, et les bâtimens, vendus, ont été, en grand partie, convertis
en maisons particulières.

CHESNAY (le). A quatre lieues de Paris, à une
demi-lieue de Versailles, sur la route de Saint-Germain en Laye. Ce pays était, il y a neuf siècles,
couvert de chênes.

En 1683, Louis XIV acheta cette terre aux Bénédictins de Saint-Germain : une partie des professeurs de Port-Royal s'y réfugia après la destruction
de leur école. Bernières, conseiller-d'état, qui y
possédait une des plus belles maisons, leur offrit
un asile.

Le château, dans une heureuse position, entouré
de jardins spacieux et bien distribués et de promenades charmantes, appartient à M. Caruel.

Ce hameau, voisin de Trianon, est un des plus
agréables endroits des environs de Versailles.

CHEVILLY. A deux lieues sud de Paris, entre
les routes d'Orléans et de Fontainebleau. L'église,
sous le titre de Sainte-Colombe, est fort petite.

Le territoire en est fertile, surtout en blé : on y
compte quatre fermes assez considérables, dont
l'une étend ses labourages dans le territoire de Vitry.

CHEVREUSE. Petite ville à sept lieues sud-ouest de
Paris, près de Dampierre, sur le bord de la rivière
d'Ivette. Les vieilles chartes écrites en latin la nomment *Caprosia*. Ce n'était au dixième siècle qu'une
petite abbaye sous l'invocation de Saint-Saturnin.

Le plus ancien de ses seigneurs connus, Milon
de Chevreuse, existait sous le roi Robert. Le châ-

teau s'élevait sur le sommet d'une colline, au nord de la ville. Le seigneur de Chevreuse était l'un des quatre gentilshommes qui portaient l'évêque de Paris sur leurs épaules, lors de son installation sur le trône épiscopal.

Hervé, seigneur de Chevreuse, en 1264, suivant les us du temps, vint à la tête de ses gens piller le prieuré d'Ivette : il détruisit le mur de clôture et enleva les chevaux et la volaille des moines.

L'abbé de Saint-Maur des Fossés, dans la dépendance duquel était ce prieuré, traduisit Hervé devant un tribunal composé de deux chanoines de Paris et d'un chanoine de Poissy, et Hervé fut condamné à payer à l'abbé dix marcs d'argent pour en faire des bassins et des figures de chevaux, dont on se servait dans l'église de son abbaye. Ceux qui avaient accompagné le seigneur de Chevreuse dans son expédition furent condamnés à suivre, la tête et les pieds nus, quatre processions, en portant sur leurs épaules une selle de cheval. (*Histoire du Diocèse de Paris*, tom. VIII, pag. 40. )

On cite deux seigneurs de Chevreuse qui, en 1249, furent envoyés, par la reine Blanche, pour prendre possession des États de Raymond, comte de Toulouse.

Anselme, comte de Chevreuse, portait l'oriflamme en 1304 ; il mourut de soif et écrasé sous le poids de ses armes au combat de Mons en Puelle. Un autre comte de Chevreuse était maître-d'hôtel sous Charles V, et remplaça, sous Charles VI, le duc de Berry dans le gouvernement de Languedoc.

7

La ville fut prise par le duc de Bourgogne, et reprise en 1417 par Tannegui du Châtel : elle fut pillée. Les Anglais s'en emparèrent ensuite, et y restèrent jusqu'en 1448.

Charles VII acheta le château : cette terre, qui n'était qu'une baronie, fut érigée en duché, et François I<sup>er</sup> la donna à la duchesse d'Étampes, l'une de ses maîtresses, qui en fut dépossédée à la mort de ce prince. Le cardinal de Lorraine la reçut alors en présent, et le 12 mars 1612, elle fut érigée en pairie en faveur de Claude de Lorraine.

En 1675, réunie à d'autres châtellenies, Chevreuse ne forma plus qu'un seul fief royal. Louis XIV l'échangea pour le comté de Montfort-l'Amaury, et en dota l'établissement religieux de Saint-Cyr. Le château est tombé en ruines depuis près de cinquante ans.

Chevreuse est maintenant ville commerçante. Des tanneries, des mégisseries, des entrepôts de laine et l'établissement de quatre foires annuelles y entretiennent l'industrie et l'aisance.

CHILLY. A quatre lieues de Paris, près de Longjumeau. Les rues de ce village sont pavées, alignées et assez bien bâties. Le nouveau château a été construit sous Louis XIII pour le maréchal d'Effiat; il n'a que deux étages. Les appartemens sont décorés avec soin : les plafonds ont été peints par Simon Vouet; les sculptures sont de Sarrasin.

Le territoire est très-varié dans sa culture : le pain de Chilly était jadis très-estimé. On le distinguait en pain coquillé et pain bis.

La duchesse de Mazarin donna dans ce château de brillantes fêtes.

Le poète Chapelle fit bâtir à Chilly une maison qu'il vint habiter en 1680 : il y passa les dernières années de sa vie.

CHOISI-LE-ROI ou CHOISI-SUR-SEINE. A deux lieues de Paris, sur la rive gauche de la Seine. Ce village est heureusement situé; des coteaux bien cultivés le protègent contre les vents du midi. On y respire un air très-pur; il a repris, depuis 1815, son ancien nom de Choisi-le-Roi. La campagne est fort agréable, et d'une culture très-variée. On y remarque plusieurs maisons fort jolies.

Choisi est appelé dans les anciens titres *Solia-cum ad Sequanam.* Ce n'était, dans le temps de Philippe-le-Bel, qu'un hameau dépendant de Thiais. En 1207, Jean, abbé de Saint-Germain-des-Prés, donna aux habitans un petit espace de terrein pour y bâtir une chapelle sous l'invocation de Saint-Nicolas, patron des mariniers. Cette chapelle fut érigée en paroisse sous Louis VIII.

Mademoiselle de Montpensier y fit bâtir un magnifique château, sur les dessins de François Mansard, et le village reçut le nom de *Choisi-Mademoiselle.*

Cette princesse le donna au dauphin, qui l'échangea pour Meudon avec madame de Villeroi, qui reçut quatre cent mille livres de retour. Il a appartenu depuis au duc de Villeroi, à la princesse de Conti, au duc de la Vallière, qui le vendit à Louis XV, en 1739.

7.

Devenue maison royale, le château de Choisi fut augmenté : les premiers artistes du temps concoururent à l'embellir; le nom de Choisi-le-Roi fut substitué à celui de *Choisi-Mademoiselle*.

Le contrôleur-général Orry, pour faire la cour au roi, qui désirait vivement que les travaux ordonnés pour l'embellissement de Choisi fussent exécutés, annonça à ce prince qu'il avait réservé seize cent mille livres pour cette dépense d'agrément. Ce contrôleur-général était menacé d'une disgrâce : cette attention à servir les désirs de son maître lui valut un retour de faveur.

L'église fut décorée avec plus de magnificence que de goût. La dédicace fut faite avec une solennité extraordinaire; toute la cour y assista.

Gentil Bernard avait célébré la favorite Pompadour : elle le fit nommer bibliothécaire de Choisi. Le poète courtisan s'y fit bâtir une jolie maison, qui devint le rendez-vous des gens de cour, des hommes de lettres, des artistes à la suite.

Choisi n'offre plus le même aspect : la salubrité de l'air, la proximité de la rivière, d'autres avantages de localité engagèrent des spéculateurs à y établir plusieurs manufactures : les décorations des appartemens et des jardins ont disparu. A cet appareil de luxe ont succédé les ateliers nombreux d'une active industrie; d'utiles plantations ont remplacé les parterres: c'est une commune toute manufacturière : et beaucoup des villes du second ordre de l'ancienne France ne comptaient pas autant d'usines.

La verrerie de MM. Bontemps-Chaudet et compagnie; la fabrique de faïence fine façou auglaise, de MM. Valentin Paillard et H. Hantin; la savonnerie de M. Calet fils; la raffinerie de sucre de M. Malleo ; la fabrique de toiles cirées de M. Yver; celle de maroquin de M. Fauler; de produits chimiques de MM. Bobée et de Lacroix. On y trouve aussi des bains publics et des entrepôts de vins, de tuiles de Bourgogne et d'ardoises d'Anjou. Tous ces établissemens sont dans la plus heureuse activité.

CLAGNY, près de Versailles. Au seizième siècle, l'architecte Pierre Lescot était seigneur de Clagny: il y fit construire quelques bâtimens. Ce hameau appartenait, en 1634, à l'Hospice des Incurables de Paris. Louis XIV l'acheta et y fit construire, en 1676, un magnifique château, regardé comme le chef-d'œuvre de J. H. Mansard. Les constructions, commencées en 1676, ne furent achevées qu'en 1680. Le Nôtre en dessina les jardins. Tout dans ce séjour respirait la magnificence. *C'est le palais d'Armide...*, écrivait madame de Sévigné à sa fille, le 7 août 1675. Clagny, à la mort de madame de Montespan, passa à son fils, le duc du Maine, et à son petit-fils, le comte d'Eu.

Ce brillant édifice n'existe plus, et le hameau de Clagny peut être considéré comme un des faubourgs de Versailles.

Il paraît, par une lettre de Mansard au ministre Colbert, et datée du 10 septembre 1677, que les travaux étaient mal payés... « Vous saurez, mon-

» seigneur, que tous les *talieurs* de *pière* ont *tous quite*
» le bâtiment, il n'y *an* a pas un *seule* qui travaille de-
» puis *leundi* à midi, fondant leur révolte sur ce *qui*
» *dise* que l'on leur doit quatre *semaine* et qu'ape-
» solument ils ne travailleront pas *quils* ne soit
» *payé.* » Mansard fut meilleur architecte que gram-
mairien.

CLAMART. A une lieue et demie ouest de Paris,
dans un agréable vallon ; son territoire assez varié
s'étend le long du parc de Meudon jusqu'à Pont-Ma-
réchal. L'église, qui ne date que de deux siècles, est
sous l'invocation de saint Pierre et saint Paul ; la
partie supérieure du village est plus fertile. On y
cultive beaucoup de vignes. Les agronomes y distinguent la belle pépinière de M. Boulogne.

En 1815, le territoire de Clamart fut le théâtre d'un combat, plus animé qu'important, entre
le corps d'armée du général Vandamme et les Anglais, postés sur les hauteurs de Meudon et Sèvres.
Les ennemis furent battus et une partie de leurs
troupes resta prisonnière des Français.

CLICHY-EN-LAUNOIS. A un quart de lieue de
Livry, sur un coteau. C'était au septième siècle un
manoir royal. Ce village, comme l'autre Clichy,
avait été donné à l'abbaye de Saint-Denis, en 635
ou 636.

La chapelle de Notre-Dame des Anges, était située près la lisière du bois. Les annalistes du temps
parlent beaucoup d'une fontaine miraculeuse qui
guérissait de la fièvre.

CLICHY-LA-GARENNE. Sur la rive droite de la

Seine, entre Neuilly et Saint-Denis, à une lieue
ouest de Paris. Ce village est fort ancien ; cependant
nos historiens n'en font mention pour la première
fois qu'en l'an 42 du règne de Clotaire II ( 625 de
l'ère chrétienne). Ils l'appellent Clippiacum, du
vieux mot celtique clipp, d'où l'on a fait clapier. Nos
premiers rois y avaient une maison. Frédégaire
nous apprend, dans sa chronique, que Dagobert
y épousa Gomatrude, en 626. Son fils Sigebert y
fut baptisé par saint Aman, évêque de Maëstricht.
Les curieux conservent des pièces de monnaie frappées à Clichy sous le règne de Dagobert.

L'église, sous l'invocation de Saint-Médard, tombait en ruines : elle fut rétablie par Vincent de
Paule, qui en devint le second patron. Ce saint
pasteur préféra cette cure modeste à une abbaye.

Clichy, à une époque plus rapprochée de nous,
eut pour seigneur le grand-prieur, Charles de Vendôme.

Deux opulens financiers, Labouexière et Boutin,
y ont fait construire depuis, le premier, un pavillon
très-élégant, et le second un fort beau jardin anglais.
Une partie du territoire de Clichy en a été démem-
brée pour former la paroisse de Saint-Ouen.

En 717, le monastère de Saint-Denis possédait à
Clichy un vaste terrain, dont Chilpéric III l'avait
doté. L'abbé avait destiné ce domaine à l'entretien
des volailles nécessaires à la table de ses moines.

L'ordonnance de Philippe-de-Valois contre les
blasphémateurs est datée de Clichy, février 1343.

Lorsqu'on recula l'enceinte de Paris en 1786, le

village de Clichy fut en partie compris dans cette enceinte et renfermé dans le nouveau mur de clôture.

Dans la fatale journée du 30 mars 1814, les grenadiers et les chasseurs de la garde nationale se replièrent sur la barrière de Clichy, y prirent poste aux fenêtres et sur la plate-forme du bâtiment carré qui est en avant de la barrière et aux créneaux du tambour en charpente. Les canoniers vétérans se placèrent aux embrâsures; un feu vif et nourri chassa les ennemis des rues, et les força de se jeter dans les maisons. Le maréchal Moncey, pour préparer un second point de défense, fit continuer en arrière un retranchement avec des charrettes et du bois de chantier. A sa voix, les sapeurs-pompiers, les femmes, les enfans improvisent ce retranchement; le travail avance avec une indicible rapidité, et bientôt une seconde barricade s'élève au bas de la rue. La trompette annonce l'armistice; le feu s'éteint sur toute la ligne; mais bientôt un mouvement des tirailleurs russes parut offensif, et le combat recommença entre eux et la garde nationale. De nouveaux ordres arrêtèrent cette reprise d'hostilité.

CLIGNANCOURT. Sur le revers des hauteurs de Montmartre, du côté de Saint-Denis. Ce hameau se compose de quelques maisons, dont une partie forme un groupe occupé par des guinguettes. Les plantations de vignes y sont fort anciennes. On lit dans la chronique scandaleuse de Louis XI ( 1475 ) « que le lundi, 9 septembre, les Bretons et les » Bourguignons furent au terrouers de Clignan-

» court, Montmartre, la Courtille et autre vignoble
» d'entour de Paris prendre les vendanges. Toute la
» vendange qui y estoit jaçait qu'elle n'étoit peu
» meure. »

En 1579, Jacques Ligier ou Légier, trésorier du
cardinal de Bourbon et seigneur du lieu, y fit bâtir
la chapelle de la Trinité sur la pente de la colline.

Les couvens de Saint-Denis et de Montmartre
avaient des redevances dans ce petit territoire.

Lors du siége de 1814, le hameau de Clignancourt devint le théâtre d'une attaque et d'une résistance terrible. La journée du 30 mars faillit être pour
ce village l'époque de son entière destruction.

CLOUD (SAINT-). A deux lieues ouest de Paris,
sur la rive gauche de la Seine, s'appelait originairement *Novigentrum;* mais Chlodovalde, troisième
fils de Clodomir, arraché à la mort que lui prépa-
raient ses oncles qui avaient assassiné ses deux frères,
fut quelque temps soustrait à leur fureur par les
Leudes qui l'avaient enlevé. Il se coupa lui-même sa
longue chevelure, se fit prêtre et se retira dans un
monastère qu'il fonda dans *Novigentrum.* Mis au rang
des saints après sa mort, il donna son nom à ce
village; seulement on substitua depuis Cloud à
*Chlodovalde.*

Le monastère qu'il avait fondé fut sécularisé depuis et érigé en église collégiale et paroissiale. Les
reliques du fondateur furent placées dans une
châsse fort riche, après avoir été exhumées d'un
tombeau de pierre.

Chlodovalde avait fait don à la cathédrale de Paris de la seigneurie de ce village.

Henri III, et Henri IV, alors roi de Navarre, ayant réuni leurs armées, s'approchèrent de Paris à la fin de juillet 1580. Henri III logea dans la maison de Gondi; Henri IV à Meudon. Henri III fut assassiné par Jacques Clément; le même jour, des ligueurs fanatiques se rendirent de Paris à Saint-Cloud pour y recueillir les restes de l'assassin : ils emportèrent comme de précieuses reliques la terre imbibée du sang de ce moine. La tradition ajoute que le bateau qui ramenait à Paris cette caravane insensée fut submergé, et que tous les passagers furent noyés.

En 1674, la seigneurie de Saint-Cloud fut érigée en duché-pairie en faveur de François de Harlay, archevêque de Paris. Ses successeurs ont pris jusqu'en 1790 le titre de Ducs de Saint-Cloud.

Le premier pont de Saint-Cloud existait en 1218; il fut reconstruit, en 1307, aux frais des habitans.

En 1338, les Anglais et les Navarrois réduisirent ce village en cendres. Il fut pris par les Armagnacs et repris par les Bourguignons sous Charles VI.

Le pont était défendu par une forteresse qui en occupait une partie; Henri III le fit rebâtir en 1556. Sully remarque dans ses Mémoires que la province de Normandie fut grevée d'un impôt pour l'entretien de ce pont. D'autres historiens prétendent que cette charge, qui devait être locale, fut imposée à la Bretagne.

Il y avait jadis à Saint-Cloud une léproserie près

de la chapelle Saint-Laurent, un Hôtel-Dieu près du pont.

Le duc d'Orléans, frère unique de Louis XIV, y fonda un hôpital de la charité, et établit des prêtres de la mission pour le service du château. L'hôpital était desservi par des sœurs grises.

Le château a été construit d'après les dessins de Lepautre, sur l'emplacement de trois maisons acquises par le même duc d'Orléans. Sa belle exposition, ses vastes jardins, son parc, ses étonnantes cascades, les chefs-d'œuvre des arts dont il est décoré, en ont fait une des plus belles résidences des environs de Paris.

Devenu empereur des Français, Napoléon habitait ordinairement Saint-Cloud pendant la belle saison. Il y fit de nouveaux embellissemens, le rendit digne de la première cour de l'Europe.

La *Lanterne de Démosthène* a été élevée sous son règne : ce monument pyramidal, unique en son genre, est mal-à-propos attribué à l'architecte Molinos ; il est l'ouvrage de trois artistes italiens, les frères Trabuchi, qui ayant trouvé le moyen de faire des poëles en terre d'une grande dimension, et voulant appliquer leur procédé à des objets plus importans, communiquèrent leur projet à MM. Percier, Legrand et Belloni. Ces artistes engagèrent les frères Trabuchi à exécuter en grand le monument antique d'Athènes, connu sous le nom *de Lanterne de Diogène*. Les trois Italiens l'exécutèrent : leur ouvrage fut exposé en 1800 dans la cour du Louvre. Napoléon le fit placer à Saint-Cloud sous la direc-

tion de M. Fontaine. On y ajouta un fanal surmonté
d'une pomme de pin.

Le cimetière de Saint-Cloud renferme plusieurs
monumens tumulaires remarquables. On distingue
sur-tout celui de la mère de notre poète Andrieux,
celui d'une jeune fille et de madame Jordan. Aucune
inscription n'indique la sépulture du poète Lanoue,
dont plusieurs pièces font encore partie du répertoire du Théâtre-Français.

Les travaux de la nouvelle église, commencés par
la reine Marie Antoinette, ont été depuis quelques
années achevés sur un grand plan. Cette église a
été consacrée en 1820, et ouverte au culte le jour
de Saint-Louis de la même année.

Le nouveau pont en pierre a été construit sous le
règne de l'empereur Napoléon. C'était à Saint-Cloud
qu'il avait porté le premier coup à la souveraineté
nationale ; c'est du 18 brumaire que date son usur-
pation. Le 19, les deux conseils y étaient assemblés.
Il parut avec son état-major dans la salle occupée
par le Conseil des Anciens. « Il n'y a plus de directoire, leur dit-il ; » et il s'arrogea la dictature, en
déclarant qu'il abdiquera aussitôt que les dangers seront passés. Quelques voix courageuses le somment
de s'expliquer ; il ne craint pas d'être mis hors la loi,
et il en appelle « aux braves défenseurs qu'il a tant de
» fois menés à la victoire, avec lesquels il a partagé
» tant de dangers pour affermir la liberté et l'égalité.
» Il en appelle au courage de l'armée et à sa fortune. »

Point de dictateur! s'écrie-t-on au Conseil des Cinq
Cents. Lucien dépose la toge sénatoriale, et quitte

le fauteuil de président. Bientôt un officier étranger s'avance à la tête des grenadiers du corps-législatif. Les soldats refusent d'obéir à l'ordre qu'il leur donne de pénétrer dans la salle. Ils cèdent enfin et la salle est évacuée. Une faible minorité des deux conseils resta à Saint-Cloud, et la république n'exista plus que de nom.

Les alliés épargnèrent cette résidence en 1814. Elle fut pillée par Blucher et ses soldats en 1815. Ces désastres et surtout la perte des objets d'arts qui ont été enlevés, n'ont pu être réparés. Le château a été de nouveau meublé, les bâtimens et les appartemens intérieurs restaurés. L'entretien annuel de cette résidence s'élève à cent quatorze mille fr.

Il y a chaque année une foire assez considérable, le 7 septembre ; elle se continue pendant trois dimanches. La route est couverte de voitures et de piétons, et la Seine de bateaux. Le service par un bateau à vapeur a été fait, pour la première fois, aux fêtes de 1822.

C'est à cette époque un spectacle assez singulier, que la route par eau et par terre de Paris à Saint-Cloud : on y est assourdi du bruit des mirlitons, dont les enfans de Paris vont y faire emplette.

Saint-Cloud est, depuis le retour du roi, le séjour ordinaire d'été de Sa Majesté et de la famille royale.

COLOMBES. A deux lieues nord-ouest de Paris, au-dessus de Neuilly, arrondissement de Saint-Denis. Les terres sont sablonneuses : on y trouve de la pierre coquillère. Les principaux produits du pays sont les vignes, les pois et haricots de primeur. La garenne, entre Colombes et Courbevoie, contient cent quatorze hectares. Ce village a une fabrique de colle et d'huile épurée.

Le château appelait l'attention des amateurs. On voyait un plafond peint par Vouet, et gravé par Boulanger. Il n'existe plus. Acheté par une compagnie de spéculateurs, il a été démoli.

COMPIÈGNE. Chef-lieu d'arrondissement, département de l'Oise, sur la rive gauche de cette rivière, à treize lieues de Beauvais.

On a lieu de croire que cette ville existait du temps des Gaulois et des Romains. Les rois de la première et de la seconde race se plaisaient beaucoup à Compiègne. Louis I$^{er}$., dit le Débonnaire, osa entreprendre de réformer le clergé, qui, par son ambition, son luxe et sa cupidité, était le fléau et le scandale de l'empire ; et, par une coalition également contraire à la religion et à la nature, on vit les fils de l'empereur et roi, et les chefs de l'église, lever l'étendard de la révolte. Louis, dans une première assemblée tenue entre Bâle et Strasbourg, fut déclaré incapable de régner, et son fils Lothaire fut déclaré empereur et roi. Le pape Grégoire IV approuva ce double attentat. La déchéance de Louis fut consommée dans une diète tenue au château de Compiègne. Ainsi, dans les siècles qui nous ont précédés, les droits de la nation n'ont été invoqués par les castes privilégiées que dans l'intérêt de quelques ambitions individuelles, jamais dans l'intérêt de la nation, et presque toujours contre son gré ou à son insu.

Sous Charles-le-Chauve la ville de Compiègne fut presqu'entièrement rebâtie et reçut le nom de Carlopolis ou Charleville, qu'elle n'a point conservé. Ce prince y fonda l'abbaye de Saint-Corneille et y plaça le saint Suaire, que Charlemagne avait fait déposer à Aix-la-Chapelle.

Louis II, Louis V, Hugues-le-Grand, Jean, dauphin de Viennois, ont été inhumés dans l'église Saint-Corneille. Le corps d'Henri III y fut déposé jusqu'à la mort d'Henri IV.

Outre cette abbaye, dont les moines sont de l'ordre de saint Benoît, Compiègne avait un couvent de carmélites.

Charles-le-Chauve avait fait bâtir deux châteaux; Louis IX fonda l'Hôtel-Dieu ; Louis XI, François Ier, le connétable de Montmorency, Louis XIV et Louis XV ont ajouté au nouveau château d'autres bâtimens et tous les ornemens dont il est décoré.

Le pont de Compiègne a été bâti en 1733. Le roi partageait, avec les bénédictins, le droit de rendre la justice à Compiègne. Une des portes de la ville paraît avoir été bâtie sous Henri III.

Chaque année le roi et les princes allaient chasser dans la forêt de Compiègne, qui a vingt-neuf mille six cents arpens d'étendue.

Six conciles ont été tenus à Compiègne depuis le huitième jusqu'au quatorzième siècle.

En 1415, Charles VI reprit cette ville au duc de Bourgogne, qui avait appelé les Anglais en France. Ce duc l'assiégea de nouveau en 1430 ; Jeanne d'Arc vint s'enfermer dans ses murs et en fit lever

le siége. Elle venait de combattre les ennemis, lorsque Guillaume Deflavy, gouverneur de la place, lui
en ferma la barrière ; Jeanne, ainsi trahie, abandonnée, tomba au pouvoir d'un gentilhomme Picard, qui la vendit à Jean de Luxembourg. Celui-ci
la revendit sur-le-champ aux Anglais pour la somme
de dix mille livres et cinq cents livres de pension.
Jeanne, accusée d'être *sorcière, séductrice, hérétique,
et d'avoir forfait à son honneur,* fut d'abord condam-
née à une prison perpétuelle, au pain de douleur et à
l'eau d'amertume. Un second jugement la condamna
au feu. Cet arrêt fut exécuté à Rouen sur la place
du vieux marché.

Quelques historiens ont prétendu que Jeanne
n'avait point subi cet arrêt, qu'elle s'était réfugiée
en Lorraine, où elle avait épousé Louis des Armoises. Cette assertion n'est ni vraie, ni vraisemblable.
On sait qu'après la mort de Jeanne-d'Arc, plusieurs aventurières prirent son nom et accréditèrent
cette fable. Il est possible qu'une de ces fausses
Jeanne d'Arc ait trompé la famille des Armoises.

Outre le couvent dont j'ai parlé, Compiègne avait
deux paroisses et une collégiale.

Le collége que les Jésuites avaient à Compiègne
a été, après leur expulsion de France, d'abord dirigé par des professeurs de l'université de Paris,
ensuite par des Bénédictins.

Compiègne compte plusieurs établissemens de
commerce, et deux foires, qui durent chacune
trois jours et commencent le 30 avril et le 15
octobre.

CONFLANS. A deux lieues de Paris, au confluent de la Marne et de la Seine. La position de ce village est fort agréable. L'église actuelle ne remonte qu'au seizième siècle. Il y en eut sans doute une plus ancienne. Une bulle d'Urbain II cite une église de Conflans, dont les revenus ont été donnés, en 1097, au prieuré de Saint-Martin-des-Champs. L'abbaye de Saint-Magloire y possédait aussi une pêcherie.

Il s'y forma au dix-septième siècle deux couvens, l'un de carmes-déchaussés, près de la Marne ; c'est aujourd'hui une verrerie ; l'autre de bénédictins, dont les bâtimens ont été convertis en plusieurs propriétés particulières.

L'archevêque de Paris était le plus ancien seigneur de Conflans. Le château archiépiscopal est bien situé, mais comme tous les édifices construits à diverses époques et par divers maîtres, ses parties n'ont point d'ensemble. Le plus joli château de cette contrée est celui de Bercy, qui appartient maintenant à la famille de Nicolaï, depuis que l'intendant des finances de Bercy en fit présent à son filleul.

Le pont de Charenton était jadis défendu par un fort. Au treizième siècle, nos rois avaient une maison et un jardin près de ce pont. Charles V, alors régent de France, y campa le 30 juin 1358. Ce fut près de Conflans que le duc de Bretagne, en 1418, se rendit pour négocier la paix entre le dauphin et le duc de Bourgogne. Le pont a été pris et repris sous Charles VI.

8

Henri IV s'en empara le 25 avril 1590. Les hommes de la garnison du fort qui défendait ce pont, furent pris et pendus. Henri fit construire un autre pont vis-à-vis Conflans, pour faciliter les courses que faisaient ses troupes sur Gentilly, Issy et Vaugirard.

Le Prince de Condé enleva le pont de Charenton à l'armée Parisienne en 1649.

Ce pont tient immédiatement à Conflans et en est une dépendance nécessaire.

Conflans a des entrepôts de vins ; son principal établissement de commerce est une manufacture de vinaigre et de sel de saturne.

On remarque que les grands bâtimens occupés jadis par les chapitres des communautés religieuses sont employés en fabriques.

CONFLANS-SAINTE-HONORINE. Village à cinq lieues de Paris, au confluent de la Seine et de l'Oise. Il s'appelait jadis Conflans-sur-l'Oise; on substitua à ce surnom celui de Sainte-Honorine, depuis la translation du corps de cette sainte, qui fut apporté de Graville, sous le règne de Charles-le-Simple, et placé dans une chapelle, où cette relique resta jusqu'au onzième siècle. Elle fut alors transférée dans une église plus spacieuse, que firent construire les seigneurs de Beaumont-sur-Oise. Ils y établirent des moines de l'abbaye du Bec. Le jour de l'anniversaire de la translation de Sainte-Honorine, fixé au jour de l'ascension, avait quarante-huit heures, qui commençaient le mercredi des Rogations à midi, et finissaient le vendredi à midi. Pendant ce double jour, le prieur jouissait de tous les droits seigneuriaux dans le village et tout son territoire.

Ce domaine passa dans la famille des Montmorency, dont le titulaire, en sa qualité de baron du
premier fief de l'évêché de Paris, avait le privilége
d'être le premier des gentilshommes qui portaient
sur leurs épaules l'évêque de Paris, à la cérémonie
de son intronisation.

CORBEIL, petite ville à sept lieues de Paris, à
l'endroit où la Seine reçoit la petite rivière de la
Juine. On distingue cette commune en vieux et en
nouveau Corbeil. Ces deux parties sont séparées
par la Seine; c'était un ancien comté. Cette petite
souveraineté ne commença vraisemblablement qu'au
dixième siècle, et finit en 1120, époque où Louis-
le-Gros l'acheta. Corbeil avait été gouverné par sept
comtes. On y comptait quatre paroisses et une collégiale, sous l'invocation de Saint-Exupère, dont on
fait *Saint-Spire*.

On fait dériver Corbeil de Corbulon, gouverneur
des Gaules. Cette étymologie n'est basée que sur
une conjecture.

Le fameux Burchard, chef de la famille de Montmorency, était seigneur de Corbeil. « Sa fierté,
» disent les auteurs du *Recueil des Historiens de*
» *France*, tom. 12, sa présomption extravagante, ne
» lui permettaient pas de rester en repos ; il fut le
» chef des scélérats qui troublaient le royaume ;
» il aspira même à la couronne de France. Un jour
» qu'il se disposait à faire la guerre au roi, dans
» l'intention de le détrôner, il refusa de recevoir
» son épée des mains de ses chevaliers, et d'un ton

8.

» solennel adressant la parole à son épouse, il dit :
» Donnez avec joie, noble comtesse, cette magni-
» fique épée au noble comte, qui la recevra en ce
» moment comme comte, et qui, avant la fin du
» jour, vous la rendra comme roi.

» Grâces à Dieu, ce seigneur eut un sort tout
» contraire à ses espérances ; dans le même jour
» il fut tué d'un coup de lance par Étienne,
» comte de Blois, qui combattait pour le roi, et
» qui, par ce coup, rétablit la paix dans le royaume,
» et envoya le comte de Corbeil soutenir en enfer
» une guerre interminable. »

Burchard eut pour successeur son fils ; c'était,
dit l'abbé Suger, un homme étranger à l'espèce
humaine, dépourvu de toute raison ; il ressemblait
aux bêtes brutes.

L'église de St.-Spire a été fondée par Aymond I<sup>er</sup>.,
comte de Corbeil, sous Charles-le-Gros.

L'église de Saint-Guénaut, fondée par le même
seigneur, renferme aujourd'hui la prison de la ville
et sa bibliothèque.

Ingelburge, fille de Valdemar, roi de Dane-
marck, seconde épouse de Philippe Auguste, avait
été répudiée par ce prince, qui se remaria avec
Agnès de Méranie. Innocent III intercéda pour Ingelburge, que Philippe Auguste reprit. Agnès en
mourut de chagrin. Ingelburge, après la mort du
roi, s'était retiré à Corbeil, et y fit bâtir l'église et
la maison de Saint-Jean-en-l'Isle. Elle y fut inhumée. Ce tombeau a été depuis la révolution transféré au Musée des Monumens Français. L'église de

Saint-Léonard est au bas du vieux Corbeil, qui communique au nouveau par un pont.

, On comptait des chapelles et d'autres églises à Corbeil. La nécessité de défendre cette ville en rendit la destruction de l'Église Saint-Nicolas nécessaire. Cette ville et ses environs ont été le théâtre de plusieurs combats. Le plus mémorable est celui de 1562, entre les calvinistes et les catholiques. Les Espagnols, alliés des ligueurs, y furent battus par Henri IV en 1591.

L'Hôtel-Dieu de Corbeil était fort ancien ; on en attribuait la fondation à la reine Adèle de Champagne, veuve de Louis VII, qui ne fit en effet que le restaurer. Ce bâtiment n'existe plus, et l'hospice a été transféré dans l'ancien couvent des Ursulines.

Abeilard, forcé de s'éloigner de Paris, était venu établir son école à Corbeil ; un grand nombre de disciples l'y suivirent.

Corbeil a été le berceau de Giles, médecin de Philippe Auguste et du savant helléniste Danse de Villoison, membre de l'ancienne Académie des Inscriptions, etc., et de l'Institut, professeur de grec moderne à l'école des langues orientales, et décédé en 1803, âgé de 55 ans.

Laharpe, obligé de se cacher après le 18 fructidor et le 13 vendémiaire, se réfugia chez les demoiselles Bessart à Corbeil. Il y vint pour la dernière fois le 28 février 1802.

Nous devons au crayon et au pinceau de M. Aug. Villeret une fort jolie vue de Corbeil.

COULOMMIERS. Ville à treize lieues est de Paris, sur le Grand-Morin, qui prend sa source à l'ouest de Cézane et se jette dans la Marne à deux lieues au-dessous de Meaux. La situation de cette ville est fort agréable ; son territoire est fertile, surtout en blé. Il y avait autrefois deux couvens, l'un de chanoinesses de Saint-Augustin, l'autre de capucins, une maison de chanoines réguliers, etc. Coulommiers a été érigé en duché-pairie dans le dix-septième siècle : sa paroisse est sous l'invocation de Saint-Denis. La commanderie de Malte a été transférée de cette ville à la Maison-Neuve, qui en est peu éloignée. On remarque dans ses environs plusieurs anciens châteaux et quelques maisons de plaisance modernes.

En 1814, le territoire de Coulommiers a été traversé plusieurs fois par les armées. Le général Vincent, après l'échec de Chailly, y avait réuni mille hommes de toutes armes, et ce renfort mit le général Campan en état de rétablir l'ordre dans sa division, et d'aller prendre position sur les hauteurs de Montanglaust, au-delà de Coulommiers, où il passa la nuit après avoir fait rompre tous les ponts du Grand-Morin.

COURBEVOIE. Village à deux lieues sud-ouest de Saint-Denis, assis sur les collines qui bordent la rive gauche de la Seine : on y arrive par un chemin tortueux (*curva via*), dont ce village a pris son nom. On y remarque une très-belle caserne bâtie sous Louis XV. Les environs ont de fort belles maisons bâties en pierre ; les plus considérables sont celle de M. de Fontanes, dont le jardin, très-vaste, s'étend jusqu'au bord de la Seine, et celle de madame la duchesse d'Aumont.

La caserne de Courbevoie a été occupée par la garde de Napoléon; elle sert aujourd'hui au même usage pour la Garde royale.

COURRANCE. Village de Seine-et-Oise, renommé par la pureté des eaux de l'*École*, petite rivière qui fournit beaucoup de truites; c'est un des lieux les plus remarquables de la topographie gourmande des environs de la capitale.

CRAONE, près de Soissons et de Laon, a donné son nom à la bataille gagnée par les Français sur les Russes, en 1814. « Le 5 mars, notre
» avant-garde, commandée par le général Nansouty,
» franchit l'Aisne près de Berri-au-Bac, mit en dé-
» route une division de cavalerie, lui prit des ca-
» nons et deux cents hommes, au nombre desquels
» était le prince Gangarie, l'un des généraux
» russes. Le lendemain l'empereur conduisit son
» armée vers les positions ennemies. Il ordonna au
» maréchal Ney de marcher sur la ferme d'Eurte-
» bise, et à deux bataillons de la Garde d'attaquer
» par la droite les hauteurs de Craone. Les alliés,
» après une opiniâtre résistance, se replièrent sur
» une éminence qui n'était accessible que par le
» défilé de Vauclers. Parti à la pointe du jour, le
» maréchal Ney n'attendit pas les troupes qui de-
» vaient seconder son attaque, et se porta en avant,
» tandis que le général Nansouty manœuvrait pour
» déborder la droite de l'ennemi; il fut forcé de

» rétrograder; mais, appuyé par le maréchal Victor,
» qui s'était rendu maître de l'abbaye de Vauclers,
» il passa sous le feu de soixante pièces de canon.
» Le général Drouot avec plusieurs batteries suivit
» ce mouvement. Ce terrible feu d'artillerie dura,
» de part et d'autre, plus d'une heure. Les géné-
» raux Grouchy et La Ferrière furent blessés en dé-
» bouchant à la tête de leur cavalerie. Affaiblis par
» la mitraille et la mousqueterie, les rangs du ma-
» réchal Ney allaient être enfoncés, lorsque le ma-
» réchal Mortier et le général Charpentier, qui
» venaient de remplacer le maréchal Victor griève-
» ment blessé, s'approchèrent et culbutèrent les
» masses de Woronzow, que chargeait avec son
» intrépidité ordinaire la cavalerie du général Col-
» bert. Les autres colonnes françaises, qui avaient
» été repoussées, reprirent l'offensive. Les lanciers,
» les dragons de la Garde et la grosse cavalerie du
» général Nansouty se précipitèrent sur les Russes :
» la victoire ne fut plus douteuse. Les Russes,
» battus sur tous les points, pressèrent leur re-
» traite. La journée de Craone fut d'autant plus
» honorable pour nos armes, que nous avions eu
» à combattre un ennemi quatre fois plus nom-
» breux et protégé par des positions qu'il avait lui-
» même choisies.

» Les généraux russes Lanskoï et Oreschakow
» moururent sur le champ de bataille. » *Voy.* mon
*Histoire de Napoléon et la Grande-Armée,* édition
de 1822.

CRETEIL. A deux lieues et demie de Paris, sur

la rive gauche de la Marne. La partie des côtes est plantée en vignes ; le reste est en bois et en pacages. Ce village est traversé par la route de Troyes : la plus belle de ses maisons est celle que possédait le maréchal Serrurier, et qu'habite sa veuve. La maison qu'habita Charles VI pendant sa démence n'existe plus. On sait que, sous prétexte qu'il la battait dans ses accès de folie, Isabeau de Bavière se faisait remplacer par *Adèle de Champdivers*, fille d'un marchand de chevaux, et qu'on appelait la petite reine. Isabeau se consolait, de son côté, avec le duc d'Orléans, son beau-frère, le beau Bourdon, etc. La petite reine ne fut point battue, et obtint pour prix de sa complaisance le manoir de Creteil et la terre de Belleville.

L'église de Creteil date du commencement du douzième siècle. On prétend que Creteil avait été donné au chapitre Notre-Dame de Paris par *Ercombaldus*, préfet dans les Gaules en 666.

MM. Grammagnac et Hannequaud possèdent à Creteil de très-belles filatures de coton.

CROISY ou CROISSY. A trois lieues de Paris, sur la rive droite de la Seine, près de la Malmaison. On lui donna aussi le nom de Saint-Léonard sous Philippe-le-Hardi : c'était alors un lieu de pélerinage très-fréquenté. L'église est la même que celle qui fut construite pour les chanoines de Noblat.

Pour distinguer ce village des autres communes de ce nom, il a pris celui de Croissy-sur-Seine.

CROIX-FONTAINE. A neuf lieues de Paris, entre Corbeil et Melun, sur le bord de la Seine. Ce village doit son nom à une fontaine très-abondante qui coule au pied d'une croix.

Madame Dubarry se promenant avec Louis XV dans les jardins du château de Croix-Fontaine, qui appartenait alors au financier Bourrette, se plaignit de voir toujours l'Amour représenté avec des aîles. Le galant propriétaire fit à l'instant enlever celles du fils de Vénus, et en fit hommage à la favorite. Ces aîles ont été long-temps déposées dans un appartement de Choisy, et reçurent depuis une destination bien différente de leur origine : elles servent de bénitiers à l'église de Choisy.

CROSNE. Village à quatre lieues et demie de Paris, près de Villeneuve-Saint-George, dans un vallon. La culture en est très-variée ; la rivière d'Hières entoure le parc. De jolis jardins, de charmantes maisons embellissent ce paysage.

Boileau naquit le 1er. novembre 1636, dans ce village, où son père, Giles Boileau, greffier de la grand'chambre du parlement, avait une maison en face de l'église, et qui appartient aujourd'hui à M. Baudier.

Le château de Crosne n'existe plus.

CYR (Saint). A une petite lieue de Versailles. La communauté, moins connue sous le titre de *Monastère de Saint-Louis*, établie par madame de Maintenon dans ce village, en a pris le nom. Ce pensionnat privilégié commença d'abord à Ruel, puis à Noisy et enfin à Saint-Cyr, toujours sous la direction de madame de Brinon, ursuline. Le nombre des pensionnaires à la charge du trésor fut porté à

deux cent cinquante. Les élèves devaient faire
preuve de quatre degrés de noblesse du côté pater-
nel. Louis XIV en porta les revenus de cent cinquante à plus de deux cent mille livres. Les élèves
étaient reçues depuis l'âge de sept ans jusqu'à douze,
et ne pouvaient y rester au-delà de vingt. On leur
donnait en sortant mille écus et un trousseau. Le
nombre des dames et sœurs converses attachées à
l'instruction ou au service, fut porté à quatre-
vingts.

Le monastère de Saint-Cyr fut exécuté sur les
plans et sous la direction de J. H. Mansard. Les
travaux commencèrent le 1er. mai 1685, et furent achevés l'année suivante. Le roi, pour les ac-
célerer, y attacha des troupes, et le nombre des
travailleurs était de deux mille cinq cents. Les
peintres, les sculpteurs, tous les artistes les plus distingués furent chargés des décorations de cet édifice.

Ce fut pour les pensionnaires de cette maison
que Racine composa *Esther* et *Athalie.* La première
de ces tragédies fut représentée en 1689; la seconde
en 1691.

L'édifice principal se compose de trois grands
corps de logis.

Le couvent fut supprimé en 1793, et érigé en
succursale du prytanée français. Il fut aussi hôpital
militaire et caserne.

L'empereur Napoléon ordonna que l'école-mili-
taire, qu'il avait fondée en 1802 à Fontainebleau,
fût transférée à Saint-Cyr. Elle était destinée spécialement à former des officiers de cavalerie.

Une ordonnance du roi, du 26 juillet 1814, en réduisant les écoles militaires à une seule, établit cette école unique à Saint-Cyr, sur les mêmes bases que celle fondée par Louis XV en 1751; mais les élèves n'y sont que provisoirement, cet établissement doit être transféré au Champ-de-Mars.

# D.

**DAMMARTIN**, *Dominium Martini*. Bourg à sept lieues nord-est de Paris, et à trois lieues de Meaux, sur la route de Soissons.

Il est situé sur une éminence; l'air y est très-salubre, et on y découvre un vaste horizon.

L'ancien château des comtes de Dammartin était bâti en briques. Il n'en reste plus que de grands débris, dont l'aspect est pittoresque. Sauval assure qu'on tenta de le faire sauter par explosion; mais la masse était tellement compacte, que l'effet de la poudre ne produisit que de longues fentes verticales, qu'on remarque encore à l'extérieur des tours. De-là le proverbe : *C'est le château de Dammartin, il crève de rire.*

Louis XV coucha dans ce château, en allant se faire sacrer à Rheims, en 1722.

**DAMPIERRE**, *Donna Petra*, ou *Damni Petra*. A sept lieues de Paris, au fond d'un vallon que dominent plusieurs collines. Son territoire est fertile en blé et en fourrages.

Le château, bâti pour Charles de Lorraine, cardinal et archevêque de Rheims, a été augmenté et embelli sous la direction de J. H. Mansard, pour le duc de Luynes. Le nom de Dampierre nous rappelle un des plus habiles et des plus vaillans généraux de la France républicaine. Dampierre, né à Paris le 19 août 1756, avait été élevé au château de Dampierre. Il entra à quinze ans dans les gardes-françaises. Il vécut, il mourut pour la cause de la liberté. Le premier, il se prononça contre la trahison de Dumouriez. Il prit, par ordre des représentans du peuple, le commandement de l'armée, que ce traître avait lâchement abandonnée. La vie de Dampierre remplit les plus belles pages de notre histoire militaire. Il courait à l'avant-garde par le chemin de l'abbaye du Bois-de-Vicoigne, lorsqu'il eut une cuisse emportée par un boulet. Il expira dix heures après l'amputation. L'armée entière se porta spontanément auprès des restes de son général. L'ennemi sembla respecter le deuil des Français : les Autrichiens s'arrêtèrent pendant la funèbre cérémonie. La mort de Dampierre fut le triste prélude de la bataille de Famars, 23 mai 1793.

DENIS (Saint-). Petite ville à deux lieues de Paris. Elle doit son nom et son origine à l'abbaye qui y fut fondée. C'était, avant l'entrée des Francs dans les Gaules, *Catolacun* ou *Catuliacum*. Le corps de saint Denis et ceux de ses compagnons y furent réunis dans un tombeau érigé par une pieuse dame appelée Catule.

L'église de l'abbaye n'a pas été fondée, mais enrichie par Dagobert.

L'édifice passe pour un des plus beaux monu-mens gothiques de la France. Pepin, père de Char-lemagne, et l'abbé Suger ont fait de nouvelles constructions.

Saint-Denis a soutenu plusieurs siéges. Les rois y ont été inhumés depuis Dagobert. Napoléon établit dans les bâtimens de l'abbaye, qu'il fit res-taurer, une annexe de la Maison de Saint-Ouen, pour trois cents jeunes demoiselles, filles de mem-bres de la Légion-d'Honneur.

Un décret impérial de 1806 affecta l'abbaye de Saint-Denis à la sépulture de la famille impériale. Un chapitre de dix chanoines choisis parmi les évê-ques au-dessus de soixante ans y fut fondé ; le grand-aumônier en fut le chef. Tout l'édifice fut restauré sur les dessins et sous la direction de l'ar-chitecte Legrand, et continués par M. Celerier.

Le maître-autel fut orné d'une grande croix et de six chandeliers en vermeil, exécutés par M. Au-guste.

Le devant est orné d'un très-beau bas-relief en argent doré, représentant l'adoration des mages : c'est un ancien ouvrage de Sarrasin, artiste dis-tingué du siècle de Louis XIV.

Deux autels expiatoires, destinés, l'un à la race mérovingienne, l'autre à la race carlovingienne, et décorés d'abeilles, ont été élevés à la droite de la nef. Un troisième autel a été élevé pour la troisième race.

Le caveau où reposaient les corps des anciens rois a été entièrement rétabli ; il est fermé par une porte de bronze ornée de dorures : il était destiné à la dynastie de Napoléon.

Tels sont les principaux changemens et embellissemens opérés sous le gouvernement impérial.

Depuis le retour des Bourbons, les corps de Louis XVI et de Marie-Antoinette, exhumés du cimetière de la Madeleine, y ont été transférés. Le duc de Berry y est enterré.

Saint-Denis est maintenant une ville manufacturière. On y remarque une fonderie de bronze, des blanchisseries, des tanneries, des manufactures de toile peinte, de sacs sans couture et de toile de coton, de MM. Coiffier et Compagnie.

Une maison de détention, un hôpital militaire sont les principaux établissemens publics. Il se tient chaque année, au mois d'octobre, le jour de la fête patronale, une foire considérable, qui est très-fréquentée. La plaine de Saint-Denis a été le principal théâtre de la bataille du 30 mars 1814.

DENIS (ILE SAINT-). Près de la ville de ce nom. De jolies maisons, des points de vue charmans et les excellentes matelottes qu'on y prépare tout aussi bien qu'à la Râpée et au Gros Caillou, ont fait de l'île Saint-Denis le rendez-vous de ceux qui aiment les plaisirs champêtres et la bonne chère.

Burchard, dit le Barbu, tige de la maison de Montmorency, possédait un fort dans cette île, qu'on appelait alors île de la Seine. Il faisait de fréquentes incursions sur le vaste territoire de l'abbaye de Saint-Denis. Vivien, abbé de ce monastère, s'en plaignit au roi Robert; Burchard reçut l'ordre de cesser ses brigandages; il n'obéit pas : le roi fit abattre le fort de l'île.

Burchard, furieux, se vengea sur les domaines et les serfs de l'abbaye. Trop faible pour le punir, le roi proposa un arrangement. Burchard fut autorisé à construire un château fortifié dans un lieu appelé Montmorency, près la fontaine de Saint-Valery ; il s'obligea de faire hommage à l'abbé de Saint-Denis du fief qu'il possédait dans l'île. Ses chevaliers devaient se rendre chaque année, les jours de Pâques et de la fête de Saint-Denis, dans l'abbaye, et d'y rester en otage jusqu'à ce que les objets enlevés par Burchard aient été restitués, et les dégâts causés par lui sur les biens de l'abbaye réparés : ce singulier traité est de l'an 1008. C'est depuis cette époque que les descendans de Burchard le Barbu ont pris le nom de Montmorency, et pour devise : « Dieu aide au premier baron chrétien. »

DOURDAN. Petite ville sur les bords de la rivière d'Orge, à onze lieues sud sud-ouest de Paris (Seine-et-Oise), arrondissement de Rambouillet. Son origine est fort ancienne. Elle faisait partie du domaine de la couronne.

Elle sortit de ce domaine par la donation qu'en fit Philippe-le-Bel à son frère le comte d'Evreux. Elle passa au duc d'Anjou en 1381, à Philippe-le-Hardi, duc de Bourgogne, en 1404. Dourdan changea souvent de maître depuis cette époque. Cette ville était rentrée dans le domaine du roi, lorsque Louis XII la vendit quatre-vingt mille francs à l'amiral de France, Louis Mallet, seigneur de Graville, pour fournir aux frais de la guerre d'Italie, que Louis avait entrepris comme héritier de Valentine de Milan. Il ne voulut pas charger le peuple des frais d'une guerre entreprise pour son intérêt particulier.

L'amiral rendit au roi les biens qu'il lui avait achetés; Dourdan revint à la couronne : Henri II l'engagea au duc de Guise. Dourdan fut pillé par les Huguenots en 1502 et 1507.

Louis XIII reprit Dourdan de la famille de Guise, en leur remboursant la somme pour laquelle cette ville avait été engagée. C'était, à l'époque de la révolution, une dépendance des domaines de la maison d'Orléans.

Elle renfermait, dans une enceinte très-bornée, deux paroisses, une communauté de religieuses, deux prieurés d'hommes : la seule paroisse de Saint-Germain a été conservée; la communauté de religieuses a été rétablie en 1808. Le château, bâti au quinzième siècle et composé d'une grosse tour et de huit autres de moindre dimension, réunies l'une à l'autre par une courtine flanquée de bastions et entourée de fossés larges et profonds, a été converti en maison de force. On distingue parmi les habitations rurales des environs de Dourdan le château de Semond, la tuilerie de Potelet et une belle maison à Grillon, sur la rivière d'Orges. Le commerce de Dourdan est assez animé : il consiste principalement en lainages et draperies.

On trouve beaucoup de villages et de bourgs, dans

le rayon de trente lieues de Paris, qui portent tous le même nom.

DESERT (le). A cinq lieues de Paris, près de Versailles. Ce château, qui appartenait à M. de Monville, était très-fréquenté en 1781; la reine Marie-Antoinette y allait souvent et paraissait s'y plaire beaucoup. Le Désert était devenu la promenade à la mode.

Il y avait une ancienne abbaye de ce nom, près de Louviers, à vingt lieues de Paris.

DEUIL ou DUEIL, à trois lieues de Paris, à un quart de lieue de Montmorency et de Groslay. Le vignoble de ce village était jadis plus considérable. Il appartenait presque tout entier aux moines de Saint-Denis, et suffisait à peine à la consommation de ce monastère.

On a depuis appelé Deuil, Ormesson. Dans le huitième et le neuvième siècle, on y faisait de fréquens pélerinages, au tombeau de saint Eugène, l'un des compagnons de saint Denis, et qui avait souffert le martyre dans cet endroit.

En 1060, Hervé de Montmorency, qui en était seigneur, en avait fait don aux moines de l'abbaye de Saint-Florent en Anjou.

DOMONT. A cinq lieues de Paris, sur le revers de la montagne de Montmorency. Ce village existait déjà au commencement du douzième siècle. Radulphe et Lisvia, sa femme, donnèrent cette seigneurie au prieuré de Saint-Martin-des-Champs, en 1108. On y trouvait jadis beaucoup de vignes, qu'on a heureusement remplacées par des vergers, dont les fruits sont assez estimés. Depuis long-temps les femmes et les filles y font de la dentelle.

DRANCY. A trois lieues de Paris au-delà de Pantin. La culture consiste en labourages et en prairies. On appelle petit Drancy la partie qui est située au midi. On ajoutait jadis à son nom *les nouës*. Ce qui indiquerait d'anciens marécages ou jonchères. L'origine de ce village remonte au neuvième siècle.

DRAVERN, et plus communément Draves, Dravé ou Draveil, village à cinq lieues de Paris, sur la rive droite de la Seine et près de la forêt de Senart. Le hameau le plus considérable de ce village est *Champ-Rosay*.

Le financier Marin Delahaye, qualifié, dans son acte de décès, de seigneur de Draveil, y avait construit le magnifique château qui existe encore. Les jardins sont spacieux et agréablement variés ; on y remarque surtout une belle terrasse, longue de trois cent cinquante toises, qui domine une vaste prairie.

DREUX. Sur la rivière de la Blaise, à dix-sept lieues de Paris, arrosée par trois rivières, l'Eure, l'Aure et la Segre. C'est une des plus anciennes villes des Gaules. On a prétendu qu'elle fut fondée par Druis, instituteur des Druides ; mais il est plus vraisemblable qu'elle reçut le nom de Dreux, comme capitale des *Durocasses*, dont parle l'itinéraire d'Antonin.

A l'époque où les princes donnaient des villes qui ne leur avaient rien coûté, Richard II, duc de

Normandie, donna une partie de Dreux à sa sœur Mathilde, femme de Eudes II, et cette donation fit naître une guerre sanglante. Les maisons d'Albret et de Nevers se disputèrent ensuite la possession de cette seigneurie. Le procureur-général du parlement de Paris termina le procès en revendiquant cette ville comme faisant partie du domaine de la couronne.

François, duc d'Alençon, l'eut en apanage en 1584, et la fit ériger en duché-pairie. Elle a successivement appartenu à Charles de Bourbon, comte de Soissons, à Marie d'Orléans, duchesse de Nemours, au duc de Vendôme, qui l'a donnée à la princesse de Condé, sa femme.

On conservait dans les titres du chapitre, une bible manuscrite, que l'on croit être du huitième siècle ; la forme des lettres ressemble beaucoup à celles de la typographie ; suivant un ancien usage, les marguilliers et le peuple portaient des flambeaux, faisant le tour des halles pendant la nuit de Noël. La plus grosse cloche de la ville sonnait pendant cette singulière cérémonie.

Dreux a donné son nom à la fameuse bataille livrée non loin de ses murs en 1562. Les triumvirs commandaient l'armée catholique. Les Huguenots eurent d'abord l'avantage, et d'Ossun, gentilhomme de Bigorre, qui s'était enfui au commencement de l'action, était venu annoncer à Paris que l'armée catholique avait été détruite. « Hé bien, avait dit Catherine de Médicis, nous entendrons la messe en français. » Mais on apprit bientôt que le prince de Condé avait été fait prisonnier. D'Ossun, désespéré, se laissa périr de faim. Le maréchal de Saint-André, l'un des triumvirs, fut tué par un officier qu'il avait maltraité. Le prince de Condé prisonnier, coucha avec le duc de Guise son vainqueur et son mortel ennemi, et dormit avec une entière sécurité.

Dreux capitula sous Henri IV en 1593. L'Espagne désespérant de faire triompher la ligue, proposa pour roi ce même duc de Guise, que les femmes appelaient le *petit garçon*.

Dreux est la patrie du poète Rotrou et du musicien Philidor. Cette ville a des fabriques de draperies communes pour les troupes, de bonneteries, de toileries, de tannerie.

DUGNY. Sur le bord de la rivière de Crould, à trois lieues de Paris, près le Bourget. L'origine de ce village n'est pas bien connue.

On y remarquait, dans le quatrième siècle, une maison considérable appelée l'Hôtel de la Pointe. Henri, roi d'Angleterre, l'enleva à Jacques Luilier qui était resté fidèle à la cause de sa patrie, et la donna à un de ses courtisans, qui s'était vendu à l'étranger.

C'est dans ce village qu'est établie la manufacture royale de cire, de M. Bucaille.

# E.

EAUBONNE. A trois lieues de Paris, dans la plaine de Montmorency. On ne peut attribuer, ni à la quantité, ni à la qualité de ses eaux, l'origine de son nom.

Le pays est assez sec et les eaux qu'on y trouve ne sont pas même aussi bonnes qu'ailleurs. On n'y remarque point de sources, mais des torrens qui s'écoulent des montagnes après les temps d'orage.

La culture y est très-variée, et l'aspect du pays assez agréable et salubre.

ÉCOUEN. Bourg à quatre lieues nord de Paris. L'église, sous l'invocation de saint Acceul ou Axel, fut donné, et avec sa dîme, au prieuré de Saint-Martin, par Burchard de Montmorency. Ce village appartenait à cette famille dès le onzième siècle. Le château, situé sur une éminence près de la route de Chantilly, fut bâti sur les dessins de Bulant, pour Anne de Montmorency, connétable sous François Ier.

Cet édifice forme un carré composé de quatre corps de bâtimens. Il est entouré de fossés. Au milieu règne une vaste cour, pavée en compartimens.

Le fameux édit de juin 1559, qui prononça la peine de mort contre les luthériens, fut donné à Écouen. Les objets d'arts qui ornaient jadis ce château ont été transférés au Musée des Monumens Français. Une assemblée de convulsionnaires eut lieu à Écouen, dans la maison de Marie Durier, qui fut arrêtée en 1743 et renfermée à la Bastille.

Napoléon y avait fondé, sous la direction de madame Campan, ancienne femme-de-chambre de la reine Marie-Antoinette, une maison pour l'éducation de trois cents demoiselles.

Louis XVIII s'y arrêta avant de faire son entrée à Paris, en 1814. Il a fait faire depuis de grands embellissemens au château, qu'habite madame de Caila.

M. Ternaux y possède une fort belle maison ; il y a établi des silos pour la conservation des grains. Ce nouveau procédé, très-avantageux à l'agriculture, a obtenu le plus heureux succès ; déjà plusieurs expériences répétées chaque année, en ont justifié l'utilité.

MM. Coulon père et fils exploitent à Écouen une belle filature de coton.

ÉCOUIS. Bourg assez considérable à vingt-quatre lieues de Paris. Enguerrand de Marigny, chambellan du roi Philippe et son principal ministre, pendu en 1315, fut inhumé dans l'église d'Écouis. Sa femme, accusée de sortilége, fut emprisonnée après la mort de son mari.

ÉMÉRAINVILLE. A quatre lieues de Paris, entre la Queue et Torcy. Ses environs sont couverts de bois et de bocages. J. A. de Thou, le premier de nos historiens, et mieux apprécié par l'étranger que dans sa patrie, était seigneur de ce village.

ENGHIEN-MONTMORENCY. A quatre lieues de Pontoise. On y remarque la maison qu'habitèrent J.-J. Rousseau et Grétry ; la ville de Liège, où Grétry était né, avait réclamé le cœur de ce savant et agréable compositeur. La contestation a été jugée en faveur de sa patrie adoptive. Les cendres de Grétry reposeront en France.

MM. Detrobiand et compagnie ont formé dans ce village un établissement de bains d'eaux sulfureuses, que l'on dit aussi salutaires que celles de

Barèges. Cet utile et brillant établissement est très-fréquenté.

ÉPERNON. On écrivait jadis Espernon. A deux lieues de Chartres. Son premier nom était Aufriste. Le bourg est fermé de murailles. On lisait autrefois au-dessus de ses portes :

Aufriste fut jadis mon nom ,
A présent on me nomme Espierrenon.

Le château, qui existe encore, avait été originairement bâti pour Hugues Capet. Les Anglais s'en rendirent maîtres sous Charles VI, et s'y défendirent long-temps : forcés de l'abandonner, ils essayèrent de le détruire.

ÉPINAY. Plusieurs bourgs des environs de Paris portent ce nom.

ÉPINAY-SOUS-SÉNART. A cinq lieues de Paris, dans un vallon, sur la rive gauche de la rivière d'Hyères, qui semble partager la culture du pays : d'un côté, on ne voit que des vignes, et de l'autre que des labourages.

ÉPINAY-SOUS-ORGES. A quatre lieues et demie de Paris, sur la rive gauche de la rivière d'Orges et à la droite de l'Ivette. Ces deux petites rivières arrosent de jolis vallons; le paysage est charmant.

EPINAY-LEZ-SAINT-DENIS. Sur la rive droite de la Seine, à trois lieues de Paris, route de Rouen. Les rois de la première race y avaient une maison de plaisance. L'église a été rebâtie par un prince de Condé. La dédicace eut lieu le 21 avril 1743.

Dagobert, vainqueur de ses ennemis, s'était

rendu à ce château, accompagné de Sigebert et Clovis ses deux fils. Là, entouré de sa cour, assis sur un trône d'or, et dans tout l'appareil de la royauté, il harangua l'assemblée, et finit par faire son testament. Il conjura ses enfans de l'approuver et *ordonna* aux évêques de prier pour lui. Il y tomba malade ; quatre ans après il se fit transporter à saint Denis, qu'il avait fait restaurer six ans auparavant, et il y mourut.

Ce prince, cruel et débauché, avait répudié sa première femme et en avait épousé trois autres en même temps ; il leur associait plusieurs concubines. Vainqueur des Saxons, il porta la férocité jusqu'à faire couper la tête à tous ceux qui excédaient la longueur de son épée. Sa vie n'offre que scandale et cruauté : il outragea sans pudeur l'humanité, les mœurs et la religion ; mais il avait enrichi les moines, et il fut, par eux, placé au rang des saints. En parlant des rois que les moines ont sanctifiés par reconnaissance ou plutôt dans l'espoir d'obtenir de nouvelles richesses dans leur succession, un historien a dit de ces princes, qu'ils *ne valaient rien tous tant qu'ils étaient.* Cet historien est l'abbé de Longuerue.

ERMENONVILLE. A trois lieues sud-est de Senlis, à dix lieues de Paris, sur la route de Louvres et de Dammartin.

Ce n'était jadis qu'un marais, que le bon goût de M. Girardin et le talent de M. Morel ont transformé en un charmant paysage.

Le château, placé au milieu du parc, était la

retraite de Gabrielle d'Estrées, et Henri IV venait souvent l'y visiter. Une campagne agreste, des eaux stagnantes environnaient ce séjour solitaire. Des irrigations bien distribuées ont donné à ces eaux une nouvelle et utile direction. Des cascades naturelles, des canaux animent et rafraîchissent des jardins délicieux, de beaux massifs d'arbres, de vastes prairies. Des ouvrages d'architecture bien ordonnés coupent agréablement cette brillante végétation. On lit à l'entrée du parc :

> Ici l'aimable nature,
> Dans sa douce simplicité,
> Est la touchante peinture
> D'une tranquille liberté.

Un paysage à gauche rappelle les plus belles conceptions de Virgile, Gessner, Tompson et notre Saint-Lambert. Une pyramide, placée à côté de l'autel dédié à la douce rêverie, rappelle leurs noms immortels.

Un pont de bois conduit à l'ermitage; l'intérieur, tapissé de nattes de jonc, est éclairé par une fenêtre gothique. A l'entrée de la plaine, une salle de saule vraiment champêtre réunit au jour de fête la jeunesse du village.

Près de là est une grotte sépulcrale, dont l'inscription et les funèbres décorations intérieures attestent les malheurs de nos guerres civiles.

Le temple de la philosophie moderne, élevé sur un coteau, domine toute la plaine. Le bâtiment n'est point achevé; le préjugé a suspendu les travaux : on lit sur chacune des six colonnes de face les noms des architectes qui ont commencé sa construction :

J.-J. Rousseau. . . *Naturam.*

Montesquieu. . . . *Justitiam.*

W. Penn. . . . . . *Humanitatem.*

Voltaire. . . . . . . *Ridiculum.*

Descartes. . . . . *Nil in rebus inane.*

Newton. . . . . . . *Lucem.*

On lit au-dessous de la porte d'entrée de ce temple dédié à Montaigne : *Rerum cognoscere causas.* Le socle de la colonne brisée porte cette double inscription : *Quis hoc perfeciet ? — Falsum stare non potest.*

Placé sur l'éminence, on découvre un vaste panorama champêtre, un groupe de petites îles, dont la plus remarquable est celle des Peupliers. Là, fut inhumé *l'homme de la nature et de la vérité,* et qui, par ses actions et ses écrits, justifia si bien sa courageuse devise : *Vitam impendere vero.* J. J. Rousseau vint habiter chez son ami Girardin le 20 mai 1778 ; il y mourut le 2 juillet suivant d'une apoplexie séreuse.

Dans la partie du parc appelé *le Désert* s'élève la cabane habitée par Rousseau. On y lit cette inscription : « Celui-là est véritablement libre qui n'a » pas besoin de mettre les bras d'un autre au bout » des siens pour faire sa volonté. »

Près de là est le modeste monument de Maillard, peintre genevois.

L'Arcadie justifie son nom, et rappelle cette contrée romantique de l'ancien Péloponèse. On y voit encore la grotte où l'empereur Léopold II vint s'abriter contre un orage, en visitant Ermenonville.

La plaine au nord du château, les plantations qui l'environnent, le tombeau de Laure, la tour de Gabrielle, offrent de nouveaux tableaux.

ERMITAGE (l'). Vallée de Montmorency. *Voyez* MONTMORENCY.

ERMITAGE (l'). Ce n'est qu'un hameau près du bourg de la Queue et de la Chaussée d'Ozoir.

ESSONNE. Sur les bords de la rivière du même nom, à une demi-lieue de Corbeil. La rivière d'Essonne prend ce nom après la jonction de deux autres petites rivières, l'*OEuf* et la *Remarde*.

Ce village était déjà cité en 480. Nos premiers rois y faisaient battre monnaie. La légende des pièces était : *Exsona fisci*.

L'église date du treizième siècle. Lothaire III avait donné ce village à l'Abbaye de Saint-Denis. Cette donation fut confirmée par Pepin. Le tonnerre tomba sur cette église en 1417.

La poudrière d'Essonne qui fournit la poudre pour les essais des armes de la fabrique de Versailles, fut détruite en 1814, à l'approche des Prussiens ; elle a été rétablie depuis. Elle fit une seconde explosion le 16 octobre 1820.

On trouve à Essonne plusieurs manufactures ; la plus considérable est celle de feu Auberkamp, propriétaire de celle de Jouy.

Le bon abbé Bernardin de Saint-Pierre habita pendant quinze ans ce village. Sa modeste maison,

placée sur le bord de la rivière , appartient maintenant à M. *Prélot*.

La fabrique de toiles peintes de feu Auberkamp
est exploitée par ses héritiers. MM. Roulet père et
fils y ont une manufacture d'armes.

La rivière d'Essonne est très-poissonneuse : ses
eaux, d'une extrême limpidité, favorisent l'exploitation des manufactures.

ÉTAMPES ou ESTAMPES. Sur la petite rivière
de *Juisne*, à seize lieues de Paris , sur la route
d'Orléans. Nous ne répéterons pas le conte qui
attribue la fondation d'Étampes à quelque réfugié
d'Ilion, ni l'étymologie, plus galante que vraie,
adoptée par les anciens historiens, qui font dériver
son nom de *Tempé*. Le climat et le site ne ressemblent en rien à l'ancienne Thessalie.

Plusieurs de nos rois ont habité Étampes , qui
fut aussi le séjour de plusieurs favorites, *Anne de
Pisseleu*, duchesse d'Étampes, Diane de Poitiers et
Gabrielle d'Estrées.

Marot a célébré le *plaisant Val* de Tempé, dans
des vers adressés à la belle Anne de Pisseleu.

Il ne reste plus que des débris de l'ancienne
tour appelée la Guinguette, bâtie sur la côte
occidentale, pour le roi Robert. On montre encore les vestiges d'un palais bâti pour sa veuve, au
milieu de la ville, et de quelques maisons construites pour les maîtresses de François I<sup>er</sup>. et de
Henri II. Ce fut à Étampes que le parlement
nomma régent du royaume Raoul de Vermandois
et l'abbé Suger. Cette ville fut assiégée par Tu-

renne et d'Hocquincourt, chefs de l'armée royaliste pendant la minorité de Louis XIV. La ville est presque composée d'une seule rue, qui a près d'une lieue de long. Jacques Simoneau, maire d'Etampes, fut assassiné dans une émeute, le 3 mars 1792. Une fête funèbre extraordinaire fut célébrée à Paris et dans toutes les principales villes de la France, en l'honneur de ce magistrat plébéien, mort victime de son dévouement aux lois.

A cette époque funeste, les ennemis de nos institutions constitutionnelles employaient tous les moyens que leur donnaient leurs grands emplois et la puissance même du gouvernement dont ils trahissaient les véritables intérêts, pour entraver la marche de la révolution. Ils alarmaient par des disettes factices le peuple sur ses subsistances. L'émeute d'Étampes fut un de leurs crimes. .

Simoneau, l'un des plus recommandables citoyens d'Étampes, devait sa place de maire aux suffrages de ses compatriotes, dont il avait mérité l'estime et la confiance par ses services, sa loyauté. Il occupait un grand nombre de pères de famille dans ses ateliers de tannerie.

ÉTIOLES. Village à six lieues de Paris, près la forêt de Senart, à une demi-lieue de Corbeil, sur les bords de la petite rivière du Ru. Les chevaliers de Malthe étaient, avec le curé, gros décimateurs de la paroisse.

Ce fut là que fut élevée mademoiselle Poisson, plus connue sous le nom de Pompadour. « Il fallait » une maîtresse au roi, dit Voltaire; le choix tomba

» sur mademoiselle Poisson, fille d'une femme en-
» tretenue et d'un paysan de la Ferté-sous-Jouare,
» qui avait amassé quelque chose à vendre du blé
» aux entrepreneurs des vivres. Ce pauvre homme
» était alors en fuite pour quelques malversations.
» On avait marié sa fille au sous-fermier Le Nor-
» mand, seigneur d'Étioles, neveu du fermier-gé-
» néral Le Normand de Tourneheim, qui entretenait
» sa mère. »

Madame d'Étioles se présentait sur le passage du
roi, et ce prince lui envoyait du gibier de sa chasse.
Bientôt elle succéda à madame de Châteauroux; le
mari osa se fâcher qu'on lui enlevât sa femme : il
fut exilé. Madame d'Étioles devint bientôt marquise
de Pompadour, régna sur le roi et sur la France ;
disposa de toutes les charges et des revenus de l'état.
Voltaire ne rougit pas d'être son poète à la suite. Il
composa à sa demande la *Princesse de Navarre* ; il
fut créé gentilhomme ordinaire de la chambre,
avec la faculté de vendre la charge et de garder le
titre et les prérogatives. Il dit à ce sujet que « pour
» faire la plus petite fortune, il valait mieux dire
» quatre mots à la maîtresse d'un roi, que d'écrire
» cent volumes. » Tous les poètes courtisans ont, sur
ce point, suivi l'exemple de Voltaire, au talent
près.

Madame Pompadour enrichit toute sa famille,
et vit toute la cour et les princes même de la famille
royale à ses pieds. Elle créa un sérail pour le roi,
fit élever des théâtres dans toutes les résidences
royales ; à son exemple, tous les courtisans se firent

comédiens à sa suite. Elle se méla aussi de politique : le désastreux traité de 1756 est son ouvrage.

L'altière Marie-Thérèse ne fut pas ingrate ; elle
écrivit elle-même à la favorite, et l'appela sa chère
cousine. Ce traité servait l'ambition de la maison
d'Autriche, et blessait les plus chers intérêts de la
France.

Madame de Pompadour survécut à son royal amant,
et mourut tranquille et dans la pleine jouissance
de ses titres et de son immense fortune, qui fut re-
cueillie par son frère le marquis de Marigny, qui
en fit du moins un digne usage; intendant-général
des bâtimens, il encouragea les arts et les artistes.
Paris lui doit une partie de ses monumens. Il fit
presque oublier l'origine de son élévation par l'emploi qu'il sut faire de son pouvoir et des moyens
que lui donnaient les attributions de sa place, pour
récompenser les talens des architectes et des premiers maîtres de l'école française. Une partie des
Champs-Élysées, plantée et embellie sous son ministère, a conservé son nom.

Le petit village d'Étioles n'a rien gagné à l'élévation de madame de Pompadour.

Étioles a un autre château qui appartint à l'estimable Duhamel. Colardeau nous a fait en peu de
mots l'éloge simple et mérité.

> C'est le château d'un sage, aux malheureux ouvert ;
> Duhamel, c'est le tien........

Ce château appartient aujourd'hui à M. Sibuet ,
ancien président du tribunal de Corbeil.

L'ancien château d'Étioles est la propriété de madame de Saint-Aulaire.


# F.


FÈRE (la) EN TARDENOIS, à vingt-six lieues de Paris, à cinq lieues de Laon ; c'est le siége de la plus ancienne école d'artillerie de France. Il y a un arsenal de construction. Napoléon était parti de Troyes le 27 février 1814, et marchait contre l'ennemi ; le même jour le commandant de Lafère se rendit à la première sommation, et livra à l'ennemi de grands approvisionnemens, et un matériel évalué à vingt millions.

FERRIÈRES, village à six lieues de Paris, à deux lieues de Lagny, à une demi-lieue de Tournan, pays de labourage et de prairies. L'église fut incendiée dans les guerres de religion, sous Charles IX. Le feu ne détruisit que la charpente. Le roi accorda aux habitans, en 1570, vingt et un chênes à prendre dans la forêt de Crécy pour réparer la toiture.

FERRIERES (les). *Voy.* OZOIR les FERRIÈRES.

FISMES, à six lieues de Rheims, sur les rives de la Vesles : petite ville, dont le principal commerce est en vins.

L'empereur Napoléon rendit, le 5 mars 1814, à Fismes, deux décrets fameux qui appartiennent à l'histoire de cette époque. *Premier décret* : Napoléon, etc., considérant que les généraux ennemis ont déclaré qu'ils fusilleraient tous les paysans qui prendraient les armes, décrète :

1°. Non-seulement *tous les citoyens français* sont autorisés à courir aux armes, mais requis de faire sonner le tocsin aussitôt qu'ils entendront le canon de nos troupes s'approcher d'eux ; de se rassembler, de fouiller les bois, de couper les ponts, d'intercepter les routes et de tomber sur les flancs et les derrières de l'ennemi.

Tout *citoyen français* pris par l'ennemi et qui serait mis à mort, sera sur-le-champ vengé par la mort, en représailles, d'un prisonnier ennemi, etc.

*Deuxième décret.* Napoléon, etc., considérant que les peuples des villes et des campagnes, indignés des horreurs que commettent sur eux les ennemis, et spécialement les Russes et les Cosaques, courent aux armes par un juste sentiment de l'honneur national pour arrêter les partis de l'ennemi, enlever ses convois et lui faire le plus de mal possible ; mais que, dans plusieurs lieux, ils en ont été détournés par le maire ou par d'autres magistrats, décrète :

1°. « Tous les maires, fonctionnaires publics ou habitans, qui, au lieu d'exciter l'élan patriotique des peuples, le refroidissent et dissuadent les citoyens d'une légitime défense, seront considérés comme traîtres et traités comme tels, etc. »

L'imminence du danger avait changé le langage de Napoléon : il ne voyait plus que des citoyens dans ceux que la veille encore il appelait ses sujets. (Voy. *Napoléon et la grande Armée*, tom. II, p. 132.)

Le 27 mai 1825, le roi Charles X, parti le même jour de Soissons, s'arrêta à Fismes pour se rendre à Reims, où il arriva le lendemain 28, veille de la cérémonie de son sacre (1).

FLEURY-MÉRANGIS. A six lieues au midi de Paris, entre Corbeil et Montlhéry. La plaine n'est coupée que par une seule éminence, sur laquelle s'élève l'église, qui a été bâtie par les soins du procureur-général Joly de Fleury.

FLEURY-SOUS-MEUDON. Ce village est agréablement situé. Il n'est séparé de Meudon que par la montagne. Il est cité dans des actes du seizième siècle sous le nom de *Floriacum*.

Parmi les jolies maisons qui l'embellissent, on remarque celle des héritiers de feu M. Sarrette, ancien directeur du Conservatoire; du général Barbou, de M. Rouillé de l'Étang, de M. Richard d'Aubigny, de M. Panckoucke, l'un des premiers libraires de Paris, et auteur d'un ouvrage justement estimé et intitulé *la Germanie*.

FONTAINEBLEAU. Ville à quatorze lieues sud-est de Paris ( Seine et Marne ), au milieu de la forêt, qui a vingt-huit mille quatre cents arpens d'étendue. Elle s'appelait originairement *la Forêt*

---

(1) A la descente de Fismes, les chevaux de la voiture dans laquelle se trouvaient le général Curial, MM. les ducs d'Aumont et de Damas, prirent le mors aux dents. Le bruit du canon qui annonçait le départ du Roi effraya aussi les chevaux des autres voitures : Sa Majesté elle-même courut les plus grands dangers ; plusieurs voitures furent brisées. Le général Curial fut grièvement blessé : on a long-temps craint pour ses jours. On parvint enfin à faire cesser les salves d'artillerie, et le cortége arriva à Tinqueux, et de là à Rheims.

10.

*de Bièvre.* **Plusieurs grandes routes la traversent,
elle est peuplée de gibier. Fontainebleau est résidence royale depuis plus de six cents ans ; elle est
citée dans une charte de Louis le Jeune. On peut
regarder François Ier comme le fondateur du château ; il a été embelli par ses successeurs. François Ier avait fait venir, pour la direction des travaux,
les plus habiles artistes d'Italie ; tout fut exécuté
sur les dessins du Primatice.**

**Le château, bâti au fond d'une vallée, et d'une
forme presque triangulaire, se compose de cinq
corps de bâtimens divisés par autant de cours et de
galeries ; ces bâtimens, construits à diverses époques, n'offrent pas un plan d'architecture suivi.**

**Entre deux ailes flanquées de quatre pavillons,
s'élève un portail exécuté par Gresserie, sur
les dessins de Jamin. Le portique a été élevé sous
Henri IV. La magnificence des jardins égale celle
des bâtimens : on y remarque un vaste étang renommé pour la prodigieuse grandeur des carpes
qu'il fournit ; le parterre du Tibre, le canal, la
pièce verte, ont été dessinés par Le Nostre. Une
terrasse environne le parterre, que rafraîchit un
bassin de trente toises ; au milieu s'élève, sur un
rocher, un gros bouillon, appelé *Pot Bouillant,* qui
retombe en nappes à quatre étages, entre les jets
du pourtour. On découvre, à travers deux allées
de bosquets, le canal, long de cinq cent quatre-
vingt-cinq toises, et large de vingt.**

**Le château de Fontainebleau était jadis celui que
les rois habitaient le plus souvent. On y remar-**

quait, sous François I<sup>er</sup> et ses successeurs, des tableaux, des sculptures, des tapisseries, dont les
sujets, plus obscènes que voluptueux, attestaient
la corruption des mœurs des cours. « On y voit,
» écrivait Sauval, des hommes, des femmes ou des
» déesses, qui outragent la nature et se plongent
» dans les dissolutions les plus monstrueuses. »

En 1643, Anne d'Autriche, régente, fit brûler
des tableaux évalués à plus de trois cent mille
francs, et mutiler une partie des sculptures. L'intendant des bâtimens, Sublet de Bruyère, fit brûler
une Léda par Michel Ange, et que François I<sup>er</sup> avait
achetée au duc de Ferrare.

*Dancourt*, auteur et acteur, naquit à Fontainebleau, le 1<sup>er</sup> novembre 1661 ; son père, *Florent
Caston*, sieur Dancourt, et sa mère, Louise de
Londé, étaient nobles. Dancourt, d'abord destiné
au barreau, ne crut point déroger en jouant la
comédie et en épousant la sœur de la Thorillière,
jolie femme et bonne comédienne, qui conserva
long-temps la fraîcheur de son talent et de ses
moyens. Elle jouait encore avec succès l'emploi des
amoureuses à soixante ans.

Plusieurs pièces de Dancourt sont restées au répertoire ; ses ouvrages, pleins de verve et de gaîté,
sont la peinture fidèle des mœurs de son temps.
Dancourt quitta le théâtre en 1718, et mourut dans
sa terre de Courcelles-le-Roi ( en Berry), le 6 décembre 1725, âgé de soixante-cinq ans.

Christine, qui abdiqua la couronne de Suède à
l'âge de vingt-sept ans, en 1654, et qui avait abjuré,

à Inspruck, la religion luthérienne pour se faire catholique, vint en France. A son second voyage elle fixa sa résidence à Fontainebleau ; ce fut dans ce château qu'elle fit assassiner, en sa présence, son amant et son grand écuyer, Monaldeschi.

L'empereur Napoléon était à Fontainebleau en 1814, et se disposait à marcher sur Paris, envahi par les troupes alliées, lorsque les maréchaux lui proposèrent d'abdiquer. Il signa cet acte fameux le 7 avril, et le 20 du même mois il partit avec les commissaires des puissances alliées pour l'île d'Elbe. A son retour de cette île, il arriva à Fontainebleau le 19 mars de l'année suivante, et partit le lendemain pour la capitale.

Fontainebleau a plusieurs établissemens de commerce, et notamment une fabrique de porcelaine. Son territoire produit d'excellens raisins fort estimés des gourmets de Paris. Il y a une foire considérable le lendemain de la Trinité et le 26 novembre.

FONTENAY-AUX-ROSES. A trois lieues sud-ouest de Paris. La campagne offre partout des plantations de rosiers ; on en trouve sur toutes les terrasses, dans tous les jardins, et devant presque toutes les maisons. Les fraises y sont cultivées en plein champ. C'était dans ce village que le fleuriste du parlement, appelé *Rosier de la Cour*, venait s'approvisionner de couronnes de roses, dont la distribution était, au quatorzième siècle, une des cérémonies périodiques de cette compagnie.

Scarron habita Fontenay-aux-Roses ; sa maison appartient à M. le Dru, maire de ce village, qui

se fait un plaisir de montrer aux curieux la chambre à coucher de Scarron, son portrait, un autre
tableau représentant Mignard peint par lui-même,
deux cartes de géographie attribuées à Scarron.

Louis Petit, médecin de Louis XVI, avait une
maison fort agréable à Fontenay-aux-Roses. On fait
aussi remarquer celle de M. Lopez di Véga, qui a fait
construire un très-beau puits, qui a coûté plus de
quarante mille francs. L'église, sous l'invocation
de saint Pierre et saint Paul, date du treizième
siècle : elle a été restaurée, il y a seize ans, par
les soins de M. Gommerat, desservant.

L'ancien presbytère, qu'environne un vaste jardin, appartient à une famille juive.

On trouve à Fontenay une substance minérale,
qui se trouve en filons sous un sable très-fin. C'était
jadis un objet d'exportation dans nos colonies et
nos comptoirs des Indes Orientales, et surtout à
Pondichéry. On en expédie encore beaucoup par
le port du Hâvre.

La statue de Pierre I<sup>er</sup>, faite à Strasbourg par
notre Falconnet, a été coulée dans du sable de
Fontenay-aux-Roses.

FONTENAY-SOUS-BAGNEUX. *Voy.* FONTENAY-
AUX-ROSES.

FONTENAY-SOUS-LOUVRE, ou FONTENAY-
EN-FRANCE. A cinq lieues de Paris. L'église date
du douzième siècle. Giles Pluyette, curé de ce
village, et décédé le 4 juin 1694, vendit tout ce
qu'il possédait pour soulager ses malheureux paroissiens, dont une funeste contagion dévora la plus

grande partie. Un autre prêtre de la même famille, qui a donné plusieurs savans professeurs à l'université de Paris, avait fondé deux bourses au collége des Bons-Enfans.

FONTENAY-LE-VICOMTE. A huit lieues de Paris et à deux lieues de Corbeil. Son territoire est fertile, il se partage en labourage et en vignobles.

Ce village était divisé en plusieurs seigneuries : le chapelain jouissait de tous les droits féodaux. Les habitans, affranchis de la dîme, paient moins de contributions à l'état que leurs pères ne payaient à leurs seigneurs laïques ou ecclésiastiques ; les terres en sont mieux cultivées, et les cultivateurs plus heureux.

FONTENAY-SOUS-BRIES. A huit lieues de Paris, au couchant de Montlhéry, à l'entrée du Plaine. C'est le plus ancien village du nom de Fontenay.

Le territoire est fertile en vins et en blé, fruits et légumes. L'église est sous l'invocation de saint Martin.

M. Delaistre, seigneur de ce village, fit construire, en 1738, un pont-levis de fer à bascule, sur les fossés du château. On assure que ce fut le premier pont de ce genre qui ait été fait en France.

FONTENAY-SUR-LE-BOIS doit son nom à la proximité du bois de Vincennes. Ce village est situé sur la pente d'un coteau et environné de vignes.

L'église, sous l'invocation de saint Germain, a été bâtie il y a deux siècles. Le gothique n'entre point dans son architecture ; la tour seule appartient à un autre style et à une autre époque.

Son territoire n'est séparé de celui du bourg de Saint-Maur que par la rue Beaubourg, qui conduit au bord de la Marne.

Une maladrerie y existait en 1219 ; elle était réservée aux habitans de Fontenay, Montreuil, Bagnolet et Neuilly. Les sources y sont abondantes ; les eaux n'ont pas toujours été dirigées sur Vincennes : une ordonnance de Charles V, datée de Vincennes, 5 décembre 1377, les fit diriger sur les abreuvoirs de son *Hôtel de Beauté*. Les canaux d'irrigation traversaient les maisons, les jardins et les champs des habitans de Fontenay. Ils étaient chargés de les entretenir et de les nettoyer. La même ordonnance, il est vrai, les exemptait de droit de prise pour le roi et les princes, etc., et d'impôts pour la chasse aux loups. Cette ordonnance a été confirmée par François Ier. en 1519. A cette époque les ordonnances relatives aux priviléges des communes n'étaient pour les plébéiens que des titres inutiles.

L'enclos que possédaient dans ce territoire les religieux de Grammont renfermait quarante-sept arpens.

FORGES. Village à sept lieues ouest de Paris, près du bois de Limours, ancien reste de la forêt d'Iveline.

FORGES (Saint). Village entre Chevreuse, Dampierre et Sèves, à huit lieues de Paris. Sa culture est très-variée.

FOSSES. Situé dans un vallon sur la lisière de la forêt d'Hérivaux et de Chantilly, nommé jadis *Sylva Cotia*. Suivant une vieille tradition, ce village fut nommé les *Fosses*, parce que son ter-ritoire servit de sépulture à une nombreuse armée ennemie qui y fut taillée en pièces. On fixe l'époque de cette bataille vers la fin du huitième siècle.

FOUCHEROLLES. Sur le bord de l'Yvette, écart de la commune de Palaisau.

FOUJU. Village à une égale distance de Paris et de Melun, à une demi-lieue de la commune de Champeaux.

FOUILLEUSE. Hameau à un quart de lieue de Saint-Cloud. Il serait plus exact de dire Feuilleuse. Des titres du treizième siècle le nomment *Foliosa*.

FRANCONVILLE. Bourg à quatre lieues nord de Paris, sur la route de Pontoise. On distinguait parmi les jolies maisons de plaisance de cette con-trée, celle de M. de la Crosnière, dont les jardins ont été plantés par Le Nostre, celle qu'habitait le comte de Tressan, auteur de plusieurs romans de chevalerie et traducteur de l'Arioste; le beau châ-teau et les vastes et délicieux jardins du comte d'Al-bon, qui ne peuvent être comparés qu'aux char-mans paysages d'Ermenonville. Ce fut au milieu de cet élysée champêtre que fut planté, avant la révolution, le premier arbre de la liberté.

Il se composait d'un grand mât surmonté d'un bonnet de la liberté. On lisait sur un des côtés du socle cette simple inscription : *A la liberté, Camille Albon*, 1792.

Ce château et ses dépendances dominent un vaste horizon. La vue de la capitale termine un point de cet immense panorama.

FRESNE. A sept lieues de Paris, près de Meaux (Seine-et-Marne). Le château est l'antique propriété de la famille d'Aguesseau. Les avenues sont belles, les jardins bien plantés, les eaux très-abondantes et distribuées avec goût. Des six pavillons qui composent l'édifice, quatre ont été construits par François Mansart. L'église, qui passe pour un chef-d'œuvre d'architecture et le plus bel ouvrage de cet artiste, a été bâtie sur le dessin qu'il avait fait pour le Val de Grâce.

FRESNE-LES-RUNGIS. A trois lieues de Paris, sur la pente d'une colline près de la rivière de Bièvre. Culture très-variée. Le beau château de Berny, qui était la maison de plaisance des abbés de Saint-Germain-des-Prés, dépendait de ce village.

FRETTE (la). Près de Montigny et de Cormeille. C'était jadis un port très-fréquenté pour le chargement des vins de Cormeilles, de Montigny, Argenteuil, etc., pour la Normandie.

FROMOND. Près de Ris, à cinq lieues de Paris. C'était un ancien domaine des Templiers; il avait passé à la maison de Lorraine. Louis XVI et les princes et princesses de sa famille s'y arrêtaient ordinairement en allant à Fontainebleau.

# G

GAGNY. A trois lieues et demie à l'orient de Paris, au nord des forêts de Livry et de Bondi. Le territoire, très-cultivé, se divise en terres labourables, en vignes et en prairies.

Il importe de rappeler aux hommes peu instruits qui regardent comme un sacrifice la vente des biens dont jouissait le clergé, que les ecclésiastiques eux-mêmes ont souvent aliéné, dans leurs intérêts personnels, les biens dont ils n'étaient réellement qu'administrateurs.

Garnier, prieur de Saint-Fiacre à Gagny et chanoine de Meaux, vendit, moyennant 1500 francs de rente, toutes les terres et les dîmes de ce prieuré au seigneur de Gagny, *La Bouexière*, sous la seule condition de faire dire chaque année une messe le jour de Saint-Fiacre, dans la chapelle de la Maison-Rouge, qui n'était autre chose que ce prieuré même. On ne crut pas l'intervention du Pape nécessaire pour légitimer cette aliénation.

Gagny possède une raffinerie de sucre qui peut augmenter les produits de la commune. Cet établissement utile appartient à M. *Eudes*.

GAILLARD (Château). Près de Maisons-Alfort. Jolie habitation remarquable par l'étendue et la beauté de son site et de ses jardins. Ses précieuses plantations fixent l'attention des agronomes et des botanistes.

GAILLON. Bourg à quatorze lieues de Paris et sept lieues de Rouen, à une demi-lieue de la Seine. Les archevêques de Rouen y avaient un château ou plutôt un magnifique palais. A un quart de lieue de là était la belle Chartreuse, fondée par le cardinal de Bourbon, proclamé roi de France par la ligue, sous le nom de Charles X.

On fait remarquer à peu de distance du village

d'Abloville, la petite maison où mourut, le 30 décembre 1799, le spirituel et fécond Marmontel.

GALLARDON. Sur le penchant d'une colline, à deux lieues et demie sud-est de Maintenon, et à quatre lieues est de Chartres, sur la rive de l'Oise. Cette petite ville eut beaucoup à souffrir pendant les guerres qui ensanglantèrent la France dans le quinzième siècle. Prise par le duc de Bourgogne en 1417, reprise par les Anglais, elle subit encore le joug britannique jusqu'en 1443. Dunois en fit alors la conquête. Ce fut un des plus beaux faits d'armes du libérateur de la France. Dunois détruisit le château fort, et ne laissa subsister qu'une vieille tour connue sous le nom d'Épaule de Mouton. Elle fut prise par le prince de Condé en 1562. Elle fit partie du domaine de la famille de Montmorency en 1655.

GARGES ou GARCHES. A une lieue de Saint-Denis, entre Stain et Arnouville. L'art a créé sur un terrain d'une dimension ingrate et irrégulière, de jolis bosquets, d'agréables prairies, d'utiles potagers. Des quinconces, des massifs d'arbustes choisis, des vases, des statuts, se dessinent sur une vaste prairie, et au milieu de ce riant paysage s'élève le château qui forme l'arrière-plan de ce tableau champêtre.

GARCHES. Petit village à l'orient de Saint-Cloud, à deux lieues et demie de Paris, au milieu de la plaine qui s'ouvre à la descente de Saint-Cloud. La partie qui est près de l'église se nomme le grand

Garches; l'autre partie se compose du petit Garches et du hameau de Villeneuve. Les vignes forment la principale culture du pays.

L'église est, dit-on, la première qui fut dédiée sous l'invocation de Saint-Louis; elle fut fondée par Robert de la Marche, clerc de Saint-Louis. On remarquait sur les vitraux le roi touchant solennellement les écrouelles; deux flambeaux éclairaient la pieuse cérémonie.

GENEVIEVE DES BOIS (Sainte-). A six lieues et au midi de Paris, à une lieue de Montlhéry, sur une éminence, et sur les bords de la petite rivière d'Orge, et au milieu des bois de Sequigny, de Longpont et des Roches. Quelques champs de labours, des vignes et des prairies se montrent çà et là au milieu des garennes et des bois. Le château est orné de plusieurs ouvrages de sculpture, estimés; les nymphes du portique qui est à l'extrémité du parterre, sont, assure-t-on, de Jean Goujon. On cite aussi une grande chambre que Louis XIII et Louis XIV ont habitée; le premier y fut attaqué de la fièvre, le second y coucha plusieurs fois dans ses voyages à Fontainebleau.

L'église est du treizième siècle, elle avait été érigée en cure en 1200. Les fidèles de l'endroit et des environs venaient y offrir de grosses souches de cire à Sainte-Geneviève.

GENNEVILLIERS. A deux lieues de Paris, près de St.-Denis, qui n'en est séparé que par la Seine. Son territoire est très-étendu, mais peu fertile;

on en attribue la cause aux fréquens débordemens de la Seine, qui entraîne la terre végétale et n'y dépose qu'un sablon aride.

Gennevilliers a un bac sur la Seine.

Le maréchal de Richelieu avait dans ce village une maison de campagne et un beau jardin. Il y fit construire, en 1752, une glacière, formant un monticule planté de bois taillis, et au sommet un joli salon en rotonde qui forme une galerie couverte ornée de statues.

GENTILLY. A une lieue sud de Paris, traversé par la petite rivière de Bièvre. C'est un des plus anciens villages des environs de la capitale. Pepin, fils de Charles Martel, y avait une maison de plaisance, où il venait ordinairement célébrer les fêtes de Noël et de Pâques.

En 767, il s'y tint un concile, où l'on agita la question de savoir si le Saint-Esprit procédait du père comme du fils.

La campagne de Gentilly renferme beaucoup de maisons de plaisance. Une d'elles a été habitée par Julienne, orateur distingué.

Un cartulaire manuscrit, de l'église de Paris, qui finit en 1282, atteste qu'il existait encore, sous Philippe Auguste, une tour ronde, que l'on peut considérer comme un reste de l'ancien manoir royal de Gentilly.

La paroisse comprenait jadis le village d'Arcueil, qui n'en a été distrait que sous le règne de Philippe III.

Gentilly a vu naître *Simon Colines*, graveur en

caractères typographiques, et qui exécuta, vers
1480, des caractères romains ; le poète Benserade,
qui, dégoûté de la cour, vint y finir sa carrière
dans une jolie maison où il s'occupait à cultiver les
fleurs. Il y mourut le 19 octobre 1691, âgé de
soixante-dix-huit ans. Cette maison appartient à
un blanchisseur. Benserade avait inscrit sur la porte
de sa maison cette inscription :

> Adieu, Fortune ; vous et les vôtres,
> Je viens ici vous oublier ;
> Adieu, toi-même Amour, bien plus que tous les autres
> Difficile à congédier.

On désigne, comme ayant été habitée par l'élo-
quent auteur de l'*Epître au Peuple*, et de l'*Essai sur
les Eloges*, Thomas, une maison située à peu de
distance de la barrière de Santé.

J.-J. Rousseau allait souvent herboriser dans les
environs de Gentilly. On fait aussi remarquer une
maison que fit bâtir M. le Duc, beau-frère du duc
d'Orléans, régent, pour la marquise de Prie.
L'ancien collége de Sainte-Barbe possédait dans ce
village une maison, occupée maintenant par le pensionnat de M. Lieutard. Les promeneurs y visitaient autrefois une autre maison appelée *la Maison
du Boucher ;* on lisait sur la porte :

> *Hic morte vita datur.*

Le pont de la Nonain, qui communique à Gentilly, existait du temps de Rabelais ; on lit dans son
*Gargantua*, livre 1er, chap. 34 : « En cette même
» heure, *Gargantua*, qui était issu de Paris, sou-

» dain les lettres de son père lues sur sa grande
» jument venant, avait jà passé le pont de la No-
» nain. » On sait que Gargantua est François I<sup>er</sup>,
et la grande jument, Diane de Poitiers, sa maîtresse, qui fut aussi celle de Henri II.

M. Esmengard a fait à Gentilly, entre la maison
de la Manufacture et le Moulin des Prés, en 1813,
à quelques pas de la rivière, la découverte d'une
inscription qui confirme le passage de Rabelais,
et ne permet pas de douter que Diane de Poitiers
n'eût une maison à Gentilly. J'ai vu cette inscription dans le cabinet de M. Johanneau. Les lettres
en sont inégales.

« Dans ce pourpris le grand François premier
» Trevne tous jovrs jovissance nouele
» Quil est hevrevx ce liev sovet recele
» Flevr de beavte Diane de Poictiers

Gentilly possède plusieurs usines remarquables,
la raffinerie de sucre de M. Duval, les lavoirs de
laine de M. Bane, la filature de coton de M. Lon-
dun, la blanchisserie hollandaise de M. Guillaume,
pour les tissus de coton, la fabrique d'acides miné-
raux et de savon, de MM. Brunoi, Ewbanck et
V. Jolly.

GERBEROY, sur la rivière du Therain, près de
Beauvais, à vingt lieues de Paris. Les évêques de
Beauvais prenaient le titre de Vidame de Gerberoy.
Cette commune a donné son nom au traité qu'y
conclurent ensemble Louis d'Outremer et Richard
duc de Normandie; elle fut plusieurs fois assiégée

11

par les Anglais. Les Français y remportèrent sur eux une victoire fameuse, en 1435.

Saintraille et La Hire s'occupaient à fortifier cette ville, lorsqu'ils furent attaqués par le comte d'Arondel, avec des forces très-supérieures. Blessé dans l'action, le général anglais perdit la bataille et la vie, et la vallée qui fut le théâtre de cet événement a conservé le nom de vallée d'Arondel.

Gerberoy avait un chapitre dont les statuts offraient une double singularité : les chanoines ne touchaient les revenus de leurs prébendes qu'après un an de résidence, et tous les ans, le 28 juin, à midi, l'administration civile ét judiciaire de la ville leur était remise. Cette souveraineté féodale cessait le lendemain à la même heure.

GERCY. A cinq lieues et demie de Paris, dans une plaine qu'arrose la rivière d'Hières, à une lieue de Brie-Comte-Robert.

Jeanne, comtesse de Toulouse et de Poitiers, et femme d'Alphonse, frère de Louis IX, y fonda une abbaye, qui fut richement dotée. Il paraît que les religieuses, au nombre de quarante, n'étaient pas soumises à une clôture sévère : leurs déréglemens excitèrent la sévérité de la reine Claude, femme de François I<sup>er</sup>. Les religieuses furent remplacées par d'autres, que l'on fit venir du couvent des Bénédictines de Montmorency.

Ce couvent a été supprimé en 1790 ; des maisons particulières l'ont remplacé, et les biens, mieux cultivés, alimentent plusieurs familles laborieuses.

GERMAIN-EN-LAYE (SAINT-). Petite ville à

quatre lieues nord-ouest de Paris, sur une éminence, dont la base est arrosée par la Seine. Son
surnom *en Laye* dérive de Sylva *Ledia* ou *Lea*, citée
dans un ancien cartulaire de l'abbaye Saint-Germain
des Prés.

L'ancien château avait été bâti comme place forte
par Louis VI ; il fut détruit par les Anglais et rétabli par Charles V. François I*er*, que sa passion
pour la chasse retenait souvent à Saint-Germain, y
fit ajouter un étage : Louis XIII l'embellit encore.
Henriette d'Angleterre, épouse de *Monsieur*, frère
de Louis XIV, donna à la pièce de gazon qui avoisine
le château le nom de Boulingrin. Louis XIV y fit
construire, sur les dessins de J. H. Mansard, les
cinq gros pavillons.

On y remarque surtout deux terrasses, dont
l'une, ouvrage de Le Nôtre, a douze cents toises de
long sur quinze de large ; la forêt l'ombrage dans
toute son étendue : elle domine un horizon immense et agréablement varié. Marie de Médicis aimait beaucoup cette résidence. « Quand j'y suis,
disait-elle, j'ai un pied à Saint-Germain et l'autre
» à Paris. — En ce cas, madame, lui répondit le
galant maréchal de Bassompierre, je voudrais être
» à Nanterre. » C'était le ton de la cour.

La ville est assez peuplée, bien bâtie ; les rues
larges et bien pavées. Parmi les principaux édifices
qui la décorent, on remarque l'hôtel de Noailles,
bâti sur les dessins de Jules Hardouin Mansard : les
jardins répondent à l'élégance du bâtiment.

En 1598, Henri IV affranchit d'impôts la ville de

11.

Saint-Germain. De pareilles faveurs ne coûtent rien au prince ; le fisc ne perd rien de ses droits, et les exemptions d'une ville sont une charge pour les autres. Henri IV avait aussi la passion de la chasse ; Saint-Germain lui plaisait sous ce rapport. C'était aussi le séjour de la marquise de Verneuil. La fameuse ordonnance qui envoya pendant près de deux siècles une foule de malheureux aux galères pour une pièce de gibier est l'ouvrage de ce prince.

En 1689, Jacques II, forcé de quitter le trône et le sol de l'Angleterre, vint se réfugier en France ; il se retira à Saint-Germain avec son épouse Marie d'Est. Jacques II y mourut le 16 septembre 1702, et sa veuve le 7 mai 1718.

Madame Campan, avant d'être appelée à la direction de la maison impériale d'Écouen, tenait une maison particulière d'éducation à Saint-Germain.

Henri II naquit à Saint-Germain-en-Laye en 1518, Charles IX en 1550, Louis XIV en 1638.

GERVAIS ( PRÉ SAINT- ). Ce hameau, qui fait partie de la commune de Pantin, doit son nom à ses prairies. C'était un ancien fief de l'abbaye de Saint-Denis. Des titres des douzième et treizième siècles le désignent sous le nom de *Pratum sancti Gervasii*. Presque toutes les maisons sont jolies. Celle qu'habita Gabrielle d'Estrées est occupée maintenant par M. Pepin. J'ai vu à la Bibliothèque Royale des lettres de cette maîtresse de Henri IV ; elles annoncent plus de sensibilité que d'instruction. La belle Gabrielle ne savait pas un mot d'orthographe.

Au milieu du hameau s'élève un fontaine, avec cette inscription :

Regard de la prise des eaux
du Pré Saint-Gervais.

C'est le plus ancien aqueduc des environs de Paris : il alimente les fontaines du Ponceau, des Halles, de Saint-Lazare, de Sainte-Catherine, etc.

Le pré Saint-Gervais est la promenade favorite des familles parisiennes au printems; les gens à équipage vont se saturer de poussière et d'ennui sur la route de Neuilly : la gaîté franche, un air pur, de jolis bosquets appellent au pré Saint-Gervais les modestes plébéiens, qui vont s'y approvisionner de lilas pour leurs chambres et leurs ateliers.

GIF. A cinq lieues de Paris. Ce village n'était séparé de l'ancienne abbaye du même nom que par l'Yvette. Gif et Courcelle ne font qu'une même commune.

GOBIN (SAINT-) ou GOBAIN. Arrondissement de Laon, département de l'Aisne, à quatre lieues et demie de Laon.

La France, comme tout le reste du monde commerçant, était tributaire de Venise pour les glaces. En 1666, Colbert établit la manufacture qui existe encore; il en confia la direction à Rivière-Dufrény, qui, ayant plus de talent que de fortune, s'associa une compagnie.

Dufrény avait inventé un procédé pour polir les glaces; Abraham Thevart trouva le moyen de les couler dans une dimension jusqu'alors inconnue.

Cette opération s'exécuta d'abord à Paris ; la manufacture fut ensuite transférée dans un ancien château, au milieu de la forêt dépendante de Saint-Gobain. Cette usine est depuis cette époque dans la plus heureuse activité, et depuis deux siècles elle a conservé sa supériorité. La France fabrique les plus belles glaces du monde : elles sont coulées à Saint-Gobain et de là tranférées à Paris, où elles sont polies et étamées. Un autre artiste français avait inventé un procédé pour réunir les morceaux de glace cassée, les fixer de manière à faire disparaître la plus légère trace de rupture, et leur rendre un poli parfait. Cette découverte devait être encouragée ; mais elle contrariait les spéculations de la compagnie privilégiée, et l'artiste, désespéré de l'impuissance de ses efforts, mourut avec son secret.

GOMETS-LE-CHATEAU, ou SAINT-CLAIR, et GOMETZ-LA-VILLE ne composent qu'une seule commune, à six lieues ouest de Paris, sur la route de Chartres. Il n'a pas dépendu d'un curé du lieu que la fontaine ne devînt très-fameuse : il avait écrit un gros volume pour en démontrer les qualités miraculeuses. Ces eaux guérissaient de la pierre, de la teigne, de la gravelle, etc. Il paraît que le livre ne fit pas fortune. Les eaux étaient simplement ferrugineuses. On ne parle plus depuis long-temps des prodiges de la fontaine Saint-Clair, qui a même perdu son ancien nom.

Le jour de saint Germain, patron de la paroisse, le curé était tenu de donner à dîner aux religieux du couvent, quand le prieur y venait lui-même. On ferait un livre plus curieux que celui du curé de Gometz-Saint-Clair sur les priviléges gastronomiques des anciens établissemens religieux.

GONESSE. A quatre lieues nord-ouest de Paris, arrondissement de Pontoise (Seine-et-Oise), sur la petite rivière de Crould, dont les eaux passent pour avoir une qualité particulière pour la fabrication du pain : elle fait mouvoir beaucoup de moulins.

Gonesse fournissait jadis en grande partie à la consommation de la capitale. La manipulation contribuait aussi à la bonne qualité du pain. Des boulangers de Gonesse se sont établis à Paris. Cette partie essentielle de l'économie domestique s'est beaucoup perfectionnée. On fabrique maintenant à Paris presque tout le pain qui s'y consomme, seulement quelques boulangers de Gonesse et des environs y apportent, les mercredis et samedis, un pain de qualité ordinaire, et qu'on met en vente sous les piliers des halles, dans la rue de la Tonnellerie; c'est là que les petits ménages font leurs approvisionnemens périodiques. Tout le pain de première qualité se manipule à Paris.

En 1300, Gonesse possédait une manufacture considérable de draps, et avait une halle particulière au coin de la rue de la Tonnellerie.

Ce bourg a deux foires assez considérables en bétail; elles se tiennent les 2 février et 16 juillet.

Philippe Auguste naquit à Gonesse en 1165. Les

nobles tenant fief et arrière-fief dans la prévôté et vicomté de Paris, y furent convoqués le 1er. octobre 1168. Henri IV y campa en septembre 1590.

GOURNAY-SUR-MARNE. A trois lieues et demie et à l'orient de Paris, sur la rive gauche de la Marne.

L'église, sous l'invocation de Saint-Arnould, n'était, dans l'origine, qu'une simple chapelle : elle avait été détruite pendant les guerres de religion, pour étendre l'enceinte du château fort. La nouvelle église a été bâtie, en 1720, sur les dessins de frère *Romain*, jacobin, et par les libéralités du chef d'escadre Decourt, gouverneur du duc de Chartres et seigneur de Gournay.

Ce petit bourg avait un prieuré dépendant de Saint-Martin-des-Champs; les religieuses de Chelles, qui n'en étaient séparées que par la rivière, passaient le pont. Rien n'était moins innocent que ces relations des deux couvens; de là le proverbe pour signaler une femme perdue de mœurs : *Elle a passé le pont de Gournay ; elle a sa honte bue.*

Le couvent de moines fut supprimé peu d'années avant la révolution.

Au commencement du règne de Louis-le-Gros, Guy Leroux, seigneur de Gournay, avait confié la garde de son château au chevalier Hugues Pomponne, qui détroussait les voyageurs. Il s'était rendu si redoutable, que Louis-le-Gros marcha contre lui et fit le siége de la place.

Ce temps si vanté de la chevalerie n'est beau que dans les romans; l'histoire le peint sous d'autres couleurs, et ce hideux tableau est encore au-dessous de la vérité.

GOUSSAINVILLE. A quatre lieues de Paris, sur le penchant d'un coteau arrosé par la petite rivière de Crould, dont les eaux alimentent des champs fertiles en blé et de belles prairies.

L'église est sous l'invocation de Saint-Pierre et Saint-Paul; la tour qui sert de clocher paraît appartenir au treizième siècle : elle est plus ancienne que les autres parties de l'église.

La fontaine placée sous une voûte auprès du village, du côté de Louvre, appelée *Fons Gossenvillæ* (fontaine de Goussenville) dans le poëme du médecin Pierre Petit, qui l'a célébrée, s'appelle ordinairement fontaine ou puisart. On attribuait à la qualité de ses eaux l'excellence du pain de Gonesse; mais il est certain que les boulangers de Gonesse ne viennent point s'y approvisionner d'eau pour faire leur pain, qui n'en est pas moins bon en ne faisant usage que de l'eau de la rivière qui arrose le canton.

GOUVERNE ou COUVERNE. A six lieues ouest de Paris. La culture se divise en vignes et en bocages. Le ruisseau qui arrose cet agréable paysage s'appelle Crochet.

GRANGE DU MILIEU. A une demi-lieue de Gros-Bois, au-dessus de la montagne d'Hières, du côté du nord-ouest, ainsi nommé parce que ce village est au milieu du bois.

Ce n'était jadis qu'une petite ferme. Charles Duret, intendant des finances, en a été propriétaire.

Louis XIII y fit construire de petits logemens pour le service de ses chasses.

Le président Le Camus y ajouta quelques embellissemens, et le maréchal de Saxe y fit commencer le beau salon de stuc qui fut achevé par M. Raimond sur les dessins de Latouche.

Il paraît que le prince et la princesse de Conti ont aussi habité ce séjour.

Ce château, qui appartient à M. Boscari, est environné de belles plantations.

Il s'y tient tous les ans une foire assez remarquable aux fêtes de la Pentecôte.

GRANGE-LE-ROI, ou GRANGE-NEVELON. A sept lieues de Paris, près de la route de Provins. Pays de bois et de bocages, peu habité.

GRATIEN (Saint). A trois lieues et demie de Paris, sur la route de Saint-Denis à Pontoise, dans la vallée de Montmorency, proche de l'étang. Une campagne d'une culture très-variée, une église d'une architecture simple et irrégulière, un château peu étendu, tout offre dans ce village l'aspect d'une heureuse médiocrité. C'était le séjour favori du brave et vertueux Catinat. Il y passa ses dernières années. On montrait avec une sorte de respect religieux un espalier qu'il avait planté lui-même et qu'il cultivait avec un soin particulier. Il mourut dans cette douce retraite, le 22 février 1712, et fut inhumé dans une petite chapelle de sa paroisse, où sa famille lui érigea un monument sans faste. La France lui devait une statue; mais l'usage alors était de n'en ériger qu'aux rois, quels qu'ils fussent.

**GRAVIGNY.** Petit hameau de Longjumeau. Il est fort ancien ; il est cité dans le rôle de Philippe-Auguste, comme dépendant de Montlhéry.

**GRÉGY.** Village à six lieues de Paris, sur une éminence, arrosé par la rivière d'Hières. Ses coteaux sont couverts de vignes.

**GRENELLE** (Plaine de). Près la barrière de ce nom. Le château, qui fut, dit-on, l'ancien hôtel de Craon, est maintenant occupé par l'établissement gymnastique de M. Amoros.

Le 23 août 1794, à sept heures et demie du matin, la poudrière établie dans cette plaine sauta. Tout Paris se ressentit de cette explosion terrible. Le nombre des victimes n'a jamais été bien connu. On attribue la cause de ce déplorable événement à l'imprudence de quelques ouvriers. Le désastre eût été plus grand, si, la veille, le directeur de l'arsenal n'avait fait enlever plusieurs milliers de poudre.

La fabrique s'exécutait sur de nouveaux procédés, dont les produits perfectionnés ont donné à nos projectiles une force jusqu'alors inconnue.

Les ateliers, ou plutôt leurs débris, ont été, depuis cette fatale explosion, transférés à Essone.

**GREZ.** A huit lieues de Paris. L'origine de ce village date du neuvième siècle : la culture consiste en prairies, en labourage et en bois. On trouve dans le voisinage Vignoles, La Grange, l'Évêque et Maison-Rouge.

**GRIGNON.** Hameau à deux lieues de Paris, près de Versailles, au bas d'un coteau très-cultivé. La beauté du site, la pureté de l'air, l'ont fait nommer *Solitude Grignon*. Marmontel avait dans ce hameau une maison, qu'il habita long-temps.

GRIGNY. Village à six lieues est de Paris, sur la route de Fontainebleau. Sa principale culture consiste en vignes. Gabrielle Morel, fille de Jean Morel, l'un des hommes les plus savans et les plus vertueux du seizième siècle, et ami intime de Michel l'Hôpital, y mourut dans un âge très-avancé. Dès l'âge de douze ans, dit un historien contemporain, elle fit paraître « la gentillesse de son esprit par les » vers grecs et latins qu'elle composa à la mort de » Henri II. »

GROSLAY. A trois lieues de Paris, sur la pente orientale de la montagne de Montmorency. En 1174, Richilde de Groslay, dame de ce village, fonda une distribution de pain pour les pauvres, chaque samedi pendant l'hiver.

GROSBOIS. A cinq lieues de Paris sur la route de Brie-Comte-Robert. Peu de châteaux des environs de Paris ont aussi souvent changé de propriétaire : il appartenait dans le seizième siècle à Adam Deshayes, valet de chambre barbier du roi ; puis à Raoul Moreau ; vingt après à Nicolas de Harlay, qui le vendit à Charles de Valois, duc d'Angoulême, fils naturel de Charles IX. Ce prince, pour agrandir le château, détruisit le village et même l'église. Dans le siècle suivant, il rentra dans la famille de Charles de Harlay, qui l'acheta des héritiers du duc d'Angoulême: il fut ensuite acheté par le financier Samuël Bernard, qui le vendit, en 1717, au chancelier Chauvelin, dont la famille l'a possédé jusqu'en 1762, qu'il devint la propriété du contrôleur-général Pyrène de Moras. A l'époque de la révolution, il appartenait à *Monsieur*, depuis Louis XVIII.

A l'avénement de Napoléon au consulat, Barras se retira dans ce château, qu'il avait acheté et qu'il vendit quelque temps après au général Moreau.

Le général Berthier, prince de Wagram, en devint ensuite propriétaire : ses héritiers possèdent maintenant ce domaine.

Le château se compose de trois corps de logis ; de grandes avenues y conduisent. Les jardins en sont spacieux ; ils ont été en partie construits sur l'emplacement des anciens boulingrins.

Deux groupes de pierre de dix pieds de proportion, décorent les bosquets. Le parc comprend dix-sept cents arpens ; il est entouré de murs.

Ce château et ses dépendances sont une des plus belles résidences des environs de Paris.

GUERMANDE ou GUERMANTES, appelée aussi *le Chemin ;* à un quart de lieue de Bussy Saint-Martin.

L'église, sous l'invocation de saint Jacques et de saint Christophe, a été rebâtie en 1707 sur les dessins de frère *Romain,* dominicain.

Le château appartenait, vers la fin du seizième siècle, au président de Violė.

Pendant les guerres de la Fronde, Louis XIV et sa mère habitèrent ce château.

Le jardin passait pour un des meilleurs ouvrages de Le Nôtre.

**GUIBEVILLE.** Village à neuf lieues de Paris, de Montlhéry. Philippe Genoud, conseiller au parlement, devenu seigneur de ce village vers le milieu du dix-septième siècle, en fit une domination toute féodale : il obtint le privilége de haute et basse justice, de nommer les fonctionnaires civils et judiciaires, et de faire élever des fourches patibulaires. Le pays, maintenant mieux cultivé et plus peuplé, doit ce double bienfait aux nouvelles institutions qui placent tous les Français sous une loi commune.

**GUINGUETTES.** La plus grande partie de celles qui existaient jadis ont été comprises dans la nouvelle enceinte de Paris. D'autres établissemens se sont formés au-delà des barrières. Ces cabarets *extrà-muros* n'étaient jadis fréquentés que par les soldats, les filles de joie et les ouvriers, et étaient chaque jour le théâtre des plus grands désordres : les ouvriers n'y étaient nombreux que le jour de paiement. Aujourd'hui on y remarque plus de gaîté et moins de tumulte ; d'élégans restaurans se sont formés, surtout dans les environs du canal de l'Ourcq : ils sont très-fréquentés les dimanches par les familles de marchands, de gens de bureau et de rentiers qui jouissent d'une certaine aisance.

**GUYENCOURT.** Village près de Versailles, à cinq lieues sud-ouest de Paris. Le vieux château et ses dépendances ont été enclavés par Louis XIV dans son parc de Versailles. Ce village fut incorporé à Versailles en 1693; on y comptait alors cent dix feux. Sa population se bornerait aujourd'hui à quelques familles , si l'on ne comptait dans cette commune quelques hameaux voisins.

# H.

HAM. Petite ville à vingt-neuf lieues de Paris , au milieu d'une plaine fertile et sur les bords de la Somme et entourée de marais. Le château bâti dans le quinzième siècle, par ordre de Louis de Luxembourg , plus connu sous le nom de connétable de Saint-Paul, renferme une grosse tour ronde, de cent pieds de diamètre et d'autant de hauteur. Les murailles ont trente-six pieds d'élévation. Elle a servi de prison d'État avant et depuis la révolution.

Près de cette ville , coule le canal qui joint la Somme à l'Oise , entre Chauni et Lafère.

HERIVAUX. A huit lieues de Paris et à une lieue de Luzarches, au fond d'un vallon solitaire. Les comtes de Clermont et de Beaumont l'avaient donné à un ermite nommé Ascelin , qui à son tour le donna à l'évêque de Paris, Maurice de Sulli : il y établit un couvent de jeunes filles en 1160. Les nouveaux solitaires n'avaient qu'un revenu de douze mille francs , dont l'abbé, qui n'était pas tenu à la résidence, avait les deux tiers. Ce domaine est devenu la propriété de quelques familles de cultivateurs.

HERMIÈRES. A neuf lieues de Paris, entre Lagny et Cressy , ancienne abbaye fondée à la même époque que celle d'Herivaux, par Louis VII et la reine Adèle sa femme, et les seigneurs de Tournon. Ce fut encore ce même évêque de Paris qui en disposa en faveur des Prémontrés du Val Secret.

HIÈRES. A quatre lieues nord-est de Paris, sur les bords de la rivière d'Hières, qui lui a donné son nom. Ce village s'élève au fond d'une prairie.

L'église, qui date du onzième siècle, eut pour premier patron Saint-Loup ou Leu, auquel on a substitué au quatorzième siècle Saint-Honest, prêtre de Pampelune.

Eustache, comtesse d'Etampes et de Corbeil, fonda dans ce village un couvent de religieuses, (l'abbaye d'Hières) en 1122. Louis le Jeune donna à ce couvent, en 1143, la dîme du pain qui se consommait à sa table et à celle de ses officiers, pendant son séjour à Paris, et la chevecerie de Notre-Dame, pendant la vacance du siége. L'abbesse transigea dans la suite de ce droit avec le chapitre. Elle nommait aussi à la cure du village, et partageait avec le curé les dîmes. Voilà de singulières prérogatives, mais qui, à cette époque où des courtisans militaires se faisaient donner des abbayes, et même des évêchés, ne devaient étonner personne.

Ce village avait encore un couvent de Camaldules.

La rivière d'Hières ne gèle jamais et ne déborde que rarement. Dans le quatorzième siècle, elle cessait quelquefois de couler pendant plusieurs années, et reprenait son cours pendant quelques mois. Elle est encore aujourd'hui très-irrégulière ; on montre plusieurs endroits où elle disparaît entièrement et semble se perdre de nouveau sous terre.

Le financier Pâris de Montmartel a fait bâtir un pont sur cette rivière.

Les religieuses d'Hières avaient à Paris une maison considérable qui a fait donner à la rue où elle était située le nom de *Nonnains d'Hières*, et par tradition *Nonandières*.

On remarque dans ce village la belle source du clos *Budée*, appelée fontaine *Budée*. Le buste du savant helléniste en décore l'intérieur. On lit au bas du modeste médaillon ces vers :

> Toujours vive, abondante et pure,
> Un doux penchant règle mon cours ;
> Heureux l'ami de la nature
> Qui voit ainsi couler ses jours.

Guillaume Budée était en faveur auprès de François I.er, et ce fut lui qui détermina ce prince à fonder le collège de France.

Dazincourt, comédien distingué par ses talens, Morel, auteur de plusieurs poëmes lyriques, avaient deux maisons voisines. M. Andrieux y fit, pour la première fois, sa *Comédienne*, représentée depuis au Théâtre-Français.

HOUILLES (les). Village à trois lieues de Paris, situé dans une péninsule de la Seine, près de Neuilly. Les Normands le saccagèrent en 846 : la plaine du village où furent inhumées les nombreuses victimes de leur férocité porte encore le nom de Martray. Il était jadis entouré de murailles. Les Huguenots s'en empa-

12

rèrent en 1594, et pillèrent l'église d'où l'on avait heureusement fait enlever les objets les plus précieux ; ils s'attendaient à y faire un butin considérable.

La plaine des Houilles était renommée pour les chasses à l'oiseau, sous les règnes d'Henri III, d'Henri IV et de Louis XIII. Louis XIV y passa la revue en 1667. On y faisait remarquer une croix appelée *Croix-des-Dine-Chiens*. Henri IV faisait dîner sa meute en cet endroit. Les melons des Houilles passaient, à cette époque, pour les meilleurs des environs de Paris. Les coteaux qui l'avoisinent sont couverts de vignes.

HOUSSAYE (la). A neuf lieues et à l'orient de Paris, près de Meaux. Ce village doit son nom aux plantations de houx, qui s'y trouvaient jadis en grand nombre. Le territoire est fertile en fourrages, en blé.

L'église, sous l'invocation de Saint-Nicolas, est construite en forme de grande chapelle. Le château et ses dépendances ont été achetés par feu le maréchal Augereau, qui y passait toute la belle saison : il appartient à sa veuve.

HUBERT (Saint). Ancien château royal, à cinq lieues de Versailles, entre la forêt de Rambouillet et celle de Saint-Léger, sur le bord de l'étang de Pourra. On y remarque un très-beau salon orné de pilastres corinthiens en stuc, exécutés par *Leclerc*. Les peintres et les sculpteurs les plus distingués, Pigale, Falconet, Coustou ont concouru à ses embellissemens.

# I.

ISLE-ADAM (l'). Bourg à huit lieues nord de Paris, à une lieue de Beaumont, sur les bords de l'Oise. On y remarquait un très-beau château et une belle orangerie. Les bâtimens ont été démolis et l'orangerie vendue.

ISLE-DE-FRANCE. Avant la nouvelle division de la France en départemens, on appelait Isle-de-France les pays situés entre la Seine, la Marne, l'Oise, l'Aisne, et l'Ourcq, ce qui comprenait le Beauvoisis, le Valais, le comté de Senlis, le Vexin français, le Hurepoix, le Gatinais, le Multien, la Goele, le Mantais, et Paris, qui était la capitale de cette province.

ILE-BELLE. (l') ou ILE-BIGNON. Formée par la Seine à Meudon. Les noms consacrés par la tradition populaire sont, en général, justes dans leur application : ils ont seuls une existence durable. L'abbé Bignon, qui rendit tant de services aux sciences et aux savans, et à qui nous devons l'établissement de la Bibliothèque nationale dans la rue de Richelieu, habitait *Ile-Belle* ; il était chéri et respecté par les villageois : ils donnèrent à ce lieu le nom d'Ile-Bignon, qui a fait oublier celui d'Ile-Belle. Ce fut là que Crébillon écrivit ses meilleures tragédies. Louis XV y venait souvent visiter l'abbé Bignon. Un jour, égaré à la chasse, il se présenta seul au batelier pour passer dans l'île : « L'abbé y

12.

est-il? dit le prince au batelier. — L'abbé, répondit celui-ci, il est bien monsieur pour vous, apparemment? » Louis XV n'oublia pas la leçon que lui donna ce batelier qui ne le connaissait pas.

Le séjour que l'abbé Bignon avait embelli a été vendu. Les acquéreurs ont détruit les bosquets; ce lieu a perdu tout ce qui l'embellissait.

ISLE-SANT-DENIS. *Voyez* DENIS.

ISSY, *Issiacum*. A une lieue et demie de Paris, sur un coteau et près des rives de la Seine. Les historiens font dériver son nom de la déesse *Isis;* mais il n'est pas certain qu'elle ait eu un temple dans ce village, et cette tradition n'est pas justifiée par des documens irrécusables; mais on ne saurait douter que ce village ne soit très-ancien. Les rois de la première et de la seconde race y possédèrent des maisons de plaisance. Childebert en donna une partie à l'église Saint-Vincent de Paris; Hugues Capet, une autre à celle de Sainte-Geneviève, et le roi Robert, une troisième à l'abbaye Saint-Magloire.

Suivant une charte de 907, Charles-le-Simple y résidait quelquefois : plusieurs ordonnances sont datées de *villa Issiacum*. Les courtisans, les évêques de Paris s'empressèrent d'y faire construire des maisons : Issy était le Versailles de l'époque.

Ce fut dans ce village que se tinrent les conférences sur les ouvrages de Fénélon. Les amis de la religion et des talens utiles ne balanceront jamais entre le cygne de Cambray et l'aigle de Meaux : Bossuet montra tout l'orgueil d'un homme du monde; Fénélon toute la résignation d'un philosophe chrétien.

On montre encore une maison que longe le grand chemin, et que la tradition signale comme l'asile où vint se réfugier Marguerite de Valois pendant les ravages de la peste, en 1605. Cette maison appartenait à l'ancien séminaire de Saint-Sulpice ; elle a repris sa première destination. La chapelle a été construite sur le plan de celle de Notre-Dame de Lorette. Il était défendu d'y dire la messe en perruque.

Une autre maison a eu successivement pour propriétaires le financier Basin de la Basinière, le président Talon, le prince de Conti ; elle appartient maintenant à M. de l'Épine, directeur de la monnaie.

Nous signalerons encore aux voyageurs curieux une troisième maison, qui fut habitée par l'intendant d'Alsace, Vadholles, par le maréchal d'Estrées et le cardinal de Fleury, qui y faisait sa résidence ordinaire : il y mourut en 1743.

Le cardinal était premier ministre ; sa cour était nombreuse : ses flatteurs chargeaient les gazettes de citations de centenaires, d'annonces d'élixirs merveilleux pour prolonger la vie. Malgré l'état de son éminence, les autres ministres continuaient à prendre ses ordres. On raconte qu'un matin, Breteuil, ministre de la guerre, après un travail très-long avec le cardinal, se trouva si mal qu'on le crut mort. Les valets du cardinal, craignant que l'accident ne troublât son éminence, au lieu de secourir le ministre de la guerre, se hâtèrent de le jeter dans sa voiture; il expira en arrivant à Paris. Le cardinal lui survécut peu de temps.

On fait encore remarquer sur une hauteur, en face de l'église, les débris d'un vieux édifice gothique, que, par tradition, les habitans appellent la maison de Childebert; on n'indique pas même de quel Childebert il s'agit : la France a eu plusieurs princes de ce nom.

Ce village compte trois usines de produits chimiques exploités par madame Duhameau, MM. Ador et Lepelletier : ces trois maisons ont des dépôts à Paris.

IVETTE. Nom d'un très-beau domaine de la commune de Lévis, qui fut donné dans le neuvième siècle à l'abbaye des Fossés, et qui fut érigé en prieuré. C'est maintenant une propriété particulière très-bien cultivée.

IVRY. A trois-quarts de lieue de Paris, sur le penchant d'un coteau, et peu éloigné du faubourg Saint-Marceau.

L'existence historique de ce village est très-ancienne. Saint-Frambourg, en quittant la cour de Childebert, s'y retira au sixième siècle. Un titre, qui date de l'année du couronnement de Louis d'Outremer (936), en fait aussi mention. Le château, bâti par Claude Rose Dubois, conseiller-d'État, devait être très-beau, si l'on en juge par la superbe terrasse qui y existe encore, et d'où l'on découvre Paris et ses environs. La campagne est très-cultivée.

On distingue parmi les maisons de plaisance celle dont M. le duc d'Orléans vient d'hériter de madame sa mère ; celle qu'habitait madame de Parny, qui s'est rendue célèbre sur le Théâtre-Français, sous le nom de Contat ; elle mourut à Ivry en 1813, âgée de 48 ans.

Le cimetière est sur une éminence près de l'église. On trouve aussi à l'extrémité du village, sur la droite, une chapelle presqu'en ruines. On prétend que Saint-Frambourg, à qui elle est dédiée, habitait le même emplacement. M. Saget exploite à la gare d'Ivry une fabrique de bouteilles et de verres à vitre.

IVRY (Plaine d'). Près d'Evreux. Henri IV remporta une victoire signalée en 1590 sur l'armée des ligueurs, commandée par le duc de Mayenne. Ce ne fut point cette victoire, ni son abjuration qui lui ouvrirent les portes de Paris, mais la défection du commandant Maillard qui introduisit son armée pendant la nuit.

# J.

JAGNY ou JAIGNY, à sept lieues de Paris, sur la route de Clermont-Beauvoisis, près de Champlatreux et de Mareuil. Le territoire de ce village est presqu'entièrement planté de vignes.

Jagny est aussi le nom d'un hameau de la commune de Saint-Fergeil de Chevreuse.

JANVRY. A sept lieues sud-ouest de Paris, et à deux lieues de Montlhéry. On montrait dans l'église de ce village des cheveux de la Sainte-Vierge; cette seule paroisse comprenait, avec le village de Janvry, six écarts, Fresneau, Muleron, Marivaux, Chante-Coq, Tuillières et Labrosse. Que de pays pour une seule cure; mais aussi que de dîmes!

JARD (le). A dix lieues de Paris, près de Melun. Son origine date du douzième siècle. Louis-le-Jeune résidait souvent à Melun, dans l'abbaye du Mont-Saint-Pierre, sur l'emplacement duquel est établie la préfecture. Alix de Champagne, sa seconde femme, fit élever dans le voisinage de Melun le château du Jard : ce fut là que naquit Philippe-Auguste. La reine, sa mère, donna son nouveau château aux moines de Passy : telle fut l'origine de l'abbaye du Jard. Le dernier abbé de ce riche monastère fut C. H. Fusée de Voisenon, abbé galant et spirituel, auteur de quelques contes un peu lestes, d'une histoire de la Félicité, et si connu par son intime liaison avec Favart. L'abbé de Voisenon mourut dans le château de ce nom, voisin de l'abbaye du Jard, le 22 novembre 1775.

Devenu propriété nationale, le monastère du Jard fut vendu à M. de Vergès, qui le revendit à un ancien intendant de Champagne, conseiller-d'état honoraire. Le cloître a été converti en fabriques. Une prairie, dont des eaux abondantes et limpides entretiennent la fraîcheur, une parc bien percé, de jolis jardins, environnent la maison principale, qui domine ce charmant paysage.

JARDRES, près de Vaucresson, doit son nom à une petite forêt. Un prieuré y fut établi dès le treizième siècle. Au clocher près, on l'aurait pris pour une grosse ferme ; c'était un de ces commodes bénéfices dont l'heureux titulaire touchait les revenus sans être obligé de résider et sans remplir aucune fonction ecclésiastique : il suffisait au prieur commandataire de Jardres de faire dire par un desservant une messe par semaine.

JOIGNY. Ancienne ville sur la droite de l'Yonne, à trente-quatre lieues de Paris. On y remarque de belles casernes ; il y a toujours un régiment de cavalerie en garnison. Sa principale culture est en vignes.

JOINVILLE. A dix-neuf lieues de Paris, sur la route de Chartres. C'était un des plus beaux domaines de la famille des Guises. Ce fût là que naquit le fameux cardinal de Lorraine. Le château avait toute la magnificence d'une résidence royale. On y voit le tombeau du brave et naïf Joinville, historien et compagnon d'armes de Saint-Louis.

La ville est arrosée par la Marne. On remarque, dans l'église de Saint-Landry, le tombeau élevé à Claude de Lorraine, duc de Guise ; il est en marbre noir et soutenu par quatre vertus grandes comme nature. On prétend que les cendres de Godefroi de Bouillon, qui fut roi de Jérusalem, y sont déposées.

Le nom de Guise rappelle toutes les calamités et tous les crimes qui affligèrent la France au seizième siècle. Le duc de Guise avait terminé, avec son frère, le cardinal Charles de Lorraine, les conférences secrètes de Strasbourg et organisé la ligue,

quand il vint rejoindre, à Joinville, la duchęsse
douairière, sa mère. Vassy dépendait de la châtellenie de Joinville. Les catholiques et les protestans
y vivaient en bonne intelligence. Guise parut, et,
en quittant Joinville pour venir à la cour, il exécuta de sang-froid l'assassinat de la population pro-
testante de Vassy. Les documens historiques les
plus incontestables démontrent que ce massacre
était prémédité. *Voy.* V_ASSY_, et l'*Essai sur la vie et
les ouvrages de M. Lhospital,* tom. I^er., p. 178.

L'aîné de la famille de Guise prenait ordinairement le titre de duc de Joinville, qu'il ne quittait
qu'en devenant chef de sa maison. Le duc de Guise,
qui fut assassiné par Poltrot et qui poursuivit
Coligny avec tant d'acharnement et tenta plusieurs
fois de le faire périr par le fer et par le poison,
était, dans son jeune âge, l'ami intime, l'inséparable frère d'armes de Coligny. Ce fut le fils de ce
même Guise qui, le 22 août, fit assassiner Coligny
par Maurevel, et qui, le surlendemain, ressaisis-
sant sa victime, dirigea le poignard de Besme, et
donna par ce nouveau crime le signal du vaste
massacre de la Saint-Barthélemy.

JOSAPHAT ( Ancienne abbaye de ), près de
Chartres, à vingt lieues de Paris, fondée en 1117
par Geoffroi, évêque de Chartres, et Gosselin, son
frère. Les bâtimens ont été en partie démolis; le
reste a été converti en hôpital destiné aux enfans
trouvés et aux incurables : il est dirigé par onze
sœurs de la Congrégation de Saint-Maurice. C'est
près de cet ancien monastère de bénédictins que

se trouve un reste de la forêt où les druides célébraient leurs cérémonies religieuses, sur une éminence entourée de fossés, de forme circulaire, à
l'endroit appelé la *Montagne du Lieu*, d'où dérive
*Lèves*, nom de cette petite commune.

« A peu de distance, dit M. Chevard, et vers la
» rivière, se trouve une caverne vaste et profonde,
» creusée dans la partie de la montagne qui regarde
» le levant; c'est dans ce souterrain... que les
» druides se retiraient pendant le temps des assem-
» blées nationales. C'était là qu'ils réunissaient leurs
» disciples les plus affidés... pour les initier dans
» les pratiques les plus minutieuses de leur religion.

» Vis-à-vis et à quelques pas de cette caverne
» était une fontaine sacrée, qui subsiste encore au
» pied du ci-devant monastère des bénédictins de
» Josaphat, du côté du jardin.... »

Les archéologues s'accordent à indiquer le lieu
que l'on appelle aujourd'hui la *Carenne de Bois-
Villiers*, comme l'emplacement de l'ancien collége
des druides.

JOSSIGNY. Village à sept lieues ouest de Paris,
près de Lagny. Culture très-variée.

JOUI EN JOSAS. *Joiacum, Joviacum.* A quatre
lieues sud-ouest de Paris et à une lieue de Versailles. Ce village, situé dans un vallon arrosé par la
Bièvre, s'élève au milieu d'une campagne très-bien
cultivée.

L'église, sous l'invocation de Saint-Martin, paraît
dater du seizième siècle. Le château, bâti à l'ita-
lienne, est remarquable par l'élégance de sa cons-

truction et sa distribution intérieure. Au milieu d'une belle futaie s'élève une fontaine construite sur les dessins de Blondel. Une belle pièce d'eau décore l'orangerie. La hauteur est dominée par un belvéder, d'où l'on découvre le parc qui à quatre cents arpens.

Feu M. Oberkamp y fonda une belle manufacture de toiles peintes, qui fut le berceau de ce genre d'industrie en France. L'empereur Napoléon, en visitant ces vastes ateliers, détacha sa croix-d'honneur, qu'il donna à cet estimable négociant. Les héritiers de M. Oberkamp, décédé en 1814, dirigent l'intéressant établissement qu'il avait fondé.

On remarque dans les environs de Jouy le hameau de Metz ou le Meiz Saint-Marc, la maison de la Cour-Roland, celle du Moulin du Roi, que possède M. d'Aubespine.

JOUI-LE-MOUTIER. A sept lieues de Paris, au-delà de l'Oise. Le territoire de ce village, dont le chapitre de Notre-Dame de Paris avait la seigneurie, se compose de terres labourables, de vignes et de prairies.

JUILLY. A sept lieues de Paris et à une lieue de Dammartin. Ce village a donné son nom à une maison d'éducation qui a reçu une nouvelle existence sous le gouvernement de Napoléon. Elle est située dans un vallon agréable, l'air en est très-salubre, la vue pittoresque. La chaussée qui s'élève sur une vaste pièce d'eau, sert de promenade.

On trouve dans la cour de l'établissement une fontaine dont les eaux ont eu la vertu de guérir plusieurs maladies. On donne à cette propriété de l'eau une cause surnaturelle : on prétend qu'elle a acquis cette vertu, parce que sainte Géneviève s'y désaltérait en allant visiter une sainte de ses amies.

JUVISY. A quatre lieues et demie de Paris, à l'extrémité de la plaine de Long-Boyau, sur la rive gauche de la petite rivière d'Orge.

L'ancienne route qui traversait ce village était difficile et dangereuse pour les voitures. Un ouvrage, qui rappelle les belles voies romaines, fut commencé en 1727. Le nouveau chemin fut tracé à peu de distance du village. Un double pont a été construit dans la vallée. Le premier se compose de plusieurs arches; le second n'en a qu'une seule, aux extrémités de laquelle on a bâti deux fontaines qu'alimentent les eaux de la rivière d'Orge, qu'une pompe élève jusqu'à leur hauteur. C'est là que les voyageurs se désaltèrent, et d'où vient le proverbe *boire de l'orgeat de Juvisi*. On remarque dans ce monument deux trophées sculptés par Coustou.

L'église est sous l'invocation de Saint-Nicolas. En 1563, Charles IX établit deux foires à Juvisi, aux deux fêtes de Saint-Nicolas, en mai et décembre.

Le château de Juvisy est remarquable par son ancienneté; son parc a été tracé par Le Nôtre. Il est fermé par la rivière d'Orge.

# L.

LACHAISE ( Cimetière du Père ). *Voy.* MONT-LOUIS.

**LACY ou LASSY.** A sept lieues de Paris, près de Luzarches. Ce village, dont la culture est riche et variée, subit dans le quinzième siècle toutes les calamités de l'occupation étrangère. Pillé, dévasté par les troupes anglaises, il fut abandonné par ses malheureux habitans, depuis 1422 jusqu'en 1430.

**LAGNY.** Ville à sept lieues est de Paris, sur les bords de la Marne (Seine et Marne), à quatre lieues sud-ouest de Meaux. Saint-Fourins, moine et gentilhomme écossais, y fonda, dans le septième siècle, une abbaye de bénédictins, qui fut dans la suite richement dotée. La principale paroisse est sous l'invocation de saint George.

Les Anglais l'assiégèrent sans succès en 1432. Elle fut prise, saccagée et brûlée en 1358. Le duc de Parme s'en rendit maître en 1590.

Lagny est la patrie du poète Geoffroi et du chancelier Pierre d'Orgemont, premier président du parlement de Paris, élu chancelier sous Charles V, en 1378. Il donna sa démission sous Charles VI, en 1380; et mourut le 3 juin 1389. La dignité de chancelier était alors considérée comme une magistrature nationale. Pierre d'Orgemont fut nommé au scrutin par une assemblée des cours souveraines, tenue au Louvre et présidée par le roi. Les ministres alors n'étaient que les gens du roi; le chancelier était l'homme de la nation, chargé spécialement de veiller au maintien des lois, que les mandataires de la nation avaient seuls le droit de faire. Depuis, le chancelier est descendu au rang de simple ministre.

Cette cité a été plus malheureuse qu'aucune
autre, tant que l'anarchie féodale a pesé sur notre
France. En 1415, Jean, duc de Bourgogne, espé-
rant une audience de Charles VI, s'établit à Lagny
avec ses troupes ; il y resta si long-temps, qu'il reçut
le sobriquet de *Jean de Lagny*. Furieux de se voir
joué par le roi, Jean livra Lagny au pillage et partit.
Cette ville passa successivement au pouvoir de
l'armée royale, des Bourguignons et des Anglais,
qui, tous, se conduisirent en brigands. Lagny ne devait échapper à aucune calamité, à aucune infamie :
en 1544, le maréchal de Lorge, l'ayant prise d'assaut, fit préparer une grande fête : toutes les dames de la ville furent invitées ; au milieu de la
fête, le maréchal fait fermer les portes, éteindre
les lumières, et, à un signal donné, toutes les
dames de Lagny sont livrées à une soldatesque ivre
de vin et de luxure. Le nom de Lorge, depuis
cette époque fatale, est en exécration à Lagny. Ce
sentiment s'est perpétué de génération en génération
à un degré d'exaltation toujours croissant. Malheur
aux mauvais plaisans qui s'avisaient de demander
«*combien vaut l'orge à Lagny?*» Ils étaient jetés impi-
toyablement dans une fontaine qui est au milieu
de la ville. On n'avait nul égard à l'âge, ni au sexe.
Saint-Foi assure avoir vu infliger ce châtiment à
un jeune Parisien ; et il paraît certain, qu'en septembre 1776, une jeune dame, qui, peut-être
ignorait cet usage, eut l'imprudence de hasarder
la question proscrite, elle fut à l'instant saisie et
jetée dans la fontaine. On la retira agitée par d'hor-

ribles convulsions, et elle expira quelque temps après.

Une inscription gravée sur la fontaine, indique l'usage séculaire qu'il importe tant de connaître ; mais cette inscription est en latin ; en voici la traduction :

« Naïade, ne quitte pas ce séjour ; que pourrais-
» tu craindre dans une cité qui te chérit? Vengé
» par toi, le citoyen méprise les outrages des mau-
» vais plaisans ; car, aussitôt qu'il s'en présente,
» ton onde leur apprend à se taire. »

On ne pouvait éviter le bain vengeur, qu'en mettant la main dans un sac d'orge, en faisant la question « combien vaut l'orge?» Mais rien n'indiquait aux étrangers ce préservatif contre la fureur des habitans de Lagny.

Il est inutile de faire remarquer que cet usage n'existe plus depuis long-temps ; mais tant de vieux usages sont rétablis, que celui du bain de Lagny pourrait bien renaître.

LÉGER (Saint-). Le château et la forêt dépendaient du domaine seigneurial de Rambouillet, depuis que le comte de Toulouse, fils naturel de Louis XIV, avait acquis la forêt de Montfort, que le roi son père avait donnée au duc de Chevreuse, en échange de cette dernière ville et de ses dépendances.

LEU-TAVERNY (Saint-). A quatre lieues nord-ouest de Paris, dans une plaine au-dessous de Taverny. Son territoire se divise en vignobles et en labourages.

L'église, sous l'invocation de Saint-Loup, compte plus de six siècles d'existence.

On y remarque un château moderne, d'une architecture élégante, des jardins bien dessinés, et une salle de spectacle ; un salon orné de glaces, réfléchit toute la campagne à une petite distance.

LEVIS. Sur la rive gauche de l'Ivette, à huit lieues de Paris, et à quatre lieues de Versailles. Des vignes tapissent le coteau ; le vallon se divise en labourages et en prairies. Ce village était déjà très-peuplé du temps de Philippe-Auguste. Le patron de la paroisse est *Saint-Nom*. On remarque dans le village deux riches monastères, celui d'Ivette et l'abbaye de Roche, ou de la Roche, plus anciennement de la Rouche.

LIANCOURT. A quinze lieues de Paris, entre Creil et Clermont (Oise). On a utilisé avec autant d'art que de bonheur les eaux des montagnes voisines pour l'arrosement des plantations et l'embellissement des jardins et du parc du château : les eaux de la Beronelle alimentent le canal du Mail, qui a cent quatre-vingts pieds de long, et se termine en nappe écumante. Ce domaine réunit l'utile à l'agréable : les bâtimens, les jardins sont d'une magnificence étonnante. M. Larochefoucault-Liancourt, dont le nom toujours cher aux amis des arts et de l'humanité, se rattache à l'origine, aux progrès de notre industrie, a fondé, dans ce village, une manufacture qui entretient de nombreuses familles. Rentré en possession de ce domaine, il n'a songé qu'au bonheur des habitans, dont il est le père et le soutien. Nous devons à ce respectable philantrope l'École des Arts et Métiers de Châlons ; l'introduction de la vaccine. Il a consacré sa vie et sa fortune au bien-être de ses concitoyens, et les bénédictions du pauvre ont été son unique récompense : cette récompense suffisait aux vœux de ce généreux philantrope.

LIEUX. Au milieu d'une prairie, sur la rive de la Seine, à sept lieues de Paris, près de Jouy. Le château et ses dépendances appartenaient à la branche de Bourbon-Conti.

LIEUSAINT et non pas LIEURSAINT. Village près de la forêt de Sénart, à huit lieues de Paris. Une comédie toute d'imagination, la *Partie de chasse d'Henri IV*, qu'on a jouée et que l'on jouera sur tous les théâtres de France, tant que le public aimera des tableaux naïfs et une gaîté franche, a rendu ce village presque fameux. C'est une fable ingénieuse, que le caractère connu d'Henri IV a fait prendre pour une anecdote historique ; mais aucun historien n'en a dit un mot ; le *Journal de l'Étoile*, les *Mémoires de Sully*, qui nous ont révélé les moindres circonstances de la vie politique et privée du prince béarnais, n'offrent pas le plus léger indice du souper de Lieusaint.

Collé s'exprime ainsi dans son journal, 2ᵉ. vol., article juin 1760 : « J'ai composé à la campagne, une comédie en deux actes et en prose, intitulée *Le Roi et le Meunier* : c'est une imitation d'une comédie anglaise, en un acte, et qui porte ce titre. M. Dodsley, imprimeur à Londres, en est l'auteur

original; elle a beaucoup réussi à Londres et est
restée au théâtre. Elle a été traduite en français
par M. Patu, qui la donna au public en 1756.....
dans un recueil de comédies anglaises.

« En traitant le sujet de M. Dodsley, je n'ai conservé que le fond des meilleures scènes et de l'in-
trigue, à laquelle pourtant j'ai été obligé de faire
des changemens pour la rapprocher de nos mœurs.
J'ai transporté la scène en France, et j'ai choisi une
époque qui pût être agréable (1) et piquante, en
la prenant dans la fin du règne de notre Henri IV;
c'est le tableau croquis et imparfait à la vérité;
mais enfin c'est le tableau des vertus domestiques
d'Henri IV, et dans lequel je le peins en déshabillé,
si l'on peut s'exprimer ainsi..... »

L'estimable auteur de l'ouvrage intitulé *Promenade de Paris à l'ancien château du Jard*, qui a paru
l'année dernière (1824), rendant compte de ses recherches dans le village de Lieusaint, s'exprime
ainsi.... « On m'a fait voir sur la route plusieurs
bornes en grès, adossées aux dernières maisons de
l'endroit en allant à Melun, et portant encore un
relief assez frais d'anciens écussons, où se trouvent
sculptées, dit-on, les armes de France, provenant
de la ferme du meunier Michau, dont il aurait
obtenu la permission de la décorer depuis sa mémorable aventure. J'ai vu avec soin les différens
reliefs; je n'y ai pu découvrir aucune trace de fleur-

_____

(1) Il a ajouté l'épisode du souper chez le meunier qu'il appelle Michaut,
et inventé le premier acte de la pièce.

13.

de-lys; et je serais tenté de croire plutôt que ces masses de grès proviennent, par suite des déprédations révolutionnaires, de quelques châteaux voisins, peut-être même de celui de Cramayel. J'ajouterai, enfin, qu'il ne reste dans le pays personne qui ait le souvenir, quelque ancien qu'il soit, qu'on lui ait jamais parlé de descendans du meunier Michau, et que l'on n'eût même pas su qu'il ait jamais existé de moulin d'aucune espèce dans le village ou dans les environs. (*Promenade de Paris au château du Jard*, pag. 166 et suiv.) La fable, imaginée par Collé, a passé pour une vérité, parce que le nom d'Henri IV la rendait vraisemblable. C'est ainsi que de nos jours, M. Bouilly a créé la fable du *Voyage de l'Abbé de l'Épée à Toulouse*, et placé le lieu de la scène à la place Saint-George, où la famille Solar n'a jamais habité. Le procès du faux Solar a été jugé contre lui; le drame de M. Bouilly n'en est pas moins très-attachant, et l'Abbé de l'Épée était déjà placé au rang des bienfaiteurs de l'humanité, long-temps avant que M. Bouilly eût pu songer à en faire le héros d'une pièce de théâtre. Collé et Voltaire ont beaucoup contribué à rendre le nom d'Henri IV populaire.

LIMON ou LAGRANGE-DE-LIMONS. A quatre lieues de Paris, près de Châteaufort. Ce village fut inhabité pendant tout le cours des guerres du quinzième siècle.

LIMOUX ou LIMOURS. A sept ou huit lieues de Paris, *Limoses*, près de Châteaufort. On trouve dans le midi de la France une ville du même nom.

L'église, sous l'invocation de Saint-Pierre, est un assez beau bâtiment, construit en forme de croix. En 1091, Geoffroy, évêque de Paris, l'avait donné aux moines de Bourgueil, qui y formèrent un prieuré. Gaston d'Orléans y fonda un couvent de pénitens du tiers-ordre de Saint-Augustin.

Le château fut bâti par Jean Porchen, trésorier des guerres, qui fut pendu à Monfaucon, comme concussionnaire. Son domaine fut confisqué et donné par François I<sup>er</sup>. à Anne de Pisseleu, duchesse d'Étampes, sa maîtresse; Henri II le donna ensuite à Diane de Poitiers. François I<sup>er</sup>. s'était retiré dans ce château, pour se distraire du chagrin qu'il ressentit de la mort d'Henri VIII, roi d'Angleterre, ou plutôt pour cacher à sa cour la cause de la maladie dont il mourut.

Le cardinal de Richelieu acheta cette terre et le château, qu'il fit décorer de fleurs, de tableaux et de statues ; il établit dans ce bourg un marché par semaine et quatre foires par an.

Le comté de Limoux appartint aussi à Gaston d'Orléans, frère de Louis XIII, à qui ce roi le donna après l'avoir incorporé au duché d'Orléans. Delille a célébré les jardins de Limoux, embellis par madame la duchesse de Brienne.

LIVRY. A quatre lieues de Paris, sur la route de Meaux. Le château était jadis très-fortifié. Louis-le-Jeune, dans les guerres contre le comte de Champagne, en fit le siége; il monta lui-même à l'assaut et fut blessé à la cuisse. La place fut prise et démantelée.

Malherbes et madame de Sévigné ont habité Livry.

Ce fut sous les rians ombrages de ses bois, qu'elle écrivit ses lettres à sa fille sur l'éducation.

L'église paroissiale est sous l'invocation de Notre-Dame.

Dans le quatorzième siècle les rois ont quelque-fois habité le château de Livry. *Voy.* RAINCY.

LOGES (les). A quatre lieues de Paris, vers le couchant d'hiver, à une lieue de Versailles, sur la rive droite de la Bièvre.

L'église, sous l'invocation de Saint-Eustache, paraît n'avoir été érigée en cure que dans le quinzième siècle.

Anne d'Autriche, épouse de Louis XIII et mère de Louis XIV, avait fondé dans le village des Loges un couvent d'Augustins déchaussés, qu'elle dota richement. Elle était alors régente.

Le château doit, comme le village, son nom au mot latin du moyen âge *logive*, *( habitation au milieu des bois )*. Le pavillon qu'on voit encore a été bâti par ordre d'Anne d'Autriche, qui s'y arrêtait toujours dans ses voyages à Saint-Germain. C'est là que fut exilée madame Dubarry, pendant la dernière maladie de Louis XV.

La foire de ce village, qui a lieu le premier dimanche qui suit le 30 août, était jadis considérable. Des ermites s'y étaient établis en 1624. Louis XIII y avait placé des religieux Augustins en 1685.

Une succursale de la maison d'Écouen y fut établie sous le gouvernement impérial. Une ordonnance du roi, de mai 1816, en a subordonné l'organisation à la maison royale de Saint-Denis.

On ne dit plus le château, mais le pavillon des Loges.

LONGCHAMP. A l'extrémité du bois de Boulogne, sur la rive droite de la Seine, vis-à-vis le village de Surenne.

Cette abbaye, aujourd'hui transformée en métairie, avait été fondée dans le treizième siècle par Isabelle de France, sœur de Saint-Louis, pour des religieuses de l'ordre de Saint-François, appelées *Sœurs Mineures*.

Cette princesse se retira dans cette abbaye, où elle mourut. Blanche, Jeanne de France et Philippe-le-Long, y terminèrent aussi leurs jours.

Les religieuses de Longchamp se relâchèrent de la rigueur de leur institution. En 1543, leurs désordres furent tels, qu'il fut question de réformer le couvent. Il est difficile de préciser l'époque où commencèrent les promenades de Longchamp. Les mercredi, jeudi et vendredi de la semaine sainte, ces religieuses y chantaient les ténèbres : il ne fallut que l'attrait d'une belle voix pour y attirer l'oisive opulence. L'archevêque de Paris, pour faire cesser ce qu'il appelait un scandale, défendit la musique, et l'église fut déserte. Mais la vanité maintint l'usage des promenades dans l'avenue des Champs-Élysées et les allées du bois de Boulogne. Le monastère fut supprimé au commencement de la révolution. Les promenades périodiques furent long-temps suspendues ; elles ont repris sous l'empire, et se sont maintenues depuis, mais on n'y attache plus la même importance.

LONG BOYAU ( Plaine de ). Cette plaine , d'une vaste étendue, doit son nom à une allée qui se prolonge à une distance de plus de trois lieues. Depuis deux ans une partie des arbres a été abattue.

LONGJUMEAU. A quatre lieues de Paris , sur les rives de l'Ivette , route de Paris à Orléans. Petite ville très-commerçante : son marché du vendredi est une véritable foire. On y trouve plusieurs usines fort occupées. Les religieux de Sainte-Geneviève y possédaient jadis un riche prieuré.

LONGPONS. A six lieues de Paris. Les bénédictins de Clugny possédaient une grande partie du territoire; ils y avaient un riche monastère.

LOUVECIENNES. *Voy.* LUCIENNES.

LOUVRES. Petite ville à cinq lieues nord-ouest de Paris , sur la route de Senlis. Son hôtel-Dieu date de six siècles. Il y avait jadis une léproserie, dotée dans le douzième siècle de cinq arpens de terre à Survilliers, et de dix-neuf à Louvres. L'église principale était dotée de soixante-dix arpens de terre , à la charge de faire chaque année aux pauvres, le jour de la mi-carême , une distribution de pain. On attribue cette fondation à la reine Blanche et à Philippe-le-Bel.

LUAT. A un quart de lieue de Paris , sur la droite de Saint-Brice , près d'Écouen.

Le château peu remarquable, et qui ne rappelle aucun souvenir historique, était un manoir seigneurial de la famille de Braque, et avait été acheté, en 1752 , par la veuve d'un receveur de la capitation.

M. de l'Épine-Julien est propriétaire actuel ; il y a établi une belle filature de coton, dont les produits, présentés à la première exposition de l'industrie nationale, lui ont mérité une médaille d'or.

LUCIENNES. A trois lieues et demie de Paris, près de l'ancienne machine de Marly. Le village, groupé sur le penchant d'une colline, et à peu de distance de la Seine, offre un point de vue agréable. C'est à Luciennes que fut construit en trois mois, sur les dessins de Ledoux, ce pavillon, prodige d'élégance et de goût, dont chaque partie est un chef-d'œuvre. Les artistes les plus distingués ont rivalisé de talens et d'activité pour en faire un séjour enchanteur.

Le pavillon de Luciennes avait été bâti pour madame Dubarry ; il a été vendu depuis sa mort, et les étrangers ont acheté tout ce qui pouvait être déplacé : tableaux, statues, ornemens, tout a été enlevé ; tout le reste a été mutilé.

Les traces de cette scandaleuse dévastation ont été réparées de nos jours. Luciennes mérite encore l'attention du voyageur et de l'artiste. Ce joli domaine appartient à M. Lafitte, banquier.

LUZARCHES. A dix lieues nord de Paris, sur la route de Chantilly, dans un vallon évasé (Seine et Oise), arrond. de Pontoise.

Le château construit à l'antique renfermait une collégiale. L'église paroissiale, sous l'invocation de Saint-Damien, a été bâtie à la partie opposée.

D'après une fondation de 1230, la confrérie des chirurgiens de Paris fut réunie à l'ancienne confrérie de Luzarches. Deux fois, chaque année, quatre confrères s'y rendaient pour faire les opérations nécessaires aux malades qu'on y transportait, même des environs.

Saint-Louis aimait à visiter l'abbaye de Royaumont, qu'il y avait fondée. Il refusa l'hommage de la seigneurie de Luzarches, que lui offrait le comte de Beaumont, pour ne point se trouver lui-même vassal de l'évêque de Paris.

Luzarches avait une maladrerie ou léproserie très-ancienne; elle datait du règne de Philippe-Auguste.

Des pénitens du tiers-ordre de Saint-François s'y établirent en 1658.

Luzarches a trois foires assez fréquentes, le jeudi de la semaine de la Passion, les 28 septembre et 28 octobre.

On fabrique depuis très-long-temps dans cette petite ville des ouvrages en dentelles.

Luzarches est la patrie de l'architecte Robert, qui commença en 1220 la belle cathédrale d'Amiens.

Sophie Arnould y avait une maison qu'elle habita pendant ses dernières années. Cette maison faisait partie de l'ancien couvent des pénitens du tiers-ordre de Saint-François.

LUSIGNY. A deux lieues de Troyes. Dans la campagne de 1814, ce lieu avait été désigné pour des conférences entre le général Flahaut, nommé commissaire par l'empereur, et les commissaires des armées alliées, pour conclure une armistice de

quinze jours, en attendant le traité négocié à Châtillon. Les alliés rompirent les négociations au bout
de huit jours, et la guerre continua avec plus d'activité.

# M.

**MADRID.** Château situé entre la lisière du Bois
de Boulogne et la rive droite de la Seine. François Ier. le fit bâtir en 1529, à son retour de l'Espagne. Plusieurs historiens ont démontré qu'il ne
ressemblait point à celui qu'habitait François Ier.,
dans sa captivité. Ce prince s'y retirait souvent sans
se faire suivre de sa cour. Il est certain qu'il s'appellait originairement le château de Boulogne.
Charles IX, qui l'habitait trente ans après sa construction, y rendit plusieurs ordonnances datées du
château de Boulogne. Il s'y renfermait avec sa maîtresse la belle Touchet, plus jeune et moins am-
bitieuse que Diane de Poitiers.

Henri III s'y livrait à des plaisirs d'un autre
genre. Je n'en retracerai point l'obscène et dégoûtant tableau. On sait assez quelle fut la dépravation
et la féroce manie du dernier des Valois. Ce prince
faisait élever dans ce château des lions, des ours et
d'autres bêtes; il s'amusait à les faire combattre
contre des taureaux.

Il rêva que ces animaux voulaient le dévorer. A
son réveil, il les fit tous égorger, et les remplaça par
des meutes de petits chiens.

Telles étaient les occupations d'un monarque

dont les états étaient affligés du double fléau de la guerre civile et de la guerre étrangère. Henri IV donna ce château à la reine Marguerite.

Louis XIII le nommait *Madrid* ; il y séjournait souvent, à l'exemple de François I<sup>er</sup>. et d'Henri II.

Louis XV, en 1724, y fonda une chapelle royale, sous l'invocation de Saint-Louis. On avait conservé dans ce château une armure de François I<sup>er</sup>.

La première fabrique de bas à métier a été établie, en 1656, dans les dépendances de ce château. L'auteur de cette utile mécanique était Français, mais son nom est inconnu. Les bas de soie, au commencement du dix-huitième siècle, étaient de la couleur des habits, les coins étaient brodés en couleur, sur un fond rose.

Louis XVI ordonna la démolition du château de Madrid, et on a construit sur son emplacement plusieurs jolies maisons, dont la principale appartient à M. Casimir-Perrier, banquier et membre de la Chambre des Députés.

MAGNANVILLE. A quatorze lieues de Paris. Joli village près de Mantes et de Gassicourt.

MAGNY-LESSART ou MAGNY-LES-HAMEAUX. A six lieues de Paris et à deux lieues de Versailles, à l'extrémité orientale du bois de Trappes. On remarque derrière l'église des débris d'un ancien manoir seigneurial. La terre de Magny faisait partie de la riche dotation des Ursulines de Saint-Cyr.

MAISONS. A une lieue et demie de Paris, vers le levant du solstice d'hiver, à un quart de lieue du confluent de la Seine et de la Marne. On ajoute quelquefois le surnom de *près Charenton*, pour distinguer ce village des autres lieux appelés aussi *Maisons*.

L'église, sous l'invocation de Saint-Remy, n'a de remarquable que la flèche de son clocher. Le château est un chef-d'œuvre de F. Mansard. Le nom du président de Maisons ne rappelle que d'honorables souvenirs. Voltaire, son ami, s'y plaisait beaucoup. C'est ce charmant domaine qu'il peint ainsi dans son temple du goût :

> Simple en était la noble architecture ;
> Chaque ornement, à sa place arrêté,
> Y semblait mis par la nécessité :
> L'art s'y cachait sous l'air de la nature ;
> L'œil satisfait embrassait sa structure,
> Jamais surpris et toujours enchanté.

Le président de Maisons avait réuni dans son château une assemblée brillante pour assister à la lecture d'une nouvelle tragédie de son immortel ami; mais, sur les neuf heures du soir, la fièvre saisit Voltaire, la petite vérole se déclare : il entre en convalescence au bout d'un mois. Voulant absolument revenir à Paris, on le laissa partir à regret; mais au moment de monter en voiture, le feu éclata dans la chambre qu'il habitait.

C'est dans le jardin de Maisons, que le savant propriétaire avait orné de plantes rares, que mûrit le premier plant de café, en France. Le président avait fait lui-même dans son laboratoire un bleu de Prusse de la plus belle couleur.

Diane de Poitiers avait une maison dans ce village:

elle s'y retira aussitôt après la mort d'Henri II, et de là à son château d'Anet.

Robespierre posséda pendant quelque temps, une habitation à Maisons; mais il n'y faisait jamais un long séjour.

MAISON-ALFORT. A deux lieues de Paris. La Seine et la Marne arrosent le fertile territoire de ce village jusqu'à leur jonction, au lieu appelé la Bosse-de-Marne.

On y trouve plusieurs carrières de pierre de liais. De jolies maisons en varient l'agréable paysage. *Voy.* ALFORT.

MAINTENON. A deux lieues nord de Chartres, dans une vallée entre deux montagnes, sur les rives de l'Eure (Eure et Loire), à dix-sept lieues de Paris.

Maintenon n'était encore, au quinzième siècle, qu'une simple seigneurie. L'intendant des finances, Jean Cottereau, y fit bâtir un château au commencement du seizième siècle. Ses héritiers le vendirent à Françoise d'Aubigné, veuve de Scarron; c'était un présent du roi, son amant, et qui érigea cette terre en marquisat. Le fameux aqueduc destiné à conduire les eaux de l'Eure à Versailles, fut commencé en 1685. Un canal de vingt-deux mille quatre cent soixante-dix toises fut creusé depuis le bourg de Pontgoin jusqu'à cet aqueduc. Son lit devait avoir quinze pieds de large et dix pieds de profondeur, mais le nivellement avait été si mal pris que, lors de l'ouverture des écluses du point de départ, les eaux ne parvinrent qu'au bout de quinze jours à Maintenon. De nouveaux travaux furent exécutés pour obtenir un écoulement plus rapide. Cette entreprise colossale, poursuivie avec plus d'obstination que de talent, ne put être achevée, et ses vastes et inutiles constructions coûtèrent à la France cinquante millions et dix mille hommes.

On montre à Maintenon la chapelle où Louis XIV épousa la veuve Scarron. Le mariage est certain ; mais les documens historiques ne s'accordent pas sur la circonstance et le lieu de la célébration. Ce ne fut pas à Maintenon, mais à Versailles, pendant la nuit, dans un cabinet du roi. La messe fut célébrée par le père Lachaise, et servie par le valet de chambre Bontemps, en présence d'Harlay, archevêque de Paris, et du ministre Louvois. Les princes et princesses de la famille royale appelaient madame de Maintenon *ma tante*.

Françoise d'Aubigné, nièce et héritière de madame de Maintenon, hérita de cette terre, qu'elle transmit par mariage à la famille Noailles. Elle appartient maintenant au duc d'Aignan. Le château en est bien entretenu. On a conservé le portrait de la marquise, dans sa chambre à coucher ; elle est peinte vêtue d'un manteau de velours bleu, doublé d'hermine. Le nouveau propriétaire occupe l'appartement du roi. Le domaine est arrosé par deux rivières sur lesquelles s'élèvent de nombreux ponts qui facilitent les communications du parc et des jardins. Les anciens pèlerinages à la chapelle Saint-Maurice, à un quart de lieue de la ville, et si longtemps oubliés, ont repris une nouvelle activité.

Maintenon a été le berceau du poète Guillart, auteur du poëme de la pièce d'*OEdipe à Colonne*, et de Colin d'Harleville, l'un des premiers poètes comiques de notre âge, décédé à Paris en 1806.

MALMAISON (la). On écrivait jadis Malemaison. Près des bords de la Seine, et dans le territoire de Ruel. Les Normands débarquèrent sur ce point au neuvième siècle, et dévastèrent cette contrée; de là le nom de *Malus Portus*, *Mala Mansio*. Ce lieu n'était en 1244 qu'une simple grange appelée *Mala Domus;* mais au seizième siècle la *maison* paraît avoir changé d'aspect : Christophe Perrot, conseiller au parlement, en était seigneur.

En 1792, la *Malmaison*, devenue propriété nationale, fut vendue à M. Lecoulteux-Canteleux, banquier, qui la revendit à madame veuve Beauharnais, qui épousa le général Bonaparte.

Le site est pittoresque : les bâtimens ont été entièrement réparés par MM. Percier et Fontaine. Tous les appartemens sont ornés de peintures et de sculptures, et magnifiquement meublés; deux pavillons ont été construits à l'entrée de l'avenue; le parc a été entouré d'un large fossé rempli d'eau et garni de bornes en pierre. Une ménagerie d'animaux rares y fut établie; on remarquait des cygnes noirs dans les pièces d'eau. Les jardins botaniques étaient assortis de plantes rares : ces jardins avaient été formés par les soins de M. Mirbel, l'un de nos plus savans botanistes, et intendant de la Malmaison.

Assise sur le premier trône de l'Europe, Joséphine n'usa de son influence que pour faire le bien : elle protégea les savans et les artistes sans les humilier. Les malheureux, dont elle aimait à prévenir les besoins, n'eurent jamais à rougir de ses bienfaits.

Lors de la dissolution de son mariage avec l'empereur Napoléon, elle se retira à la Malmaison : tout respirait autour d'elle la paix et le bonheur ; elle seule avait le secret de ses peines.

En 1814, l'empereur Alexandre s'empressa d'aller la visiter dans sa retraite : il accepta le dîner qu'elle lui offrit. C'était le 26 mai 1814; le 30 du même mois, Joséphine avait cessé de vivre.

Le domaine de la Malmaison, objet de tant de méditations et de regrets, appartint ensuite au digne fils de Joséphine, le prince Eugène, retiré avec sa jeune famille à Munich, auprès du roi son beau-père. Ce prince est décédé il y a peu de mois.

Tout est changé à la Malmaison ; la bibliothèque seule est restée : on y remarque des modèles de vaisseaux de tous genres. Ce n'est plus qu'une magnifique solitude, que le voyageur parcourt en silence, en interrogeant ses seuls souvenirs.

Le 30 mai 1825, a été inaugurée la statue destinée à décorer le mausolée de feu l'impératrice Joséphine : elle est d'une grande ressemblance et d'une belle exécution. C'est un monument de la piété filiale de ses petits-enfans et de sa fille, la duchesse de Saint-Leu.

Le joli ruisseau qui arrose une avenue de la Malmaison a été chanté par Delille : ce fut là que ce poète a composé sa traduction des Georgiques.

14

MALNOUE ou MALNOE ( *Malanoda*). A quatre lieues est de Paris, sur une petite éminence. Siége d'une ancienne abbaye de bénédictines, fondée en 1172, qui était plus connue sous le nom de Notre-Dame de Footel ; elle avait été réunie au prieuré de Bon-Secours du faubourg Saint-Antoine.

MANDÉ ( Saint-). A une lieue et demie est sud-est de Paris. Des religieux bas-bretons y apportèrent dans le neuvième siècle les reliques du saint qui a donné son nom à ce village. Elles furent déposées dans une chapelle, qui fut ensuite érigée en prieuré dépendant de l'abbaye de Saint-Magloire. Ce prieuré fut plus tard réuni à l'archevêché de Paris, vers l'an 1665.

Au seizième siècle, les maisons étaient éparses dans le bois de Vincennes ; mais ce bois ayant été agrandi et clos pour servir aux plaisirs de nos rois, les habitans s'établirent le long des murs du parc, et le village se composa d'une seule et longue rue.

Le surintendant Fouquet y avait une belle maison qui a été depuis convertie en hospice. La famille d'Estrées a aussi habité ce village.

Plusieurs établissemens religieux s'y formèrent dans le dix-septième siècle, mais quelques-uns ne s'y fixèrent point. Les Annonciades de Melun le quittèrent pour aller demeurer à Popincourt ; les religieuses de la Saussaye, près de Villejuif, y retournèrent, après avoir séjourné pendant onze ans à Saint-Mandé. Les sœurs hospitalières de Gentilly n'obtinrent la permission de se transférer à Saint-Mandé, que sous la condition de laisser à l'Hôtel-

Dieu de Paris leur maison de Gentilly et tout ce qu'elles y possédaient. M. Titon acheta pour ces religieuses la maison qui avait appartenu au surintendant Fouquet.

Ce village était jadis plus étendu qu'il ne l'est maintenant. Les rois ayant successivement agrandi le parc de Vincennes, les habitans de Saint-Mandé se sont rapprochés, et le village ne forme plus aujourd'hui qu'une seule rue, dont presque toutes les maisons sont bâties avec goût et munies de paratonnerres.

MANDRES. Village à cinq lieues de Paris et à une lieue de Brie-Comte-Robert. Le coteau, qui forme une ligne demi-circulaire, et la culture variée de la plaine, lui donnent un aspect aussi riche qu'agréable.

MANICOURT. A huit lieues de Paris et à une lieue de Chevreuse, entre deux montagnes, sur la rive droite de l'Yvette. Les maisons forment un groupe au milieu du vallon. Les masures qu'on y voyait il y a trente ans, ont été remplacées par de nouvelles maisons.

MANINE ou MAGNINES. A six lieues de Paris. Hervé de Moncéod, qui possédait une grande partie du territoire de ce hameau, en avait fait don aux moines du Val, en 1221.

MANTES. A douze lieues de Paris, sur la rive gauche de la Seine, au nord-ouest de la capitale. La Seine, qui s'y grossit des eaux de plusieurs petites rivières, traverse cette petite ville. C'est un chef-lieu d'arrondissement de Seine et Oise.

14.

Jeanne de France y avait fondé une collégiale. Plusieurs enfans de France y ont été inhumés. Philippe-Auguste y mourut en 1223.

Le cardinal du Perron et quatorze ministres de Genève, tinrent dans le château de Mantes des conférences théologiques en présence d'Henri IV : on sait quelle en fut la cause et le résultat. Henri IV, après son abjuration, revint à Mantes et y tint son premier chapitre de l'ordre du Saint-Esprit, dans lequel il admit le maréchal de Biron, qui fut dans la suite décapité, et Renaud de Beaune, archevêque de Bourges. Henri IV fit construire à Mantes deux fontaines.

Mantes fut une des premières cités qui secouèrent le joug de l'étranger, lors de l'invasion des Anglais, dans le quinzième siècle.

La situation de cette petite ville est fort agréable. On y arrive de Paris par un beau pont ; de belles avenues se présentent de tous côtés. Un pays aussi fertile, aussi salubre, aussi heureusement favorisé par la nature et l'art, ne pouvait pas manquer de monastères : les célestins y avaient un couvent fondé par Charles V; de beaux jardins, un très-beau réfectoire, distinguaient le couvent des cordeliers. D'autres communautés religieuses s'y étaient formées.

A ces établissemens ont succédé d'utiles manufactures. Les produits des tanneries de Mantes sont très-recherchés dans le commerce.

Les gourmets vantent les pois du faubourg de Limai et les navets d'Aubergenville.

Gabrielle d'Estrées était à Mantes, lorsque Henri IV, alors sous les murs de Paris, apprit l'assassinat d'Henri III : il s'était hâté de se rendre auprès de ce prince, qui le reconnut pour son successeur légitime, et fit prêter serment à toute la noblesse de sa cour. Mais Henri IV, qui n'eût pu alors facilement se rendre maître de la capitale, s'empressa de resserrer le blocus, et après avoir pris les mesures les plus sévères pour empêcher l'arrivée des approvisionnemens, et intercepté les transports, établit des postes renforcés à Neuilly et à Charenton, il se rendit en hâte à Mantes auprès de sa maîtresse, qu'il n'avait point vue depuis quelques jours ; et dans cet intervalle, les ligueurs reçurent du secours, et se maintinrent dans la ville, dont une partie de la population fut dévorée par une horrible famine.

MARAIS ( le ). Son nom indique assez la nature du territoire de ce village, situé entre Argenteuil et Besons.

MARCHAIS ( le ). Près des villages de Dueil et de Groslay. Les femmes s'abtenaient jadis de laver dans un petit ruisseau qui arrose ce village, le 15 novembre, anniversaire du martyre de Saint-Eugène, dont le corps, suivant une ancienne tradition, avait été jeté par les payens dans ce ruisseau.

MARCHE ( la ). *Voy.* VAUCRESSONE.

MARCHE (la). Ce village, qui faisait jadis partie de la seigneurie du Chesnay, a été réuni à la commune de ce nom.

MARCOUSSI. A six lieues de Paris, sur la droite

de la route de Paris à Orléans. Les célestins y possédaient un riche monastère, fondé par Jean de Montaigu, qui fut principal ministre sous les règnes de Charles V et Charles VI. Son dévouement aux intérêts de la France, son attachement à la maison d'Orléans, excitèrent la haine du duc de Bourgogne, qui le fit accuser de concussion, condamner à mort, et exécuter aux halles de Paris. Il fut inhumé dans le couvent de Marcoussi, en 1412. Une inscription portait ces mots : *Lequel, en haine des bons et loyaux services par lui faits au roi et au royaume, fut, par les rebelles ennemis du roi, injustement mis à mort.*

François 1er., visitant le couvent de Marcoussi, se permit de railler les moines sur le genre de mort de Jean de Montaigu, leur fondateur. — Il ne fut pas jugé par la justice, dit un moine. — Et par qui donc? — Par des commissaires. Frappé de cette réponse, François 1er. jura de ne jamais faire juger d'accusé par des commissaires. Ses successeurs n'ont pas toujours imité sa répugnance pour les tribunaux d'exception.

Le territoire de Marcoussi est très-fertile en blé, en bois, en vin. Le château était remarquable par son antiquité ; c'était une véritable forteresse.

MARDILLY. Hameau de la commune d'Ivry, près de Sognolles, sur les bords de la rivière d'Hières, dans un vallon. Son origine connue date du treizième siècle.

MAREIL ou MAREUIL. A cinq lieues de Paris, sur une hauteur environnée de vignobles, de bois et de terres labourables. Le château et ses dépendances étaient une des plus belles propriétés de la famille de *Gèvres*. J'ai sous les yeux une lettre du chef de cette maison, adressée à Colbert, pour lui demander, dans les termes les plus respectueux, de *l'argan* pour *antrer en campane*.

On doit être étonné de trouver sous le règne brillant de Louis XIV un grand seigneur griffonner comme une cuisinière.

MARGENCY. A quatre lieues de Paris et sur la même ligne qu'Andilly. En érigeant la chapelle de ce village en paroisse, on imposa aux habitans l'obligation de se rendre chaque année en procession, le jour de Saint-Médard, à l'église d'Andilly, et d'y entendre la grand' messe.

MARLY-LA-VILLE. A dix lieues de Paris, était la limite de l'ancien diocèse du côté de Senlis. C'est le premier lieu où la Gazette de France ait annoncé les expériences de l'électricité pour prévenir les effets de la foudre. Il y avait des fabriques de draps, vers le milieu du dernier siècle. Les femmes y font de la dentelle. Budée affirme que de son temps ( seizième siècle ), les terres étaient d'un si bon rapport, qu'un arpent était affermé huit boisseaux de blé.

MARLY-LE-ROI, surnommé ainsi pour le distinguer de Marly-la-Ville, qui est près de Senlis, est situé à quatre petites lieues de Paris, entre Versailles et Saint-Germain-en-Laye.

Deux chartres du roi Thiéry, de 678, sont datées de Marly. Ce village devint ensuite une seigneurie de la maison de Montmorency. L'église est bâtie sur le haut d'une colline.

Louis XIV y fit construire un magnifique château.

Au bas d'une belle cascade, et au-dessus du plus somptueux jardin, s'élève un vaste édifice qui domine une esplanade, qu'environnent des terrasses, des cascades, des parterres, des bosquets, des pièces d'eau, et que termine un lointain riche et varié; des portiques de verdures, des statues, ornent cette enceinte, dans laquelle se dessinent douze pavillons qui font allusion aux douze signes du zodiaque. Le pavillon principal s'appelle temple du soleil, que Louis XIV avait adopté pour emblème.

Delille a célébré ce brillant séjour, dans son poëme des jardins :

« C'est-là que tout est grand; que l'art n'est point timide :
» Là, tout est enchanté; c'est le palais d'Armide; etc., etc.

L'aqueduc, ouvrage admirable par sa construction simple, solide et majestueuse, se compose de trente-six arcades. Sa longueur est de trois cent trente toises. Aux deux extrémités sont deux châteaux d'eau.

La machine de Marly élève l'eau de la Seine à la hauteur de six cents pieds. Cette machine, longtemps considérée comme un prodige de l'art, a été remplacée par une autre plus simple. Deux roues y font avec avantage le service des quatorze roues de l'ancienne machine. Elles font marcher deux pompes, et fournissent une plus grande quantité d'eau.

L'ancienne machine avait été inventée et exécutée par *Rennequin Sualem*, qui, assure-t-on, ne savait pas même lire, et son travail aurait pu immortaliser le plus savant mathématicien. Les sciences étaient alors bien loin du degré de perfection qu'elles ont atteint depuis trente ans.

La nouvelle machine est l'ouvrage de M. Martin, ingénieur.

Il ne reste plus que les murailles du fameux édifice de Marly.

MM. Alexandre Saganiel et Jean Milna y ont établi dans ce village une belle filature ; ils l'exploitent au moyen d'une machine ingénieuse, pour laquelle ils ont obtenu un brevet d'invention.

Nos fabricans, sur le double rapport de la simplicité, de la manipulation, de l'accroissement des produits, n'ont, depuis long-temps, rien à envier à l'Angleterre, dont nous balançons les succès dans tous les marchés des deux mondes.

MARNES. Village à deux lieues et demie de Paris, à l'extrémité du parc de Saint-Cloud. Quelques pâturages et des étangs occupent presque tout son territoire. Ce n'était qu'une forêt, lorsque Eude de Sully, évêque de Paris, fit arracher les arbres, et divisa le terrain en portions de neuf arpens, qu'il donna à des paysans. Il leur imposa, avec les autres redevances seigneuriales, un setier d'avoine, exigible à la nativité de la Vierge, six deniers de cens, à la Saint-Rémi, et une demi-mine de froment, ou une paire de chapons, à la fête des Morts.

Ainsi se forma le village de Marnes. Le même évêque avait fait bâtir une église. Les chanoines de Saint-Cloud s'opposèrent à l'établissement du curé; ils réclamèrent le droit de présentation, et surtout la dîme, et l'évêque, fondateur du village, perdit sa cause.

En 1702, le cardinal de Noailles y joignit les châteaux de l'Étang et de Villeneuve, qui rentrèrent, en 1790, dans la circonscription de Garches, dont ils avaient fait partie.

On voit encore deux châteaux dans ce village; celui appelé le Grand Étang, appartient au maréchal Soult. L'autre, appelé Château de Marne, n'est qu'un bâtiment massif et gothique sans goût.

MAROLLES. A huit lieues sud de Paris, à une lieue d'Arpajon, sur la gauche du grand chemin d'Orléans à Étampes. Son territoire est fertile et se divise en vignobles et en terres labourables. Les dîmes que les habitans payaient aux moines du prieuré de Longpont, équivalaient aux contributions foncières qu'ils payent aujourd'hui; et ces décimateurs n'admettaient point d'articles en non-valeurs.

MAROLLES-EN-BRIE. Village à cinq lieues de Paris, près du vieux Corbeil, sur la pente d'un coteau arrosé par le Revillon. Culture très-variée. La population est plus nombreuse qu'autrefois.

MASSI ou MACY. Village à trois lieues sud de Paris, sur la droite du chemin d'Orléans. Site agréable et fertile.

MAUBUISSON, à huit lieues de Paris, près de

Pontoise, était le siége d'une riche abbaye de l'ordre de Cîteaux, fondée par la reine Blanche, qui s'y fit recevoir religieuse et y fut inhumée. C'était peut-être de tous les monastères de France celui où l'on voyait le plus grand nombre de tombeaux de rois, de reines, de princes et de princesses, et l'on sait qu'une dotation était la condition obligée de ces inhumations privilégiées; aussi, les domaines, les revenus de ce couvent étaient-ils considérables. Gabrielle d'Estrées termine cette longue nomenclature de morts illustres; elle était enceinte quand elle fut empoisonnée; Henri IV parut inconsolable de sa mort. Mais comment concilier cette grande douleur avec les bienfaits dont il ne cessa de combler Zamet, que tant d'indices signalent comme l'auteur de cet empoisonnement. L'un des fils de cet heureux et coupable aventurier fut fait maréchal-de-camp, et un autre évêque.

MAUCHAMP. A dix lieues de Paris et à trois lieues d'Étampes, sur la droite du chemin d'Orléans, dans la vaste plaine de Torfou. Pays de labourage.

MAUNY. Deux villages de ce nom, l'un près du vieux Corbeil, l'autre près de Lagny.

MAUPERTUIS. A douze lieues de Paris, à quatre lieues nord-est de Fontenai, à peu de distance de Meaux. Sur les ruines d'une vieille terrasse, s'élève un magnifique château qu'environnent de beaux jardins. Le village se compose de nombreuses maisons, dont la forme et les dessins offrent une piquante variété. Ce sont autant de jolies fabriques qui se rattachent au plan général. Au milieu de cette élégante bourgade, on découvre la voûte d'un temple dédié à l'Éternel : l'architecture en est noble et simple ; plus loin s'élève un obélisque de soixante pieds de hauteur.

Maupertuis est un vaste monument de l'amour de M. de Montesquiou pour les arts et un modèle d'architecture qui prouve l'heureux talent de l'architecte Ledoux.

MAULLE-LE-BUAT. A dix lieues de Paris, sur le bord de la petite rivière de Mendres. Ce bourg, autrefois très-considérable, formait une seule commune avec les hameaux de Saint-Léonard du Coudray et du Val Durand. On y remarque le château qui appartient à M. de Caraman et plusieurs jolies maisons de campagne.

MAUR-DES-FOSSÉS (Saint-). A deux lieues de Paris, dans une péninsule de la Marne. Ce bourg ne prit le nom de Saint-Maur qu'en 868, que les reliques de ce saint furent apportées au monastère des Fossés, fondé par Blidegisilde, qui l'établit dans *le vieux château des Fossés*, que lui fit donner à cet effet la reine Nautilde : Saint-Babolein en fut le premier abbé.

Quelques historiens prétendent que les Romains établirent dans cette contrée un camp pour contenir les Parisiens ; que ces soldats réunis ensuite aux habitans, sous le commandement d'Amandus et d'Ælianus, ravagèrent les Gaules sous le règne de Dioclétien, et qu'on leur donna le nom celtique de *Bagaudes*, qui signifie brigands. Ce fut sur les débris du château des Bagaudes, *castrum Bágauda-rum*, que fut établi le couvent fondé par Blidegi-silde, dont je viens de parler. Ce monastère fut en-suite converti en chapitre collégial. Le cardinal du Bellay fit donner à Rabelais une prébende de ce cha-pitre; et il paraît que ce fut à Saint-Maur que cet auteur original et si peu compris, a composé son *Pantagruel.*

Le château, sur les bords de la Marne, avait été bâti pour le cardinal du Bellay par Philibert de Lorme, qui l'acheva pour Marie de Médicis.

Il fut reconstruit presque entièrement cent ans après par Giffard. Desgots en planta les jardins sur les dessins de Le Nôtre. La princesse de Condé l'a-cheta au commencement du dix-septième siècle; ses descendans l'ont possédé jusqu'à l'époque de la révolution : il a été détruit depuis. Le grand parc n'avait pas été vendu; le prince de Condé en a été mis en possession depuis 1814. Il ne reste des an-ciens bâtimens que la porte principale, qui a la forme d'un arc-de-triomphe.

La correspondance de madame Lafayette et de madame de Sévigné atteste que ces deux femmes célèbres ont quelquefois habité Saint-Maur.

D'après un ancien usage, et qui s'est maintenu pendant long-temps, une foule considérable se réunissait chaque année, le 24 juin, à l'abbaye de Saint-Maur-des-Fossés et à Creteil.

C'était l'époque des assises; les officiers de toutes les juridictions dépendantes de l'abbaye étaient obli-gés d'y paraître devant le prévôt ou bailli : tous les habitans du village étaient sous les armes, et après l'audience et l'appel de tous les juges et de tous les habitans, le cortège allait, tambour battant et drapeau déployé, faire la procession dans l'église du monastère, et sortait pour aller allumer le feu de la Saint-Jean.

Cette fête, ou plutôt ce spectacle, attirait une partie de la population de la capitale, qui y arrivait la veille. Les religieux, pour contenir cette foule au moins une partie de la matinée, célébraient la messe à trois heures du matin. Les armes à feu ayant été inventées, on s'en servit dans cette cérémonie, et l'on faisait des salves de mousqueterie dans l'église. Les fêtes devinrent plus bruyantes et plus suivies ; l'exposition des reliques ne fit encore qu'augmenter le tumulte. On apporta les malades, surtout ceux qui étaient attaqués d'épilepsie, qu'on appelait alors le mal Saint-Jean. La messe qu'on célébrait au point du jour fut chantée en l'honneur de Saint-Maur. Les chanoines, qui avaient remplacé les religieux de Saint-Maur sécularisés, avancèrent l'heure de la messe, qui fut célébrée à minuit. Écoutons l'abbé Lebœuf, racontant dans son *Histoire du Diocèse de Paris,* tom. I, pag. 132, les principales scènes de ces saturnales religieuses :
« Pendant quatre heures que duraient les matines
» et la grand'messe de minuit, on n'entendait que
» des cris et des hurlemens continuels de malades
» ou prétendus tels des deux sexes, que six ou huit
» hommes promenaient, étendus sur leurs bras, tout
» autour de la chapelle de Saint-Maur. Les malades

» criaient de toutes leurs forces : *Saint Maur !*
» *grand ami de Dieu! envoyez-moi santé, guérison,*
» *s'il vous plaît!* Les porteurs faisaient encore
» plus de bruit en criant *du vent ! du vent !* et des
» personnes charitables éventaient les malades
» avec leur chapeau. D'autres criaient : *Place aux*
» *malades! gare le rouge !* parce qu'on prétend
» que cette couleur est contraire aux épileptiques.
» Quand un malade avait répété trois fois de suite
» sa prière, on le comptait guéri, et l'on criait à
» haute voix : *Miracle! miracle!* Enfin, c'était un
» vacarme si grand que l'on n'entendait point le
» clergé chanter, et qu'il se formait trois ou quatre
» différens chants dans les différentes parties de
» l'église. Pendant cette nuit, il y avait dans la
» même église de petits marchands de bougies et
» d'images, des mendians de toute espèce, des ven-
» deurs de tisane, qui criaient : *A la fraîche! à la*
» *fraîche!* Tout cela augmentait le désordre, et
» après la grand'messe, qui finissait vers les deux
» heures, les pèlerins et les pèlerines les plus sages
» couchaient dans l'église, sans se gêner sur leurs
» petits besoins : les autres allaient passer la nuit
» dans les cabarets, ou aux marionnettes, ou bien
» à la danse. C'est ainsi que se passait cette pré-
» tendue dévotion. »

Cette relation du respectable auteur de l'*Histoire
du Diocèse de Paris* est confirmée par le mémoire
d'un chanoine de Paris, en 1745.

L'abbé Duffart, théologal de Bayeux, et l'abbé
Planchon, chanoine de Vincennes, y présidaient

l'assemblée des convulsionnaires, qui se réunissaient chez la jeune Lefèvre, *convulsionnaire miraculée.* Elle fut enfermée en 1732 à la Bastille, où elle eut encore des accès, et de là tranférée à l'hôpital. Les abbés Planchon et Duffart furent conduits dans la même prison d'état huit ans après, 1740.

On a ouvert un nouveau canal à Saint-Maur : les travaux se poussent avec activité; ils avaient été interrompus depuis 1814.

Les confrères de la Passion essayèrent dans ce village les premières représentations des mystères; tout Paris y courait. Charles V fut si content de ce spectacle que, le 4 décembre 1402, il donna aux confrères de la passion des lettres-patentes qui leur permettaient de s'établir à Paris : on sait qu'ils se hâtèrent d'en profiter.

Ce fut aussi dans ce village que furent fabriquées les premières étoffes connues dans le commerce sous le nom de *ras de Saint-Maur.*

MAUREPAS. A huit lieues de Paris, quatre de Versailles et une de Montfort-l'Amaury, entre les grandes routes de Bretagne et de Chartres. On y voit encore les ruines d'une tour, derniers débris d'un château qui, comme presque tous ceux dont la France était couverte pendant la longue anarchie féodale, était le théâtre des assassinats que commettaient les seigneurs sous les funestes règnes de Charles VI et Charles VII.

Ce domaine a appartenu depuis au chancelier Phelippeaux, plus connu sous le nom de Pontchartrain, qui fut successivement contrôleur général des finances, ministre de la marine, ministre de la maison du roi, enfin chancelier en 1699, retiré en 1714, mort le 22 décembre 1727.

Cette terre a donné son nom à un de ses héritiers, le comte de Maurepas, disgracié pour avoir fait une chanson contre madame Pompadour, maîtresse de Louis XV, et nommé premier ministre de Louis XVI à son avénement au trône (1774). Il mourut en 1781 : ses successeurs l'ont fait regretter.

MAURICE (Saint-). Petit village près de Charenton. Le prêche des protestans établi à Ablon, fut transféré ensuite à Saint-Maurice. *Voy.* Ablon.

MAY. Dépendance de la commune d'Argenteuil. Le château a été détruit il y a un demi-siècle ; à peine reste-t-il quelques vestiges de ses fortes murailles. Les terres qui faisaient partie de ce domaine, appartenaient au grand prieuré de France : des vignes en plein rapport couvrent les ruines de l'ancien manoir seigneurial.

MEAUX (Seine et Marne), chef-lieu d'arrondissement, à dix lieues de Paris, sur les bords de la Marne, dans une belle plaine. La rivière partage cette ville en deux parties. Les Normands la ravagèrent au neuvième siècle, et contre la foi du traité qui venait d'être conclu avec eux, ils la livrèrent au pillage et la brûlèrent.

Meaux a été le berceau de la religion réformée. Guillaume Brissonnet, son évêque, Jacques Fabri, ou Lefèvre, surnommé d'*Estaples*, chantre et official de l'église de Meaux, Guillaume Farel, professeur au collége du cardinal Lemoine, à Paris, Martial

Mazurier, Girard, Ruffi et d'autres savans docteurs de Sorbonne, se prononcèrent pour les opinions de Luther : la cour même fut entraînée. Louise de Savoie, mère du roi, s'exprime ainsi dans le journal de sa vie, tom. XVI de la *Collection de Mémoires particuliers sur l'Histoire de France*, pag. 434 : «'L'an 1522, en décembre, mon fils et » moi, par la grâce du Saint-Esprit, commen- » çasmes à cognoistre les hypocrites blancs, noirs, » gris, enfumés et de toutes couleurs, desquels » Dieu, par sa clémence et bonté infinie, veuille » nous préserver et desfendre; car si Jésus-Christ » n'est menteur, il n'est point de plus dangereuse » génération en toute nature humaine. »

L'évêque Brissonnet, qui avait prêché la doctrine de la réforme, changea d'opinion et de conduite dès qu'il craignit pour sa personne et ses intérêts, et devint l'un des plus ardens persécuteurs des réformés; il abandonna ses amis à toutes les fureurs de l'intolérance. Un grand nombre d'évêques de France, qui avaient manifesté les mêmes opinions, l'imitèrent dans sa défection.

Jean Leclerc et d'autres docteurs restèrent fidèles aux nouvelles doctrines, sans néanmoins abjurer. Leclerc avait déchiré l'affiche d'une bulle du pape relative à la vente des indulgences; il fut condamné avec quelques autres à être fouettés par la main du bourreau pendant trois jours, et après avoir subi le même châtiment à Meaux, ils furent marqués au front avec un fer rouge.

Jacques de Pavanes, dit Jacobé, jeune littérateur, élève de l'évêque Brissonnet , arrêté pour les opinions religieuses qu'il devait aux leçons de ce prélat, fut brûlé vif à Paris, par arrêt du 29 mars 1525.

Jacques Leclerc , accusé d'avoir brisé quelques statues de saints, fut condamné aux plus affreux supplices, à Metz. On lui tenailla les deux bras ; on lui coupa le poing ; on lui arracha le nez, et après ces horribles mutilations , il fut brûlé vif *à petit feu. ( Histoire de l'église de Meaux*, tom. I<sup>er</sup>., liv. 4, pag. 330. )

Le souvenir récent de ces sanglantes exécutions n'empêcha point la ville de Meaux d'entrer dans le parti de la sainte ligue ; mais elle fut la première ville de France qui abandonna l'étendard du fanatisme et qui reconnut l'autorité d'Henri IV. On lisait au-dessus d'une de ses portes : *Henricum prima agnovi, la première j'ai connu Henri.* Ce fut aussi par reconnaissance qu'elle éleva un mausolée , dans la cathédrale , à Louis de Lhôpital Vatry, son gouverneur. L'épiscopat de Bossuet forme aussi un épisode important dans l'histoire de Meaux.

Sous la première race de nos rois, Meaux partie du royaume de Neustrie. Philippe-le-Be réunit ce comté à la couronne, par son mariage avec Jeanne, comtesse de Champagne.

L'abbaye de Saint-Faron, de l'ordre de Saint-Benoît, a donné son nom à l'un des faubourgs de cette ville.

Il paraît que de tous temps le territoire a été fertile ; Ptolémée l'appelait *Latinum Beldorum*.

De Puisieux, avocat au Parlement de Paris, à qui nous devons la traduction de plusieurs ouvrages anglais, était né à Meaux en 1713.

Meaux a deux foires considérables qui durent cinq jours ; elles ouvrent les 12 mai et 15 novembre.

Le 28 mars 1814, l'avant-garde des Prussiens se dirigea sur Meaux. Le général Campan, qui avait d'abord cru pouvoir défendre sur ce point le passage de la Marne, fut forcé de se retirer, pour rejoindre l'armée des maréchaux qui se dirigeait sur Paris : il se mit en mouvement dès le matin, et évacua Meaux après avoir fait sauter le pont et le magasin à poudre. Les ennemis passèrent la Marne le 29, et leurs colonnes, concentrées dans les environs de Meaux, marchèrent sur la capitale. Le sort de la France fut décidé dans la fameuse bataille qui eut lieu le surlendemain : il lui restait encore une formidable armée, toutes ses places fortes, et la France eût été sauvée, si le chef de l'empire n'eût pas désespéré de son salut.

MELUN. Chef-lieu du département de Seine et Marne, à dix lieues de Paris, sur les bords de la Seine. C'est une des plus anciennes villes de France. Les payens y avaient un temple consacré à *Isis*, dont on montre les restes à la pointe septentrionale de l'île. Elle fut prise par les Normands, lors de leur première incursion. Elle soutint, en 1420, un siége contre les Anglais ; la famine obligea les habitans à se rendre après quatre mois. Les Anglais, suivant leur coutume, violèrent la capitulation : les citoyens de Melun s'en vengèrent dix ans après en les chassant sans le secours d'aucune troupe réglée. Cette ville avait alors un château fortifié ; les rois Robert et Philippe I<sup>er</sup>., l'un en 1031, l'autre en 1108, l'habitèrent.

Le malheureux et docte Abaillard y donna ses premières leçons. Le savant Amyot y naquit en 1514. Fils d'un corroyeur, la crainte d'un châtiment lui fit déserter la maison paternelle. Un voyageur charitable le rencontra expirant de besoin sur la route et le fit entrer à l'hôpital d'Orléans. On lui donna, en sortant, seize sous pour continuer sa route. Il arriva à Paris où il vécut d'aumônes. Une jeune dame en eut pitié, et le prit à son service pour accompagner ses enfans au collége. Amyot en profita pour étudier ; il s'attacha surtout à la langue grecque. Soupçonné quelque temps après d'adopter les opinions des réformés, il se réfugia chez un gentilhomme dont il élevait les enfans. Le roi Henri II vint loger dans le château, Amyot lui présenta une pièce de vers grecs : l'Hôpital, depuis chancelier, en fut très-satisfait. L'auteur, dit il, a autant de mœurs que de génie, il est digne d'être précepteur des Enfans de France. Ce mot fit la fortune d'Amyot. Charles IX fut son élève. Nous devons à Amyot la meilleure traduction de Plutarque et du roman de Longin, Daphnis et Chloé. Ces ouvrages n'ont point vieilli, ces traductions

Dans *leur* langage encore *ont* des grâces nouvelles.

Amyot vécut sous trois rois et mourut, en 1593, à Auxerre, dont il était évêque, et où il avait fondé un collége. Il légua douze mille écus à l'hôpital d'Orléans en reconnaissance des soins qu'il y avait reçus.

Law fit abjuration du protestantisme à Melun, pour exercer la place de contrôleur général des finances.

Melun fut le berceau de l'abbé Mallet, professeur en théologie, et auteur d'un Essai sur l'Étude des Belles-Lettres; du fameux Manuel, procureur-général de la commune de Paris, en 1792, et depuis député à la convention nationale, décapité le 25 brumaire an 11 de la république.

En 1656, Louis XIV retira de M. Fouquet le domaine de Melun que Louis XII avait aliéné en 1513. Cette ville avait une riche abbaye de l'ordre de Saint-Benoît. Les jardins étaient très-beaux : il n'y avait que quatre ou cinq religieux.

Le territoire de Melun est très-fertile. On y fabrique un pain excellent. Il y a plusieurs manufactures considérables.

Sa principale foire se tient le 24 juin; elle dure deux jours.

MENECY. A huit lieues de Paris et à une lieue et demie de Corbeil. Ce village assis sur un coteau, près des rives de la Juine, est d'un aspect agréable. Sa principale culture consiste en vignes et en labourages. Villeroi n'est qu'un hameau de Menecy. Il fut ainsi nommé, parce que le domaine fut conservé au roi, au commencement de la troisième race, lorsque le vicomte de Corbeil resta maître de Fontenay. A cette époque, les seigneurs féodaux prenaient

sans nul égard tout ce qui était à leur convenance;
et les vicomtes de Corbeil s'étaient rendus redoutables aux rois même, avec lesquels ils traitaient de
puissance à puissance.

MENIL-AUBRIL, dans une plaine à cinq lieues
de Paris, sur le chemin de Lusarches et de Chantilly. On lisait jadis sur la voûte de l'église cette inscription singulière :

> Garde France que les chausses lorraines soient
> jamais joinctes à ton corps ni à ton pourpoint.

C'était un avis fort sage ; mais malheureusement
très-inutile.

MENIL-MONTANT. Après la barrière de ce nom,
au nord-est de Paris, sur le penchant d'une colline. On a écrit successivement Menil-Maudant et
Menil-Mautemps.

Le ruisseau, qui a pris le nom de ce village qu'il
arrose, est sans doute celui qui est désigné dans
un diplôme de Childebert I<sup>er</sup>., sous le nom de *Sa-
vara*. (*Dipl. Chart. de Bretigny*, tom I., p. 54.)

Le président de Bellièvre en était seigneur en
1613. Le château et ses dépendances ont passé successivement aux familles de Harlai et de Le Pelletier
Saint-Fargeau. Il ne reste plus rien de ce château.

M. et Madame Dacier habitèrent assez longtemps
dans le château de Menil-Montant, qui appartenait
alors au président de Harlay. Ce fut là qu'ils tra-
duisirent les *Réflexions morales* de l'empereur Marc-
Antonin.

L'heureuse exposition de ce village, les charmantes maisons , les beaux jardins qui se dessinent en amphithéâtre sur le penchant de la colline en couronnent le plateau. Les traiteurs , les pâtissiers y abondent ; et c'est un des lieux les plus fréquentés par les personnes qui recherchent un air pur , des sites pittoresques et des mets de leur goût. Le restaurateur Nehon est le Very de Menil-Montant.

Dans la fatale journée du 30 mai 1814, le village de Menil-Montant fut attaqué par les grandes masses des armées alliées ; attaqué de toute part , le général français Arrigi se replia sur Belleville.

MEREVILLE. A quinze lieues de Paris , près Étampes. Ce n'était qu'un château presqu'inaperçu au milieu des marais, lorsque Laborde, alors banquier de la cour, en fit l'acquisition. La gothique masure et les marais qui l'environnaient, firent place à une très-belle maison et à des jardins élégans, que les voyageurs qui séjournent à Étampes, s'empressent d'aller visiter.

MERIEL. A sept lieues de Paris. Ce village touche immédiatement à celui de Mery. Suivant un usage que n'eût pas admis l'esprit de la primitive église , le curé de Villiers se rendait et venait officier chaque année , le jour de Saint-Éloi , dans l'église de Meriel , et prenait la moitié des offrandes ; et de son côté, le curé de Saint-Meriel allait processionnellement à l'église de Villiers , le jour de la fête de Saint Sulpice , et donnait au curé une somme de trois francs , par forme de redevance. (*Voy.* Mery-sur-Oise).

MERLAN. Près de Noisy-le-Sec et à une demi-

lieue de Bobigny. Ce village avait un prévôt particulier, dont les sentences ressortissaient par appel
devant le bailly d'Argenteuil et au Parlement; ce qui
imposait aux plaideurs trois degrés de juridiction.

MERILLON ou MERILON. A une courte distance de Chevreuse. Il ne reste plus que les ruines
d'un ancien château, bâti dans le treizème siècle.

MERY-SUR-OISE. A dix lieues de Paris. La seigneurie de ce village avait été érigée en marquisat,
en 1695.

MERY-SUR-SEINE. Petite ville à cinq lieues
d'Arci-sur-Aube. L'empereur Napoléon, à la tête de
la division Letort et des escadrons de service, atteignit dans cette ville l'arrière-garde du prince
de Wurtemberg. A la vue de la colonne française,
l'ennemi mit le feu au pont, ce qui engagea la fusillade. L'empereur ordonna au général Letort de
passer le gué au-dessous de Mery. Cette manœuvre
hardie déconcerta l'ennemi qui se retira. Une terrible
mêlée s'était engagée dans toutes les parties de la ville.
La cavalerie du général Macdonald enleva un poste
de deux cents cavaliers ennemis. Cinq hommes du
général Ameil prirent une compagnie entière de
chasseurs. Un escadron du général Girard mit en
fuite une horde de cosaques et fit cinquante prisonniers. A midi, l'armée, débouchant dans la
plaine de Troie, le vingt-un février, y trouva en
ordre de bataille les corps de Vrède, de Bianchi et
de Guiulay. Toute notre armée se trouva réunie
et tout annonçait une bataille générale. Mais dans

la nuit du 22 au 23, les alliés continuèrent leur retraite.

Un autre combat s'engagea sur le même point quelque temps après : l'ennemi avait l'avantage du nombre et des positions. On combattit en effet pendant deux jours. Un revers pouvait compromettre l'armée toute entière. Le maréchal Ney et le général Sébastiani la sauvèrent, en éclairant l'empereur sur le danger de sa situation, et en assurant la retraite par leur courage et l'étonnante habileté de leurs manœuvres. (*Napoléon et la Grande-Armée*, tom. 2 pag. 146 et suiv.)

MESNIL-SAINT-DENIS. A huit lieues de Paris, près du grand chemin de Rambouillet, dans une vaste plaine. Tout le territoire de ce village se divise en terres labourables et en prairies. Lors des travaux pour la conduite des eaux à Versailles, une partie des terres fut convertie en vignobles et en étangs. La Verrière n'est qu'un hameau de ce village, et bâti dans la même plaine.

MEUDON. A deux petites lieues ouest de Paris, au fond d'un vallon que domine le château. La terre de Meudon avait été donnée par Childebert à l'abbaye Saint-Vincent, depuis Saint-Germain-des-Prés. Les documens historiques des douzième, treizième et quatorzième siècles, citent quelques chevaliers, seigneurs de Meudon. Cette seigneurie appartenait au commencement du seizième siècle à la famille des Sanguins. L'un d'eux, évêque d'Orléans, et depuis cardinal, sous le nom de cardinal de

Meudon, donna cette terre à la duchesse d'Étampes, sa nièce, maîtresse de François Ier. Elle la céda au cardinal de Lorraine en 1552, qui y fit bâtir un château sur le dessin de Philibert de Lorme, et y fonda, non loin de là, un couvent de capucins. Ce fut le premier couvent de cet ordre, en France.

Le duc de Guise, neveu du cardinal, hérita de Meudon, que son petit-fils vendit en 1644 au surintendant des finances Servière, pour qui cette terre fut érigée en baronnie.

Le fils de Servière la vendit au ministre Louvois, en 1680. L'académie s'y rendit souvent pendant son ministère. Enfin, en 1691, Louis XIV acheta Meudon pour le dauphin, son fils; la veuve Louvois reçut en échange quatre cents mille livres et la terre de Choisy. Après avoir beaucoup dépensé en embellissemens, ce prince fit construire un nouveau château. Les jardins et le parc, d'une vaste étendue, furent replantés sur les dessins de Le Nôtre.

Ce château est élevé sur un plateau, où l'on arrive par une des plus belles terrasses de l'Europe, pratiquée sur le flanc d'un rocher, et d'où l'on découvre tout Paris.

Le magnifique amphithéâtre que formaient les jardins avait été presque entièrement détruit.

Ce château et ses dépendances ont été récemment réparés, et le roi y a accordé, pour la belle saison, un logement à l'archevêque de Paris.

Sous le gouvernement républicain, le comité du salut public avait formé à Meudon un établissement pour les expériences de quelques nouveaux instrumens de guerre. Ce fut là que furent fabriqués les ballons destinés à éclairer la position des ennemis. Un de ces aérostats a contribué à la victoire de Fleurus, en 1794.

L'église de Meudon n'a rien de remarquable. On a placé sur le portail cette inscription : *Dieu et le Roi.*

Rabelais fut nommé curé de Meudon, en 1145. Il était à la fois le pasteur et le médecin de ses paroissiens. Il ne conserva cette cure que deux ans. Il se retira à Paris, où il mourut en 1553, rue des Jardins, près l'ancienne église Saint-Paul. Il fut inhumé dans le cimetière de cette paroisse.

Les bâtimens et les terres de l'ancien couvent de Meudon appartiennent à M. Pera.

L'abbé Gérard, auteur du comte de Valmont, vivait à Meudon dans un état voisin de l'indigence. Le cardinal Fesch, en 1804, fit connaître la triste position de ce vieillard au gouvernement, et l'abbé Gérard obtint une pension qui lui assurait une tranquille existence.

Les expériences de nouvelles machines de guerre, faites dans le vieux château pendant la révolution, avaient endommagé les bâtimens. Sa démolition fut ordonnée; elle ne fut exécutée qu'en 1803 et 1804.

Le château neuf fut habité par le second dauphin, père de Louis XIV, prince que son père avait éloigné des affaires et réduit à partager son temps entre la chasse et la table, et mademoiselle Choin, la plus laide peut-être, mais la plus désintéressée des maîtresses, et que le prince, son amant, épousa.

C'était ce qu'on appelait depuis madame de Maintenon, un mariage de conscience, auquel il ne manquait qu'une publicité avouée. C'était le secret de tout le monde (1).

Mademoiselle Choin, après la mort du dauphin, vécut dans une profonde obscurité, et réduite volontairement au plus modeste revenu, elle en consacrait une partie en œuvres de bienfaisance.

Ce château, devenu palais impérial sous Napoléon, fut réparé et magnifiquement meublé. L'impératrice Marie-Louise s'y était retirée avec son fils, pendant la campagne de Moskou.

Meudon fait partie du domaine de la couronne.

MEULAN. A huit lieues nord-ouest de Paris. Cette ville, bâtie en amphithéâtre sur les bords de la Seine, a été l'apanage d'un fils de France, appelé comte de Galeran, et ensuite de plusieurs reines.

Meulan a un très-beau pont sur la Seine, et ses habitans se sont distingués par leur courageuse résistance aux troupes du duc de Mayenne, qu'ils forcèrent à s'éloigner de leurs murs pendant les guerres de la ligue.

Cette petite ville avait deux paroisses et deux couvens, l'un de pénitens, l'autre d'annonciades, fondés par la mère de Louis XIV, et un Hôtel-Dieu.

---

(1) Mademoiselle Choin avait une chienne dont elle était folle, à qui, tous les jours, le maréchal d'Uxelles, de la Porte-Gaillon, où il logeait, envoyait des têtes de lapins rôties auprès du Petit Saint-Antoine, où elle demeurait, où le maréchal allait souvent, et était reçu et regardé comme un oracle. Le lendemain de la mort de monseigneur, l'envoi des têtes de lapins cessa, et depuis mademoiselle Choin ne le revit, ni n'en ouit parler. (Mém. de Saint-Simon, tom. I, pag. 307.)

L'église Notre-Dame a été convertie en halle aux grains ; celle Saint-Jacques a été détruite ; l'Hôtel-Dieu a été mieux entretenu. Sur l'emplacement des annonciades s'élèvent deux maisons fort jolies. L'un des deux ponts a été restauré par M. Roys, ingénieur.

MEUNG. Petite ville entre Orléans et Beaugency, à trente-cinq lieues de Paris. Elle fut prise par les Anglais pendant les guerres du quinzième siècle. C'était, avant cette époque, une des résidences favorites de Charles V. Jean Clopinel y naquit dans le treizième siècle, continua le roman de la *Rose*, commencé par Guillaume Loris, mort quarante ans auparavant. Martin-le-Franc, natif d'un village près d'Aumale, prévôt et chanoine de Lausanne en Suisse, en fit la contre partie sous le titre de *Champion des Dames*. Le roman de la *Rose* n'en obtint pas moins un grand succès. Cet ouvrage n'est aujourd'hui remarquable que par son antiquité. Il commence l'ère de notre histoire littéraire.

MICHEL (Saint-). Il y a deux villages de ce nom ; l'un à six lieues de Paris, près de Monthléry ; l'autre est un hameau de Bougival, et dont le premier nom a été Le Houssay.

MIGNAUX. A cinq lieues de Paris, près de Poissy. On y remarque une fort belle maison de campagne qui appartient à M. Decretot, ancien administrateur de la caisse d'amortissement.

MISERI. Hameau de la commune du Val-Petit, *Voy.* ce mot.

MOISCELLE. A cinq lieues de Paris, près de

Montmorency, sur le bord de la petite rivière de Rône. Ses maisons, groupées dans un fond, occupent une petite vallée sur la grande route de Paris.

MOISSY-L'ÉVÊQUE. A sept lieues de Paris, dans une grande plaine ; son exposition est fort agréable et très-salubre.

MOLIÈRES ( les ). A huit lieues de Paris et à une petite lieue de Chevreuse. Ce village était jadis moins peuplé qu'aujourd'hui. Des restes de murailles annoncent qu'il fut autrefois fortifié. Il n'est séparé de Trous que par un vallon.

MONTECOUD ou MOUSSOU, sur une éminence, à six lieues de Paris. C'était un domaine seigneurial de Camus de Pontcarré, qui, dans ses baux avec ses fermiers, leur imposait l'obligation de lui fournir une charrette garnie de paille fraîche pour transporter sa famille de Paris à sa terre. Telle était alors la simplicité de mœurs des chefs du Parlement.

MONTESSON. Ce village est situé dans la troisième péninsule de la Seine, entre Paris et Saint-Germain. Il doit son origine à une élévation appelée anciennement *Mons Taxonis*. La nourrice de Louis XIV était dame de Montesson. Les habitans de ce village plaidèrent, en 1381, pour être déchargés du guet pour le château de Saint-Germain-en-Laye. Un sieur Laborde, qui avait un château dans le voisinage, obtint d'Henri III que sa terre s'appelerait Vailli-Laborde, avec défense de l'appeler autrement, sous peine d'amende arbitraire.

MONT-ETI ou MONT-ETIL. A une demi-lieue de

Lusigny , à deux lieues de Brie-Comte-Robert. Une abbaye de chanoines réguliers y avait été fondée dans le douzième siècle; mais l'éloignement des sources et des fontaines leur rendit ce lieu insupportable , et l'abbaye fut transférée à Hiverneaux , dont elle prit le nom. On remarque encore à Mont-Eti un puits très-profond que les chanoines y avaient fait creuser. Ils conservèrent le droit de propriété sur une ferme et autres immeubles qu'ils y possédaient avant d'habiter Hiverneaux. Ils n'y avaient laissé qu'une chapelle où ils venaient célébrer l'office à l'époque de la fête de la Nativité de la Vierge.

MONTFAUCON-GIBET. Sur une éminence , au-delà des faubourgs Saint-Martin et du Temple. On appelait ce lieu, pour le distinguer des autres destinés à ce triste usage, *Fourches de la grande Justice.* Sur un massif de maçonnerie de quarante-deux pieds de long sur trente de large , s'élevaient seize piliers en pierre, qui supportaient de longues pièces de bois transversales, d'où pendaient des chaînes de fer , auxquelles on attachait les cadavres des suppliciés. Un souterrain , pratiqué au milieu de cette enceinte, était destiné aux corps desséchés ou tombés en pourriture. Une forte porte fermait cette horrible enceinte, à laquelle on arrivait par une large rampe.

Au commencement du dix-huitième siècle , le souterrain était comblé , la porte et les marches brisées; il ne restait plus que les débris de trois ou quatre piliers.

Je n'extrairai pas des annales du temps les noms des hommes fameux, innocens ou coupables, dont les corps ont été exposés à Montfaucon. Je rappelerai seulement, qu'après le massacre de la Saint-Barthélemy (24 août 1572), « la reine mère, » pour repaître ses yeux, fut voir le corps mort de » l'amiral, pendant au gibet de Montfaucon, et y » mena ses fils, sa fille et son gendre. (*Mémoires pour servir à l'Histoire de France*, tom. I<sup>er</sup>., p. 57, édit. de 1744.)

MONTFERMEIL. A quatre lieues de Paris, sur une montagne, au nord-ouest du bourg de Chelles, ancienne dépendance de l'abbaye de ce nom.

L'église est sous l'invocation de Saint-Pierre.

On y remarque un beau château, qui appartient aux héritiers de feu le général Loison.

La seigneurie relevait de l'abbaye de Chelles. Chaque nouveau seigneur, en prenant possession, était tenu de se présenter tout nu, le corps ceint d'une corde, à l'abbesse, qui, prenant le bout de de la corde, lui disait : *A qui tient-il?* Les annales de la féodalité offrent une foule de semblables prestations.

MONTFORT-LAMAURY. A neuf lieues ouest de Paris (Seine-et-Oise), arrondissement de Rambouillet. Cette commune est bâtie en amphithéâtre sur la pente d'un coteau : on y comptait deux couvens, l'un de capucins et l'autre de religieuses. Il ne reste du vieux château que quelques ruines ; c'est là que naquirent *Simon et Jean de Montfort*. Louis XIV érigea cette terre en duché en faveur du

16

duc de Chevreuse. Le territoire est fertile en grains, fourrages, vins et fruits.

Le nom de sire de Montfort se rattache aux événemens les plus désastreux et les plus affligeans pour la religion, la patrie et l'humanité, la guerre des Albigeois, les croisades et les guerres civiles. On voit encore sur une des éminences les ruines d'un château fort. L'église paroissiale mérite l'attention des gens de l'art et des savans par sa construction, son étendue et les détails historiques et héraldiques peints sur ses vitraux, d'une rare conservation.

MONTGERON. A quatre lieues de Paris et à une demi-lieue de la rive droite de la Seine, et à une égale distance de Villeneuve-Saint-Georges.

L'église, sous l'invocation de Saint-Jacques-le-Mineur, n'a été érigée en paroisse qu'au douzième siècle. Les vieilles chartes désignent ce village sous le nom de *Mons Gisonis ;* la famille *Budée* en avait la seigneurie au seizième siècle.

Guillaume Budée, l'un des hommes les plus savans de son siècle, et dont les ouvrages archéologiques sont encore justement estimés, s'était empressé, au retour de son ambassade auprès du pape Léon X, en 1504, de se livrer à l'étude ; c'était l'occupation de tous ses instans, l'objet de toutes ses pensées. Prévenu que le feu venait de prendre à sa maison, il répondit froidement : « Avertissez » ma femme ; je ne me mêle point d'affaires de mé- » nage. »

Le château est dans la plus heureuse exposition.

Cette terre a passé de la famille Budée à celles de Brulart, de Guy-Carré, de Jean-André, qui fit, dans le jeu de finance de Law, une fortune immense et rapide : il acheta la terre de Montgeron cinq cent mille livres. Elle a appartenu ensuite à *Fabert*, trésorier des Invalides, et au savant Boulainvilliers, à qui nous devons d'excellens traités de notre droit public, sous le titre de *Lettres historiques sur les parlemens, la noblesse, la pairie et les lois fondamentales de la France*. On remarque les bâtimens, les jardins, les bosquets, l'orangerie : partout l'art a secondé la nature. La terre de Montgeron est un des plus beaux domaines des environs de Paris ; il appartient maintenant à M. Dambricourt.

MONTIGNY. A quatre lieues et demie de Paris, près de Cormeilles. Les vignes y sont cultivées avec beaucoup de soin : cette culture existait déjà sous le règne de Charles-le-Chauve, au neuvième siècle.

Montigny est la patrie de Girard, poète du treizième siècle.

MONTLHÉRY. A six lieues de Paris, sur la route d'Orléans. L'ancien château fort a été construit par Thibaut, forestier du roi Robert. Les vieilles chartres donnent à cette forteresse le nom de *Mons Lethericus*, d'où l'on a fait Montlhéry. A cette époque où l'on traduisait en mauvais latin, même les sobriquets, ce Thibaut aux cheveux blonds était surnommé *filans stoupas* (file étoupes). Guy, son fils, et Hodierne, son épouse, fondèrent à une demi-lieue du château le prieuré de Longpont.

Le comte de Hainaut fut enfermé dans la tour

16.

de Montlhéri, en 1292 et 1293, par ordre de Philippe-le-Bel, qui y fit enfermer aussi, en 1311, Louis, fils aîné de Robert, comte de Flandres.

Louis-le-Gros fit raser le château, pour punir le seigneur de s'être ligué contre lui.

En 1465, Montlhéry fut le théâtre de la bataille entre Louis XI et le duc de Berry, son frère : on appelle encore la plaine où ce combat eut lieu le *Chantier de la bataille*. La victoire resta indécise ; le roi coucha à Montlhéry : on le croyait perdu, mais il se montra le lendemain à Paris, où il soupa avec les principales dames de la ville.

Le château fut démoli pendant les guerres civiles du règne d'Henri IV ; il ne resta que la tour de Montlhéry.

MONT-LOUIS. Plus connu sous le nom de cimetière du père La Chaise, au nord de Paris, hors du mur d'enceinte et de la barrière des Amandiers, commune de Charonne.

Les convenances sociales et l'humanité repoussaient également l'antique usage des inhumations dans l'intérieur des églises, mais l'orgueil des familles opulentes, des nobles, et l'intérêt du clergé, qui spéculait sur la vanité des hommes, et faisait payer par des legs obligés ce privilége scandaleux, s'opposaient à la réforme de cet abus séculaire. Ce privilége a été aboli par l'assemblée constituante, en 1790, et Bonaparte, en 1804, ordonna la formation de quatre cimetières hors de l'enceinte de Paris.

L'enclos de Mont-Louis fut ouvert à la sépulture

commune le 1ᵉʳ. prairial an XII (21 mai 1804). Sa surface est de cinquante-un arpens quarante-cinq perches. Cet enclos se divise en deux parties ; l'une sur le plateau, l'autre dérive en pente. Ce vaste champ présente déjà une grande variété de monumens tumulaires ; des fleurs, des arbustes ornent les emplacemens achetés à terme ou à perpétuité par les héritiers des défunts qui y sont inhumés. Une partie des mausolées déposés dans l'intérieur et le jardin du Musée des monumens français ou du Panthéon, ont été transférés au cimetière du père La Chaise.

On distingue les tombeaux d'Héloïse et d'Abailard, de Molière, La Fontaine, Delille, Chénier, Boufflers, Parny, Ginguenée, Suard, Vincent, Brougnard, des maréchaux Lannes, Ney, Masséna, Lefèvre, de Decrès ; les monumens de madame Demidoff, de Cambacérès, etc.

Louis XIV avait donné le domaine de Mont-Louis au père La Chaise, son confesseur, qui y fit construire une maison de campagne, qui fut démolie en 1820. Cette propriété avait appartenu, après la mort du père La Chaise, à la maison professe des jésuites à Paris.

En 1820, on construisit la porte d'entrée de ce cimetière : elle s'ouvre sur le boulevard d'Aulnay ; elle vient d'être reconstruite sur un nouveau plan : le style en est simple et grave. Un oratoire a été bâti dans l'enceinte.

Les principaux monumens tumulaires ont été dessinés et lithographiés. Cette collection, qui fait honneur au pinceau de M. de Jolimont, se vend par livraison. L'inscription qui indiquait la sépulture du maréchal Ney a disparu : elle retraçait en peu de mots toute la vie politique de ce maréchal : *Vingt ans de gloire et un moment d'erreur !*

MONTMARTRE. Au nord de Paris et hors de l'enceinte et de la barrière de ce nom. Ce bourg date de la plus haute antiquité. Les historiens Abbon, Hilduin et Sauval ont écrit qu'il y avait un temple dédié à Mars ou à Mercure ; de là, suivant eux, l'origine de *Mons Martis, Mons Mercurii,* Mont de Mars, Mont de Mercure ; mais il est certain que les Gaulois n'élevèrent point de temple à Mercure. Le culte qu'ils rendaient au dieu de la guerre consistait en une épée ou pique fichée en terre, et qu'ils honoraient en pleine campagne.

D'autres, avec plus de vraisemblance, ont attribué l'origine du mot Montmartre en mémoire de Saint-Denis et de ses compagnons, martyrisés dans ce lieu le 26 décembre 269 ; de là le nom de *Mons Martyrum,* Mont des Martyrs. On appelle encore rue et barrière des Martyrs, la partie qui appartient à la même localité et dont l'étymologie doit être la même.

L'ancienne église, détruite par les Normands en 887, fut rétablie, puisque quatre-vingt-onze ans après, Othon II, marchant contre Hugues Capet et s'étant emparé de Montmartre, fit chanter un alleluia dans l'église.

Le roi Robert, fils de Hugues Capet, donna à Burchard, chef de la maison Montmorency, une grande partie de Montmartre. Burchard IV en fit don aux religieux de Saint-Martin-des-Champs, qui, après avoir établi un monastère, le cédèrent à Louis-le-Gros et à la reine Adélaïde sa femme. Cette princesse y établit des religieuses bénédictines, et les dota des villages des Menus (aujourd'hui Boulogne) et du Bourg-la-Reine.

L'église fut reconstruite; le pape Eugène III la consacra en 1147. Un incendie consuma en 1559 une partie de l'église et du monastère.

Les guerres civiles et le séjour des armées anglaises causèrent de grands désordres dans cette communauté, et plus tard les officiers de l'armée d'Henri IV s'étaient fait les commensaux des bénédictines, pour charmer les ennuis du siége.

Marie de Beauvilliers profita du retour de la paix et de son ascendant sur Henri IV et Marie de Médicis pour se mettre à la tête de ce riche monastère; le cardinal de Sourdis lui donna la bénédiction d'abbesse en 1598.

En 1657, Françoise de Lorraine, reçue abbesse en présence de neuf prélats et de toute la cour, reçut de la duchesse de Guise des sommes considérables pour son couvent, qui réunit des pensionnaires.

Cette abbaye était une des plus riches de France, et plusieurs princesses en furent abbesses. Le régent nomma à cette dignité une de ses filles.

Le savant astronome Louis Flecheux, à qui nous devons une carte générale appliquée à l'astronomie, passait une partie des nuits à l'observatoire qu'il y avait fait construire sur sa maison.

L'obélisque élevé sur cette montagne est un des quatre-vingt-seize qui , à des distances déterminées, devaient traverser la France du sud au nord , du Canigou à Dunkerque, pour servir à l'établissement de la carte générale de France , de Cassini.

On lit sur la façade méridionale : « L'an 1736 , » cet obélisque a été élevé par ordre du Roi , pour » servir d'alignement à la méridienne de Paris , du » côté du nord. Son axe est à 2931 toises 2 pieds de » la façade méridionale de l'Observatoire. »

Le télégraphe est à quelque distance de l'obélisque.

En 1804 , M. et madame Micault de la Vieuxville ont fondé à Montmartre un hospices pour les vieillards des deux sexes. Le prix des places fondées à perpétuité est de 600 francs , et de 500 francs pour les autres. Des vieillards y sont aussi admis moyennant une pension modique , et les indigens sont entretenus aux dépens de l'association. Cet établissement a pris, depuis 1815, le titre d'*Asile royal de la Providence.*

Les hauteurs de Montmartre furent fortifiées en 1814 ; les travaux furent exécutés par les citoyens de Paris et défendus par eux avec plus de courage que de succès. Des invalides et des éleves de l'école polythecnique partagèrent les dangers de la fatale journée du 30 mars. L'histoire a déjà soulevé une partie du voile qui cachait les véritables causes des derniers événemens militaires de 1814 et 1815.

En 1737, des fouilles faites à Montmartre y procurèrent la découverte de plusieurs figures de bronze, d'ustensiles, statues d'armes, et les restes d'un édifice romain, probablement le même qui fut renversé par un ouragan en 944, suivant la chronique de Flodoard.

L'église de Montmartre, sous l'invocation de Saint-Pierre, n'a rien de remarquable.

MONTMARTRE (Cimetière de). C'est une vallée profonde, aride et silencieuse, au bas de la montagne, du côté du mur d'enceinte. On distingue parmi les monumens tumulaires ceux du poète Legouvé, décédé le 30 août 1812, inhumé près de son épouse, morte à la fleur de son âge, le 7 septembre 1809; de la jeune Chameroy, morte le 13 vendémiaire an XI; elle réunissait à de rares talens une sagesse plus rare encore. Le curé de Saint-Roch refusa au convoi funèbre l'entrée de l'église : cet acte d'intolérance religieuse fut généralement blâmé. Mademoiselle Chameroi était une des premières actrices de l'Académie de Musique; de Saint-Lambert, militaire et poète distingué, membre de l'ancienne Académie française, mort le 9 février 1803; d'Alboui Dazincourt, mort le 29 mars 1809 : une simple pierre désigne le dernier asile de Greuse, le peintre de la nature et des mœurs.

MONTMIRAIL. A neuf lieues sud-ouest d'Épernay (Marne), sur la rive droite du Petit-Morin. On y trouve beaucoup de carrières à meules de moulin, que l'on confectionne dans les ateliers de M. Vinet-Buisson. La bataille de Montmirail est une des plus remarquables de la campagne de 1814.

« Le 11 février, Napoléon, pour s'assurer les

» avantages de sa première victoire ( *voy.* Champ-
» Aubert ), chargea le maréchal Marmont de con-
» tenir Blucher, et vint prendre position à une
» lieue de Montmirail, et envoya le général Nan-
» souty à la rencontre de Saken.

» Placé au débouché d'un ravin, le général
» Nansouty attendit les Russes pour les arrêter sur
» ce point. Saken déploya ses colonnes pour forcer
» le passage; il dirigea sa première attaque contre
» le général Ricard, posté au village de Marchaix.
» La lutte se prolonge plusieurs heures : le village
» fut pris et repris plusieurs fois; mais à la chute
» du jour le général Nansouty a débordé le centre
» de l'ennemi, et lui coupe sa retraite sur Château-
» Thierry. L'empereur venait d'ordonner au général
» Ricard de céder du côté de Marchaix ; Saken
» donna dans le piége, et dégarnit son centre pour
» se porter au point où il se croyait victorieux. A
» peine a-t-il commencé son mouvement, que le
» général Friant reçut de l'empereur l'ordre d'atta-
» quer avec quatre bataillons de grenadiers la ferme
» de l'Épine-aux-Bois, que les Russes avaient hé-
» rissée de quarante pièces de canon et d'un triple
» rang de tirailleurs. Les maréchaux Ney et Mortier,
» à la tête d'une colonne d'infanterie et de six ba-
» taillons de la Jeune Garde, marchaient en même
» temps contre cette redoutable position. Les tirail-
» leurs russes furent bientôt débusqués et cul-
» butés. La marche de nos braves fut si rapide, que
» la baïonnette a succédé à la fusillade. On com-
» battit corps à corps : la mêlée devint terrible.

» Napoléon fit avancer la cavalerie de la Garde.....
» Les carrés ennemis furent enfoncés, et la terre
» fut jonchée de cadavres russes. Les gardes-d'hon-
» neur rivalisèrent d'audace et de succès. Arrivés à
» la hauteur de l'Épine-aux-Bois, ils renversèrent
» plusieurs masses d'infanterie, et tournèrent le
» village de Marchaix, tandis qu'à la tête de deux
» bataillons de la Vieille Garde, le maréchal Lefèvre
» et le général Bertrand pénétrèrent dans le village :
» tout ce qui s'y trouvait fut pris ou tué.

» Notre infanterie acheva de jeter le désordre dans
» les rangs ennemis. Cependant les premières
» troupes d'Yorck accoururent au secours de Saken.
» Les Prussiens ne furent pas plus heureux ; la
» Vieille Garde se précipita sur eux, s'empara d'un
» parc de voitures et de plusieurs canons, et enleva
» six drapeaux au milieu des carrés.

» La division Ricard poursuivit les Russes jusqu'à
» la forêt de Nogent, sabra ou fit prisonniers tous
» ceux qu'elle put atteindre. Ce fut, malgré les
» travaux de cette pénible journée, moins l'excès de
» fatigue de nos braves, que l'obscurité de la nuit
» qui sauva les deux autres corps ennemis d'une en-
» tière destruction..... Six mille ennemis étaient
» restés sur le champ de bataille ; notre perte s'éle-
» vait à mille hommes tués ou blessés. » ( *Napoléon
et la Grande-Armée*, tom. II, pag. 109 et suiv. )

MONTMORENCY. A trois lieues et demie de
Paris, sur une éminence, au milieu de la fertile
plaine si connue sous le nom de vallée de Montmorency. S'il est vrai que cette petite ville soit

l'ancienne cité *Morentiacum*, Valentinien et Valence y ont donné une loi qu'on trouve dans le code Théodosien.

Il est du moins certain qu'au dixième siècle, le roi Robert donna à Burchard le Barbu la forteresse de Montmorency.

L'église, qui était jadis collégiale et paroissiale, sous l'invocation de Saint-Martin, offre le plus beau gothique du quinzième siècle.

Le portrait de Guillaume de Montmorency, chambellan de Charles VIII, Louis XII et François I<sup>er</sup>., était placé dans le sanctuaire.

Le mausolée d'Anne de Montmorency, décapité à Toulouse, que fit élever Madelaine de Savoie Tende, sa veuve, fut placé dans cette église au milieu de la nef, en 1567. L'architecture est de Bullant, la sculpture de Leprieur. Mais, en vertu d'un décret du gouvernement républicain, du 4 ventose an 4, ce tombeau fut transporté au musée des monumens français.

Les quatre colonnes de marbre vert antique qui le décoraient, sont maintenant placées dans la salle des antiques du musée du Louvre. Les seules vitres du pourtour du maître-autel de l'église de Montmorency, font regretter que les autres n'aient pu également échapper à la destruction.

Le château, placé à gauche du cimetière et dans la plus heureuse exposition, a été démoli récemment.

L'enseigne du cheval blanc est un tableau de Gérard.

Le poète Hyacinthe Gaston, le rival de Delille

pour la traduction de Virgile, a long-temps habité Montmorency.

L'ancien ministre de la justice Gohier, qui fut aussi membre du Directoire, a habité, à Montmorency, la même maison où demeurait Saint-Lambert. Le tragédien Larive, après sa retraite, avait fixé son séjour dans cette petite ville.

La vallée de Montmorency est peuplée de charmantes maisons de campagne et de beaux vergers; ses cerises passent pour les meilleures des environs de Paris.

J. J. Rousseau et Grétry ont habité dans cette délicieuse vallée la retraite champêtre que madame d'Épinay avait fait construire pour l'auteur d'*Émile*. (*Voyez* HERMITAGE. )

MONTORGUEIL. Près de Rambouillet. Le château n'existait plus depuis long-temps; mais plus vains qu'opulens, les seigneurs de Montorgueil n'en exigeaient pas moins foi et hommage du prieur de Saint-Thomas d'Épernon, et la prestation féodale avait lieu chaque année le lendemain de Pâques, à l'endroit où le manoir seigneurial avait existé

Le prieur s'y rendait éperonné et botté, une épée nue au côté, une nappe blanche en écharpe, croisée d'une autre écharpe de pervenche, une couronne aussi de pervenche couvrait sa tête; il devait avoir des gants blancs neufs, et ainsi accoutré, il montait un cheval, qui devait avoir les quatre pieds et le chanfrein blancs, et être couvert d'une selle à piquer. A l'arçon pendait une bouteille ronde de verre, couverte d'osier et remplie de vin ; il tenait devant lui un gâteau fait de la fleur d'un minot de blé et orné de pervenche. Arrivé au lieu où avait été la porte du château, il criait trois fois : « Monseigneur de Montorgueil, êtes-vous ici ou gens pour vous? » On lui répondait que monseigneur n'y était pas, mais que ses officiers y étaient pour lui. Alors le prieur disait à haute voix qu'il « vient rendre foi et » hommage, et offrir audit seigneur le gâteau, la bou- » teille de vin et les gants, ainsi armé, pour devoir » qu'il doit audit seigneur de Montorgueil, à pareil » jour, et en requiert acte. »

Le procureur-fiscal protestait contre l'irrégularité de cette prestation, se réservait de la débattre, et n'en donnait pas moins l'acte demandé, et prenait le gâteau, la bouteille et les gants. Le cheval était ensuite sévèrement examiné, et s'il manquait un seul clou de ses fers ou un seul ardillon à son harnais, il était confisqué. Dans tous les cas, le procureur-fiscal s'adjugeait le gâteau, les autres officiers la bouteille de vin et l'huissier les gants. Que restait-il au seigneur? Le souvenir d'un château qui n'existait plus; l'inutile preuve d'une prestation féodale sans résultat.

MONTREAU-FAULT-YONNE (département de l'Yonne). Ville à seize lieues sud-est de Paris, au confluent de la Seine et de l'Yonne. Outre sa principale paroisse, sous l'invocation de Saint-Loup, Montreau avait une collégiale; les offices de l'un et l'autre étaient célébrés dans la même église.

Ce fut sur le pont de Montreau que des gentil-hommes de la suite du Dauphin, assassinèrent Jean-sans-Peur, duc de Bourgogne, en présence du Dauphin, qui régna depuis sous le nom de Charles VII. Les seigneurs du duc l'abandonnèrent bientôt; Archambault de Noailles opposa seul quelque résistance.

Le corps de Jean-sans-Peur fut porté dans l'église des Chartreux de Dijon, où il fut inhumé. On dit que François I<sup>er</sup>, en passant dans cette ville, y voulut voir le squelette de ce prince. Il s'étonnait que la hache des meurtriers eût fait une si large ouverture au crâne du duc. Le chartreux qui le montrait, lui dit : «*Sire, c'est le trou par lequel les Anglais sont entrés en France.* »

Dans la campagne de 1814, les armées alliées s'étaient établi à Montreau et aux environs, dans de fortes positions défendues par une artillerie formidable. L'armée française les attaqua le 17 janvier. Le jeune et brave général Château fut tué en chargeant pour la troisième fois. L'empereur accourt l'après-midi, à la tête de trente mille hommes, composés en grande partie des gardes nationales de l'Ouest. L'ennemi fut culbuté sur tous les points; notre cavalerie passa pêle-mêle avec les fuyards sur le pont, que le prince royal de Wurtemberg avait ordonné de faire sauter. Les habitans de Montreau se joignirent à l'armée pour poursuivre l'ennemi en déroute. Le prince Hohenlohe fut tué, le général Schœffer prisonnier. Cette victoire nous valut en outre 3000 prisonniers, quatre drapeaux et six pièces de canon.

MONTRETOUT. Château situé sur une hauteur,

vis-à-vis le cimetière de Saint-Cloud. Il appartient au comte Potoski.

MONTREUIL. A trois lieues de Paris et près de Versailles : on le distingue en grand et petit Montreuil.

L'église, sous le titre de Saint-Symphorien, est très-petite. Pierre de Craon possédait le château seigneurial du grand Montreuil en 1392 ; on remarque parmi les beaux jardins de Montreuil ceux qui appartenaient à M. de Guéménée. Delille, dans son poème des *Jardins*, en parlant de ceux de ce bourg, qu'on peut considérer comme un faubourg de Versailles, a dit :

Les Grâces en riant dessinèrent Montreuil.

Montreuil fut le berceau de Lazare Hoche, que ses vertus, ses talens et son courage ont placé au rang des plus grands généraux de la France républicaine.

MONTREUIL-SUR-LE-BOIS. Ainsi nommé parce qu'il est au-dessus du bois de Vincennes, à une petite lieue du faubourg Saint-Antoine.

L'église, sous l'invocation de Saint-Pierre et Saint-Paul, est assez belle. La flèche du clocher, dont on craignait la chute, a été démolie il y a quelques années. Charles V fut baptisé dans cette église ; et c'est la patrie de Pierre de Montreuil, le plus habile architecte du règne de Saint-Louis. Il bâtit le réfectoire de l'abbaye de Saint-Germain-des-Prés et la chapelle de Notre-Dame, voisine du palais abbatial. Ces deux ouvrages, dans le style gothique, étaient très-estimés.

Le studieux et savant Sébastien Lenain s'était retiré à Tillemont, sur le territoire de Montreuil. Ce
fut là qu'il composa presque tous ses ouvrages.

Montreuil a de nombreux jardins. Tous les arbres sont en espalier; ses pêches et ses poires de
Crassane sont recherchées par les gourmets. Les
jardiniers se distinguent par une méthode de culture
particulière et justifiée par un siècle de succès.

MONTROUGE (Grand). A une lieue de Paris,
sur la route d'Orléans. Il doit son nom, suivant les
uns, à un seigneur de Montlhéry appelé *Guy le Rouge*,
et suivant d'autres, à la couche de sable rouge qui
couvre la colline.

La première église de ce village, agrandie sous
François I<sup>er</sup>., en 1533, fut démolie à la fin du
seizième siècle. La nouvelle église est sous l'invocation de Saint-Jacques-le-Mineur et Saint-Christophe.
Elle menaçait ruine et fut fermée il y a douze ou
treize ans, et démolie depuis peu de temps. Le
cimetière, qui se trouve près de l'emplacement de
l'église, offre un monument tumulaire bien simple, et malheureusement bien rare. Les habitans
ont fait graver sur la tombe de François Dubreuil,
leur ancien maire, cette inscription :

> Il exerça durant vingt-six ans,
> sans interruption,
> les fonctions municipales :
> l'amitié des habitans
> le suit
> par delà le trépas,
> et consacre
> ce monument à sa mémoire.

17

Ce magistrat, si justement regretté, avait été élevé à la place de maire par les suffrages de ses concitoyens. Le droit de nommer ses magistrats immédiats est aussi ancien que la monarchie. Depuis vingt ans, la France, injustement dépouillée de ce droit, en réclame le rétablissement. Ce sera alors, et seulement alors, que les monumens, tels que celui décerné au maire de Montrouge, pourront n'être plus aussi rares.

Les maisons de ce village, blanchies à la chaux, se dessinent agréablement sur le fond de verdure que forment partout de riches plantations.

La maison qui jadis appartint au duc de la Vallière, est aujourd'hui la propriété de M. Amaury-Duval, membre de l'Institut. Il a substitué au carrelage en pierre de liais un pavé en mosaïque ordinaire exécuté par M. Belloni. Ce nouveau procédé réunit l'élégance à la solidité, et a été adopté par les propriétaires qui réunissent au goût des arts celui d'une sage économie.

MONTROUGE (Petit). On appelle ainsi la partie du même village la plus rapprochée de Paris. On y trouve beaucoup de moulins à vent et des carrières de pierre exploitées à une effrayante profondeur. Les historiens ont remarqué parmi les personnages célèbres ou fameux qui ont habité ce village, Charles de l'Aubepine, deux fois chancelier, et honoré d'une double destitution : il reçut les sceaux le 14 septembre 1630 ; le cardinal Richelieu les lui fit retirer le 25 février 1633, et le fit conduire au château d'Angoulême, où il le retint prisonnier pendant dix ans. De l'Aubépine reprit les sceaux le 2 mai 1650 ; mais, toujours fidèle à ses devoirs et à ses sermens, il s'attira la haine de Mazarin, et fut révoqué le 3 avril 1651. Il mourut le 3 janvier 1656. Philippe de Béthune, diplomate ; il a écrit l'histoire de ses ambassades. Cet ouvrage a été publié par son petit-fils, en 1667. L'abbé de Voisenon habitait aussi ce village ; Voltaire l'appelait l'évêque de Montrouge. Mercier, l'auteur du Tableau de Paris et de plusieurs drames restés au répertoire, et qui écrivit contre les sociétés académiques et la loterie, et mourut membre de l'Institut et chef d'un bureau de l'administration de la loterie, habitait une des plus jolies maisons de ce village.

Après le désastre de Waterloo, l'armée française, ralliée sous les murs de Paris, dont les gardes nationales de tous les départemens et les troupes de ligne accouraient grossir les rangs, se trouvait réunie en grande partie dans les plaines et sur les hauteurs de Montrouge. Déjà quelques heureux faits d'armes avaient appris aux chefs des ennemis qu'elle avait repris son courage et l'habitude des succès ; elle attendait avec une généreuse impatience le signal du dernier combat...... La convention du 3 juillet suspendit les hostilités, et l'armée se retira sur les bords de la Loire, où elle fut bientôt licenciée.

Montrouge est un de snouveaux chefs-d'ordre des Jésuites, dont le rétablissement de fait et la puissante influence ne peuvent plus être sérieusement contestés.

17.

MONT-VALÉRIEN. A trois quarts de lieue de Paris, et sur la colline la plus élevée de ses environs. L'établissement des édifices consacrés au culte, sur les plus hautes éminences, est un usage commun à toutes les religions. L'objet du culte peut changer, l'emplacement des temples reste le même. Cette observation se trouve justifiée par la topographie historique des hauteurs qui environnent Paris. On est donc fondé à soutenir que le Mont-Valérien a été dans l'origine, comme il l'est encore aujourd'hui, consacré au culte.

Les lettres d'Adam de Sully, évêque de Paris, en 1204, nous apprennent que ce mont était appelé *Mons Valeriani*. Dubreuil rapporte qu'Antoine, pénitent, sous le règne de Charles IV, s'y était renfermé dans une celulle fort étroite, qui fut détruite lors des guerres civiles qui désolèrent la France pendant les débats des ducs d'Orléans et de Bourgogne. Depuis, sœur Guillemette y fit ériger, du produit des aumônes qu'elle avait reçues, une chapelle sous l'invocation du Saint-Sauveur, parce qu'elle était née à Paris dans la rue Saint-Sauveur. Le frère Jean de Haussay lui succéda, et y vécut quarante-six ans. Il fut inhumé près de sœur Guillemette.

Plusieurs ermites s'établirent successivement dans le même lieu, sous la protection du cardinal de Retz; et le quatrième, Séraphin de la Noue, y fut entretenu par les aumônes de Marguerite de Valois, première femme d'Henri IV. Il s'y établit, en 1634, une congrégation d'ermites, sous le titre de *Prêtres du Calvaire*, sous la direction de Chabert

Charpentier. Ces lettres-patentes furent confirmées par Louis XIV.

Les Parisiens et les habitans des villages voisins y allaient en pélerinage dans la nuit du vendredi au samedi saint. Ces voyages nocturnes amenèrent beaucoup de désordres. L'archevêque de Paris, le cardinal de Noailles, fit supprimer ces pélerinages en 1697, et n'autorisa que ceux des mois de mai et de septembre.

Ce couvent, connu sous le nom de Calvaire, fut supprimé par le décret du 18 août 1792. Il a été rétabli depuis le concordat du roi. Les missionnaires en ont fait un de leurs principaux établissemens.

Il avait appartenu pendant la révolution au savant Merlin, et on lui avait donné le nom de Mont Merlin; mais l'ancien nom a été maintenu par la tradition.

MORAINVILLIERS. A deux lieues ouest de Poissy, près de la forêt des Alluets.

MORANGIS. A l'extrémité de la plaine de Villejuy. Ce village s'appelait *Louans*, et prit le nom de Morangis en 1693, époque où il fut érigé en comté en faveur d'un sieur Barillon qui en était seigneur.

MORCENT ou MORSAN-SUR-ORGES. A cinq lieues de Paris, hameau dépendant de la commune de Montlhéry. Il y a un village du même nom à huit lieues de Paris et à une lieue de Corbeil.

MORFONTAINE. A douze lieues de Paris, sur la route de Compiègne. Le château appartenait à

Joseph Bonaparte, qui en fit un séjour enchanteur. On y remarquait une fort jolie salle de spectacle.

Ce fut là que les envoyés des État-Unis d'Amérique reçurent une fête superbe, où se trouvèrent réunies les personnes les plus distinguées de la capitale.

MOUCEAUX. Hameau dont une partie a été comprise dans l'enceinte de Paris, à l'extrémité des Champs-Élysées. Ce hameau est nommé dans les chartres de Saint-Denis, de 1303, *monticelli* et *monticellum* (petit mont). Ce ne fut qu'au seizième siècle qu'on y fonda une chapelle pour servir de succursale à l'église de Clichy.

Les beaux jardins auxquels on a donné le nom de *Folies de Chartres*, ont été exécutés pour feu M. le duc d'Orléans père, sur les dessins de Carmontel. On y remarquait des ruines grecques et gothiques, des obélisques Égyptiens, des tombeaux, des kiosques, des coteaux au milieu de grands massifs d'arbres. Le parc a été compris dans la nouvelle enceinte de Paris.

Pendant la révolution, Mouceaux a été exploité comme jardin d'agrément, comme Tivoli, Beaujon et Marbœuf le sont encore maintenant; mais les spéculateurs avaient négligé ou mutilé les jolies fabriques et les plantations qui en faisaient le principal ornement. Ce fut dans cette enceinte que l'aréonaute Garnerin fit, le 24 octobre 1797, sa première ascension avec un parachute. Cette expérience hardie obtint le plus grand succès.

M. le duc d'Orléans a repris possession du parc de Mouceaux depuis 1814.

MOUCY-LE-NEUF. La situation de ce village , à sept lieues de Paris , dans un large vallon, est un des plus agréables environs de Montmorency. La montagne de Montmeillan est à une distance peu éloignée. Des sources abondantes y entretiennent la fraîcheur et la fécondité , elles arrosent ensuite *Moucy-le-vieux*. La terre de Moucy-le-neuf a été érigée en comté le 4 juin 1667, en faveur de Jean le Bouteliers. La culture consiste en terres à blé et en prairies.

MOULIN D'AMOUR. Près de la butte du Mont-Parnasse , au-dessous du moulin Janséniste.

Le bruit des violons, les danses, les chansons des buveurs qui s'y réunissent dans les guinguettes , égayent ce rendez-vous des plaisirs. C'est là qu'habitait jadis Fréron , qui passa sa vie à critiquer Voltaire , qui ne lui répondit que par de nouveaux chefs-d'œuvres et des épigrammes qui ne sont pas toujours de bon goût.

MOULIN-GALANT. Hameau au midi d'Essone. Il y avait dès le quinzième siècle, plusieurs moulins à blé; et d'autres pour l'exploitation de quelques papeteries.

MOULIN DE JAVELLE , JANSÉNISTE, MOLI-NISTE. Guinguettes autrefois très-fréquentées et dans le voisinage de la butte du Mont-Parnasse ; le *moulin de beurre* les a remplacés dans l'empire de la mode; il doit cette préférence à la renommée de sa pâtisserie commune.

MOULIN-JOLI. A deux lieues de Paris et près

d'Argenteuil, sur les bords de la Seine : séjour enchanteur, paysage riche et varié, dont son habile
et heureux propriétaire, feu Watelet, a dessiné le
plan ; c'est la nature embellie de tous les charmes
de l'art et du bon goût. La description de Moulin-
Joli est un des plus gracieux tableaux du poème
des Jardins.

MOULINEAUX (les). Près du village d'Issi, à
l'extrémité du parc et de la maison de M. de l'É-
pine. Ses carrières de craie, les plus belles que
l'on connaisse, appellent l'attention des minéralo-
gistes. Les Moulineaux sont à une courte distance de
Fleuri sous Meudon.

MOUSSEAUX. A sept lieues de Paris, près les
rives de la Seine et du village d'Ivry. Le paysage
est très-agréablement varié.

Le château a été long-temps habité par la duchesse de Portsmouth, maîtresse de Charles II, roi
d'Angleterre.

MUETTE (la). A l'extrémité de Passy, du côté
du bois de Boulogne. Ce n'était dans l'origine qu'un
simple rendez-vous de chasse. Les jardins sont très-
vastes ; le château et ses dépendances sont assez
considérables pour y recevoir toute la cour ; les
allées se prolongent jusque dans l'enceinte du bois
de Boulogne.

La fameuse duchesse de Berry, fille aînée du
duc d'Orléans, régent, y mourut le 21 juillet 1719,
à l'âge de vingt-quatre ans, plus avide que délicate
sur le choix de ses plaisirs : elle avait pris pour
devise : « *Courte et bonne.* »

Pilastre des Rosiers et le marquis d'Arlandes y firent, le 21 novembre 1783, la première expérience aérostatique. La montgolfière dans laquelle ils s'élevèrent s'abattit, après vingt-cinq minutes de voyage, derrière le Jardin des Plantes.

Le château avait un très-riche cabinet d'instrumens de physique et d'astronomie. Cette précieuse collection fut transférée à l'Observatoire le 3 septembre 1790.

Franklin habita le château de la Muette pendant sa mission en France. Ce fut là qu'il fit son expérience du paratonnerre. Sa mission eut le double résultat d'armer la France pour l'indépendance de sa patrie, et de lui offrir l'hommage d'une sublime, autant qu'utile, découverte contre les ravages de la foudre. Il mérita ce court et ingénieux éloge :

*Eripuit cœlo fulmen, sceptrumque tyrannis.*

La garde nationale de Paris, les députations des gardes nationaux de France et des armées de terre et de mer, furent réunies, après la cérémonie de la fédération de 1790, à un grand banquet dans le parc de la Muette ; les tables en couvraient toute l'étendue. Le château a été depuis vendu ; il a été entièrement dégradé par les troupes anglaises en 1815.

# N.

NANGIS. Bourg à seize lieues de Paris, près de Nemours. Le 17 février 1814, les armées Austro-Russes forcées de rétrograder, s'étaient mises en ligne entre Gigne et Nangis. Napoléon fit attaquer, à la pointe du jour, le corps de Wittgenstein campé au tour de Mormant. « La cavalerie des généraux » Girard, Kellermann et Michaud tourna le village, » que foudroyait en même temps notre artillerie. Le » trente-deuxième de ligne y pénétra la baïonnette » en avant. Les carrés de l'infanterie russe qui » couvraient la plaine furent enfoncés et mis en » déroute. Des milliers de cosaques se multipliaient » sur tous les points pour protéger la retraite....La » plupart furent taillés en pièces. L'ennemi perdit » dans cette journée, qu'on appella de Nangis Mor- » mant, plus de quatre mille hommes, douze canons » et quarante caissons..... » ( *Napoléon et la grande armée,* tom. 2., pag. 123. )

NANTERRE. A deux lieues et demie de Paris, au milieu de la plaine qui s'étend depuis le Mont-Valérien jusqu'à la rive droite de la Seine. Ce bourg est fort ancien. Un temple élevé en l'honneur de la principale divinité des Gaulois ne fut détruit qu'au cinquième siècle. Clotaire II y fut baptisé. Les Anglais, en 1346, y mirent le feu, comme à Saint-Germain. Ce fut là que naquit Sainte-Geneviève : plusieurs chapelles qui ont été détruites depuis trente ans, indiquaient les principaux événemens de sa vie ; l'une était bâtie sur le lieu qu'occupait la maison de ses parens. On montre encore un puits qui servait à cette famille, et dont l'eau passe encore pour miraculeuse. Un poëte du treizième siècle a rimé la vie de cette sainte, et raconte que sa mère perdit la vue pour avoir donné un soufflet à sa fille qui voulait aller à l'église avec elle. Une autre chapelle indiquait le lieu où la sainte gardait ses troupeaux. Elle a été remplacée par une croix. Louis XIII y vint en pélerinage à son retour de Savoie, en 1630. Les habitans étaient tenus jadis de donner au maréchal de France, le lendemain de Pâques, un denier et un pain de la grandeur d'un pied de cheval.

Nanterre fut dévastée par les Anglais, en 1346. Une partie des habitans fut noyée par les Anglais et les Armagnacs, en 1411. Un bataillon Prussien fut taillé en pièces, dans les environs, en 1815, par les Français.

L'église paroissiale, sous l'invocation de Saint-Maurice, est du treizième siècle. Son portail paraît n'être que du seizième. On y remarque le tombeau de Charles Leroi, fils de l'horloger Julien Leroi.

Nanterre a donné son nom à de petits gâteaux, dont il se fait une grande consommation à Paris.

NANTOUILLET. A sept lieues de Paris (Seine et Marne), à trois sud-ouest de Meaux.

L'ancien château, bâti par François Ier., remarquable par son architecture, est bien dégradé. On assure qu'une galerie souterraine communique de ce château à celui de Dammartin, qui est à plus d'une lieue.

Le chancelier Duprat mourut dans son château de Nantouillet, en 1535, âgé de soixante-douze ans, d'une *phtiriase* ou maladie de poux ; vendu à la cour de Rome, il fit signer à François 1er. ce honteux concordat qui détruisit la pragmatique-sanction. Il accabla la France d'impôts, porta les premiers coups à la souveraineté nationale. Ses remords ont justifié la haine du peuple que sa mort a vengé. Sa dernière maladie ne fut qu'un long supplice.

NEUILLY. A une lieue et demie nord-ouest de Paris, sur la rive droite de la Seine et la route de Saint-Germain. L'avenue de Neuilly est bordée de guinguettes, de restaurans, de maisons particulières qu'environnent des jardins.

Le poète Millevoie, le chantre de Belzunce, décéda dans une maison de cette avenue, le 12 août 1816. Informé que ce poète était dans un état voisin de l'indigence, le Ministre de l'Intérieur, M. Lainé, lui fit accorder une gratification ; Millevoie ne survécut pas long-temps à ce premier bienfait. Ses œuvres ont été réunies et publiées au profit de sa veuve et de son fils, dont ils sont l'unique patrimoine.

·Un bac était établi à Neuilly, appelé, en 1222, *Portus de Lulliaco*, et depuis port de *Luni*, port de *Nuilly*, et enfin Neuilly. En 1606, Henri IV étant dans son coche avec la reine, MM. de Montpensier, de Vendôme et la princesse de Conti, faillit périr avec sa suite. Les chevaux effrayés par le tonnerre se précipitèrent dans la Seine ; le roi et ceux qui l'accompagnaient allaient périr, quand Delille, Bouhot et La Châtaigneraie s'élancèrent dans l'eau avec un intrépide batelier et sauvèrent tous les voyageurs. Un pont de bois fut construit, mais il ne sub-

sista que jusqu'en 1638 : on y substitua des bacs, et
des bâteaux pendant qu'on travaillait à réparer le
pont. Le droit de péage fut accordé pour trente
ans à Marie de Hautefort, duchesse de Schomberg,
à la charge de le faire construire de nouveau ; ce privilége fut continué pour quarante ans à Charles de
Hautefort aux mêmes conditions. Le nouveau pont
ne fut achevé que le 22 septembre 1772. Sa construction a exigé des travaux immenses, dirigés par
l'architecte Peronnet. Le pont, bâti sur ses dessins,
est un de nos plus beaux monumens de ce genre.
Sa longueur de sept cent cinquante pieds, est en
alignement avec la grande allée des Tuileries. Il se
compose de cinq arches ; chacune a cent vingt
pieds d'ouverture. Des pierres de la plus grande
dimension ont été employées à cette construction
étonnante par sa hardiesse et sa solidité. On remarque une pierre qui a trente-quatre pieds de long.

Louis XV passa le premier en carosse sur ce magnifique pont.

Les environs de ce monument sont embellis de
plusieurs maisons remarquables. Le château a appartenu successivement à Radix Sainte-Foi et à la
princesse Borghèse, et aujourd'hui au duc d'Orléans ; de jolis jardins l'environnent. Ce château a
été construit sur les dessins de Cartane. La vaste
maison de madame Hinguerlot offre des beautés
d'un autre genre.

Une chapelle gothique est située sur les bords de
la Seine, sur un site charmant, où l'on découvre
les plus vastes et les plus brillans paysages.

En 1815, Neuilly fut envahi par les troupes alliées. Lord Wellington établit son quartier-général, le 6 juillet, dans la maison Saint-James : il en partit deux jours après ; et sans respect pour la foi des traités, les Anglais et les Prussiens ravagèrent, pillèrent cette belle propriété.

NOGENT-SUR-SEINE. A vingt-trois lieues sud ouest de Paris. Les premiers moines n'habitaient que des déserts: la prière et le travail partageaient tous leurs instans. Depuis, ils avaient cessé de travailler, ils avaient des domaines considérables ; et les lieux les plus fertiles et les plus agréables abondaient le plus en couvens. La petite ville de Nogent-sur-Seine n'avait qu'une paroisse pour la ville et les faubourgs, mais les filles de la croix, les célestins, les capucins, y possédaient de riches domaines. Le duc de Noailles avait la charge de gouverneur. Il vendit cette seigneurie et ses prérogatives à l'intendant des finances de *Fulvy*, qui acheta successivement toutes les charges, qu'il partagea à sa famille, et se fit ainsi souverain du pays. Tout se vendait alors : tout devrait être électif aujourd'hui, c'est l'esprit de nos institutions. On demande à la faveur ce qu'il serait plus honorable, mais aussi plus difficile, d'obtenir des suffrages libres de ses concitoyens.

La ville de Nogent-sur-Seine et son territoire ont été cruellement ravagés par les armées étrangères, en 1814.

Il s'y tient des foires considérables, les 25 mai, 11 juin, 11 août et 28 octobre. Elles durent trois jours.

**NOGENT-SUR-MARNE.** A deux lieues et demie de Paris, sur la crête d'une montagne, que domine un vaste horizon; l'air y est très-sain. Nogent appartenait jadis à l'abbaye de Saint-Maur. Antoine Watteau mourut à Nogent-sur-Marne, en 1721. Il était né à Valenciennes, en 1664. Ce peintre avait d'abord suivi des écoles peu estimées; il vint à Paris à l'âge de dix-huit ans; les leçons d'Audran développèrent ses heureux talens; le pinceau de Watteau se distingue par une touche légère et spirituelle. On a réuni en cent trente-deux planches les dessins qu'il a laissés, et ces gravures forment une collection que les jeunes artistes consultent avec fruit. Lorsque Watteau avait à peindre une figure gaie et grotesque, il prenait pour modèle le curé de Nogent, dont la figure fraîche et rebondie respirait l'enjouement et la plus franche bonhommie. Watteau avait été reçu à l'Académie de Peinture, en 1718.

Cette petite ville, sans rempart, opposa une vigoureuse résistance aux armées alliées, en 1814. Le général Bourmont, légérement blessé, avait été remplacé par le général Voirol. Les citoyens de Nogent combattirent sous ses ordres comme de braves guerriers. Chaque maison offrait un point de résistance. Les alliés lancèrent sur la ville des obus et des fusées incendiaires; les Nogentais ne cessèrent point de combattre jusqu'au départ de la garnison. Le général Voirol en se retirant fit sauter le pont. Cinquante Russes et un officier le traversaient au moment de l'explosion: tous périrent.

NOGENT-LE-ROI. Petite ville sur les bords de l'Eure, à deux lieues nord de Maintenon, à seize lieues de Paris.

Cette petite ville, qui avait appartenu aux ancêtres d'Amalric de Monfort, devint la propriété de Philippe de Valois. Ce prince y mourut le 22 août 1350. On peut présumer que ce fut à cette époque qu'il reçut le nom de Nogent-le-Roi. Cette terre resta dans le domaine royal jusqu'à Charles VII, qui, en 1444, la donna à Pierre de Brezé, grand-sénéchal de Normandie. Jacques de Brezé, revêtu de la même charge, épousa une fille naturelle de ce prince et d'Agnès Sorel; un autre de Brezé fut aussi marié à Diane de Poitiers, maîtresse de François Iᵉʳ. et de Henri II.

Nogent, simple baronie, fut érigé en comté en faveur de Beautru, bouffon du cardinal de Richelieu.

Cette ville eut beaucoup à souffrir pendant la guerre civile et la guerre étrangère, sous les règnes de Charles VI et de Charles VII. Prise sur les Anglais par le dauphin, depuis Charles VII, elle fut reprise par Salisbury, qui fit passer au fil de l'épée une partie de la garnison.

La ligue fut pour cette ville l'époque de nouvelles calamités; les troupes d'Henri IV y étaient retranchées et inquiétaient les troupes de Mayenne à qui on avait livré les faubourgs de Chartres. Fatigués des vexations de l'armée royale, les citoyens de plusieurs villes vinrent attaquer le château; un chanoine de Chartres dirigeait l'artillerie. Après les premières volées, la garnison demanda à capituler. Elle obtint de sortir la vie sauve ; mais les Chartrains, impatiens de venger les maux que leur avaient causés les officiers et les soldats de cette garnison, les tuèrent tous.

Le commandant seul du château, *Poussemotte*, était parvenu à s'échapper, il fut pris et mis à mort sur la place des halles.

Nogent-le-Roi fut ensuite pris et pillé par l'armée d'Henri IV. Le capitaine qui commandait le château fut pendu.

Les guerres étrangères n'entraînent que des calamités momentanées ; les maux que causent les guerres civiles sont long-temps irréparables. Des haines héréditaires se perpétuent de génération en génération. Qui pourrait dire qu'après trois siècles, les derniers germes de la faction de la ligue sont éteints ?*

NOINTEL. A neuf lieues de Paris et à une demi-lieue de Beaumont (Seine et Oise). Le château est remarquable par l'étendue et la beauté de ses jardins. Les eaux y sont très-abondantes ; celles du grand bassin s'élèvent à cent cinquante pieds ; le plus haut jet de Saint-Cloud ne s'élève qu'à cent vingt. Le réservoir appelé Mississipi, est alimenté par trois sources : il a cent toises de long sur trente de large ; il est soutenu par des terrasses. Il fournit vingt fontaines qui rivalisent d'abondance et de beauté avec celles des principales résidences royales.

NOISEAU-SUR-AMBOILE. A quatre lieues de Paris, à une demi-lieue de Sucy. Ce village n'est

18

séparé d'Amboile que par un vallon ; il payait la dîme au chapitre Notre-Dame de Paris. Les coteaux de Noiseau sur Amboile sont plantés en vignes.

NOISIEL. Sur la rive gauche de la Marne, à cinq lieues de Paris, sur la pente d'un coteau, à une lieue et demie de Lagny. La position en est fort agréable et la culture très-variée.

NOISY-LE-GRAND ou NOISY-SUR-MARNE. A trois lieues de Paris, vis-à-vis Neuilly. Grégoire de Tours raconte que Chilpéric I<sup>er</sup>. habitait ce village avec Frédégonde. Cette princesse, dont le nom rappelle tous les genres de crimes, accusa le jeune Clovis d'avoir tenu contre elle quelques propos imprudens. Le roi manda le prince, le fit couvrir de haillons, et le livra à Frédégonde, qui le fit assassiner. Elle publia ensuite qu'il s'était tué lui-même. Le prince fut enterré sous la gouttière d'une chapelle du manoir royal. Frédégonde craignant que le corps ne fût découvert, le fit exhumer et jeter dans la Marne. Le cadavre s'arrêta dans les filets d'un pêcheur, qui reconnut le prince à sa longue chevelure, le prit sur ses épaules et l'enterra sur le bord de la Marne. Gontran, successeur de Chilpéric, instruit de ce fait, fit transporter et inhumer le corps dans l'église de Saint-Vincent, appelée depuis Saint-Germain-des-Prés.

NOISY-LE-SEC. A deux lieues de Paris, dans la plaine au-delà de Romainville. Ce village doit son nom à l'aridité de son sol, dépourvu de sources et de ruisseaux ; sa principale culture est en vignes.

On y découvrit en 1707 le corps d'une femme

enterrée depuis trente ans et parfaitement conservé.
On cria au miracle; l'archevêque la fit inhumer
dans l'église pour empêcher le concours des villageois qui s'y portaient en foule; mais les plus fer-
vens firent un trou à la fosse et y placèrent une
grille à travers laquelle on voyait les pieds de la
défunte. On y faisait toucher des chapelets; les offrandes affluaient de toutes parts : on eut beaucoup
de peine à persuader aux villageois que la conservation de ce corps venait d'une cause toute naturelle.

Une nouvelle église vient d'être construite : la
première pierre a été posée par le préfet de la Seine
le 27 mai 1823.

NOISY-SUR-SEINE. Terre considérable qui, au
douzième siècle, appartenait au chapitre de Saint-
Germain-l'Auxerrois.

On trouve plusieurs autres villages du nom de
Noisy, près de Versailles, de Beaumont-sur-Oise,
Villeneuve Saint-Georges et Sens.

NOM (Saint-). A six lieues de Paris et à deux
lieues de Saint-Germain-en-Laye et de Versailles.
Le pays est sec et aride; on donne à ce village le
surnom de la *Bretêche*. On appelait ainsi chez nos
ancêtres un château ou tour de bois terminé par
quelques constructions extérieures. On désigne spécialement sous le nom de la Bretêche la partie de
ce village située sur la lisière de la forêt de Craie.

NONEVILLE. A trois lieues de Paris, à l'orient
de Drancy. Ce village est assis au milieu d'une
plaine; les terres sont un peu sabloneuses : on y
trouve quelques bouquets de bois et de prairies

arrosés par deux ruisseaux, dont l'un s'appelle *Routier*.

NORVILLE (la). A neuf lieues de Paris et à un quart de lieue de la grande route d'Orléans; sa situation sur le penchant d'une colline est assez agréable : on y cultive beaucoup de blé dans la plaine; les coteaux sont couverts de vignes. Le chapitre de Notre-Dame de Paris y levait des dîmes considérables. Une des chapelles de la paroisse portait le nom de Notre-Dame des *Minots*.

NOZAY et LA VILLE-DU-BOIS. Dans une plaine, à six lieues de Paris. On appelle Nozay la partie située sur le haut de la montagne, à la droite de Montlhéry, et la Ville-du-Bois, le hameau qui est au pied de cette montagne près de la route de Paris à Orléans; la principale culture est en vignes.

Nozay et la Ville-du-Bois avaient une église particulière, mais les fidèles qui habitent ce dernier hameau, étaient jadis obligés, sous peine de dix livres d'amende par feu, d'aller le 31 juillet de chaque année en procession à Nozay, pour y chômer la fête de Saint-Germain.

# O

OLAINVILLE ou OLINVILLE. Sur une hauteur entre Bruyère-le-Châtel et Arpajon, sur la route d'Orléans. Ce village est dans une heureuse exposition; la vue en est très-agréable, surtout au midi. Henri III habitait souvent l'ancien château, qu'il fit embellir.

Le maréchal de Castries en fit aussi construire un très-beau ; le parc, qui en faisait le principal ornement, a été mis en culture. En rendant chaque qualité du sol au genre de culture qui lui est propre, on a ajouté aux revenus des domaines ruraux sans rien ôter à leur véritable agrément. Un orgueil mal entendu peut seul regretter ces fastueux déserts qui rendaient nos campagnes moins productives et moins attrayantes.

OLON ( Saint-). Dépendant de Brunoy, sur le bord de la rivière d'Hières. Ce village est plus connu sous le nom de Soulin ou Solin.

ORCÉ ou ORÇAY. A cinq lieues sud-ouest de Paris, à une lieue au-delà de Palaiseau, sur la route de Chartres. Ce village, bâti sur la pente d'un coteau qu'arrose l'Ivette, est environné de vignobles et de terres dont la culture est très-variée. Le château appartenait au fermier-général P. M. Gaspard *Grimod*, qui fit aplanir la montagne pour donner plus de développement aux bâtimens et à leurs brillans accessoires. Il obtint que le cimetière, dont la proximité eût attristé l'asile des plaisirs, fût transféré à l'extrémité du village. Il fallait être fermier-général pour obtenir sans difficulté ce que la raison et l'humanité ont long-temps vainement réclamé.

ORENGY. Petit village à six lieues de Paris, sur la route de Fontainebleau, près de Corbeil. C'est une plaine assez étendue et très-fertile, dont la principale récolte est en blé. On y voyait encore à la fin du siècle dernier, dans l'espace qui sépare l'église de la grande route, quelques débris d'un vieux manoir gothique et quelques fossés : on appelle ce lieu le *Château sauvage*. Cet espace, qui comprend trois à quatre arpens, a été rendu à la culture.

ORLY. A trois lieues et demie sud-est de Paris. Le territoire est fertile en grains et en vins.

L'église est sous l'invocation de Saint-Germain, évêque de Paris. La tour qui sert de clocher rappelle un fait historique qui honore les habitans d'Orly.

Lors des incursions des Anglais, en 1360, deux cents villageois s'y retranchèrent avec des balistes et autres instrumens de guerre alors en usage. Ils furent moins heureux que braves ; les Anglais se rendirent maîtres du village le vendredi saint, y tuèrent une centaine d'hommes, firent beaucoup de prisonniers, et mirent le reste en fuite. Presque tous les habitans furent passés au fil de l'épée ; les Anglais mirent le feu au village, après l'avoir pillé : ils se retirèrent ensuite du côté de Châtres et de Montlhéry. Le chapitre de Notre-Dame de Paris était seigneur de ce village.

ORMOY. Ce nom est commun à deux petits villages, l'un, situé à huit lieues de Paris, sur la rive droite de la Juine, l'autre, à sept lieues de Paris, entre Corbeil et la route de Melun.

OUEN (Saint-), *Capella sancti Audœni*, sur la rive droite de la Seine, près de Saint-Denis, à une lieue et demie de Paris. Ce village, au milieu d'une belle plaine qu'arrose la Seine, doit son nom à Saint-Ouen, qui fut, dit-on, chancelier du roi Dagobert. Tout semble indiquer que ce prince avait une maison dans ce village ; il est du moins cer-

tain que le château était maison royale vers le milieu du treizième siècle.

Le roi Jean y institua l'ordre des Chevaliers de
l'Étoile, en 1351. Ces Chevaliers prirent, à cause du
lieu où ils avaient été institués, le titre de Chevaliers
de la *Noble-Maison*. C'est ainsi qu'on nommait le
château. Ce roi aimait beaucoup le séjour de la
Noble-Maison : il s'y retira à son retour d'Angleterre.
Il établit aussi dans ce village des chanoines et des
chapelains, et leur accorda pour leur entretien
tout ce qui pouvait revenir au fisc royal du produit
des forfaitures et des espaves. Son ordonnance pour
la réformation de l'état, est datée de la *Noble-Maison*,
près Saint-Denis, de mai 1355.

Les fidèles du lieu donnèrent pour second patron à leur paroisse, Saint-Barthélemy. On attribuait à une relique de ce saint, la vertu miraculeuse de guérir de la surdité. On faisait passer un
doigt de ce saint près de l'oreille, et le miracle
manquait rarement son effet ; aussi les pélerinages
étaient-ils nombreux. Depuis long-temps il n'est plus
question du doigt miraculeux de Saint-Barthélemy.

Charles V et Charles VI préféraient la Noble-
Maison à toute autre résidence. Les guerres civiles,
qui mirent la France en feu, et ouvrirent à l'étranger les portes de la capitale, causèrent la ruine de
ce manoir royal.

Le château seigneurial a été bâti, en 1660, par
Lepantu, pour M. de la *Seglière de Boisfranc*, qui
y donna des fêtes brillantes aux principaux personnages de la cour. La dernière eut lieu en 1679.

Devenu propriétaire de ce château, le duc de Gesvres le vendit, en 1745, à madame de Pompadour,
qui y fit des dépenses considérables; il passa, en
1765, au duc de Tresmes.

Il était en partie détruit, lorsque Louis XVIII
vint l'occuper à son retour en France; ce fut là
qu'il reçut les principaux corps de l'état et les autorités de Paris. La fameuse déclaration qui énonce
toutes les garanties politiques que la charte devait
consacrer, est datée de Saint-Ouen, le 2 mai 1814.

Cet antique château a été entièrement reconstruit
à grands frais : on évalue la dépense à plusieurs
millions. Il appartenait au roi et maintenant à madame de Cayla. Lors de la démolition de plusieurs
anciennes maisons, on découvrit dans les fouilles
quelques indices qui semblaient signaler le lieu où
fut élevée la *Noble-Maison*. On a lieu de croire que
la maison de M. Ternaux a été construite sur le
même emplacement. M. Ternaux a fait à Saint-
Ouen l'expérience des silos pour la conservation
des grains. Elles ont parfaitement réussi.

OUEN-L'AUMONE (Saint-). A sept lieues de Paris,
sur le bord d'une ancienne voie romaine, près des
rives de l'Oise. C'est aujourd'hui un des faubourgs
de Pontoise.

Jadis, le seigneur faisait abattre l'oiseau par les
garçons et l'oie par les filles du village; c'était l'in-
termède obligé de la fête patronale.

OUEN ( Le Prieuré de Saint ). C'était un écart
de la commune de Favières. Il n'en restait qu'une
chapelle au commencement du siècle dernier; tous

les autres bâtimens avaient été détruits. Le prieur, curé de Favière, y levait la dîme; il n'était tenu que d'y dire une messe par semaine, et d'y aller en procession le jour de la fête patronale.

OZOIR-LA-FERRIÈRE ou LA FERRIÈRE. A sept lieues de Paris. Ce village s'élève sur un coteau à peu de distance de la forêt. On trouve en fouillant la terre beaucoup de mâchefer. Ce pays avait sans doute jadis beaucoup de forges, dont la forêt voisine, qui fournit encore beaucoup de charbon, facilitait l'exploitation.

# P.

PALAISEAU. A quatre lieues de Paris, sur l'ancienne route de Chartres, à peu de distance de la rivière d'Ivette. Son territoire offre l'heureuse réunion de tous les genres de cultures utiles et agréables; des labourages, des vergers, des prairies et des vignes.

En 1710, on a réuni dans le caveau seigneurial de l'église, les corps de MM. Arnaud, de Port-Royal. Il y avait dans ce village, une Maison-Dieu et une léproserie.

On fait dériver le nom de Palaiseau de *Palatiolum*. Il paraît certain que les rois de la première race y avaient un manoir; mais, sur la fin de la troisième race, les principales résidences royales ne s'appelaient encore qu'hôtels; le titre de petit palais donné à leur résidence, pendant la première race, ou cette résidence ne pouvait être qu'une ferme, serait une exception assez singulière, et il serait bien permis de douter de l'exactitude de cette étymologie.

PANTIN. Près la barrière de ce nom, à côté de la Villette, à une lieue de Paris. *Penthium* ou *Penticum*, suivant une bulle de Callixte II, de 1119. Il a conservé depuis 1150, le nom de *Pentin* ou *Pantin*, que lui donna alors Thibaud, évêque de Paris. Ce village a été concédé, dans le dix-septième siècle, au monastère de Saint-Martin-des-Champs. L'église est sous l'invocation de Saint-Germain, évêque d'Auxerre.

Jacques de Forceval était seigneur de ce village, en 1654.

La plaine de Pantin se divise en terres labourables et en jardins. Les coteaux sont couverts de vignes.

Le village est traversé par la route de Paris à Meaux.

La position de Pantin fut vigoureusement défendue par la troupe de ligne et la garde-nationale, dans le combat livré sous les murs de Paris, le 30 mars 1814.

Le général Boyer avait poussé des tirailleurs sur Pantin. Les Russes sont expulsés du bois, et ramenés au village; leur droite est refoulée dans les gorges sous les murs de Romainville. L'action s'engage bientôt sur le même point. Toutes les attaques de l'ennemi avaient été repoussées; mais il fallut céder au nombre; et l'occupation de Paris fut le résultat de cette journée.

PASSY ou PACI. Banlieue de Paris, sur une montagne, et près de la rive droite de la Seine, en face du Champ-de-Mars, dont Passy n'est séparé que par le pont d'Iéna ou des Invalides.

Le point de vue est magnifique; l'air pur que l'on respire à Passy, l'élégante variété de ses bâtimens, les eaux minérales, les bains, en rendent le séjour aussi agréable que salubre.

Des titres du treizième siècle désignent Passy sous le nom de *Paciacum*. Ce n'était dans l'origine qu'un hameau dépendant d'Auteuil; il s'accrut vers la fin du seizième siècle : une petite chapelle fut érigée sous l'invocation de Notre-Dame-des-Grâces. Elle fut agrandie en 1773; elle était érigée depuis 1672. Les barnabites y établirent un couvent, dans une maison que leur vendit à vil prix, le conseiller au parlement de Paris, *Dorieux*. Il avait été rapporteur dans un procès que perdit un bourgeois de Paris, qui, de dépit, fit élever un bâtiment à mi-côte au-dessus de celui du conseiller, et qui lui masquait la vue, qui en faisait tout l'agrément. Le conseiller vendit sa maison aux moines.

Il y avait à Passy, en 1305, un lieu appelé l'*Échansonnerie*.

L'ancien cimetière, où l'on remarque le tombeau du compositeur Piccini, décédé à Passy le 17 floréal an 8 ( 7 mai 1800 ), ne fut vendu que parce qu'il était trop petit, et le prix de la vente fut employé à l'achat d'un plus grand terrein destiné au même usage.

On n'a pas omis sans doute d'imposer aux acquéreurs de l'ancien cimetière, toutes les conditions propres à garantir le respect dû aux morts. Mais la plus forte de ces garanties est dans la probité même de ceux à qui il a été adjugé. Il appartient à madame Gauthier de Lessert.

Francklin a long-temps habité à Passy la maison de M. Leroi de Caumont. Raynal y a fini ses jours.

Le respectable abbé Gérard y vivait chez sa sœur, rue Basse, n°. 24. Une pension nationale lui assura une vieillesse paisible.

Latour d'Auvergne s'était retiré à Passy après la première paix d'Espagne. Il consacrait ses loisirs à l'étude, et mettait la dernière main à ses *Origines Gauloises*, quand il apprit que le fils de son ami, M. Le Brigant, était appelé par la loi de la conscription. Il sollicite et obtient de le remplacer, et se place dans les rangs des grenadiers de la 46°. demi-brigade. Il fut tué d'un coup de pique. Il mérita le titre de premier grenadier de la république.

PASSY ou PACI. Écart de la commune de Cossigny, près du vieux Corbeil.

PEC (le). On devrait dire *Aupec alpicum*. Port sur la Seine, au bas de la montagne Saint-Germain, à quatre lieues de Paris, (Seine-et-Oise).

En 1596, Henri IV affranchit à toujours les habitans de toute imposition (le taillon excepté), pour les indemniser de l'abandon d'une vingtaine d'arpens, qui furent convertis en jardins pour le *château neuf* qu'il faisait construire pour la duchesse de Verneuil, l'une de ses maîtresses : les impôts furent

rétablis en 1688. Le village fut ruiné, la plupart des
maisons tombaient faute d'entretien ; les habitans
obtinrent des degrèvemens en 1722. On ignore l'é-
poque précise de la construction du pont du Pec.
Les écarts les plus considérables de cette commune
sont Demonval et le Vesinet, à l'extrémité du pont
et près du bois.

Le port est très-fréquenté ; la facilité des communications, la fertilité du territoire, l'abondance
et la qualité des eaux, ont déterminé de riches spéculateurs à y établir des fabriques. On y compte
plusieurs tanneries considérables.

En 1815, lors de la marche des alliés sur Paris,
des ordres avaient été donnés pour couper les ponts
de Bezons et du Pec. Ce dernier ne le fut pas : les ennemis y passèrent ; mais quatre-vingt mille Français
les attendaient sous les murs de Paris. L'heure du
combat, et sans doute de la victoire, allait sonner,
quand la convention du 3 juillet enchaîna le courage de la dernière armée de la France.

PÉQUEUSE ( Seine-et-Oise ). Près de Limours, à
six lieues sud-ouest de Versailles, entre un côteau et
le vallon de Vilverd ; ce village se compose des hameaux de Grignan, Fortmanteau, Lagrange, Saint-
Clair et Vilverd.

L'église est sous l'invocation de Saint-Médard ;
on y chôme aussi la fête de Sainte-Aldegonde,
reine de France.

Le territoire est fertile en grains et en pâturages.
Un autre village, près de Meaux, porte à-peu-près
le même nom, *Péqueux*.

**PÉQUINI ou PIQUIGNI.** A trois lieues d'Amiens. Guillaume dit Longue-Épée, duc de Normandie, y fut assassiné; Louis XI y eut une entrevue avec Édouard, roi d'Angleterre, sur un pont fait exprès, en 1475. Non loin de Piquigny, était le monastère ou plutôt le magnifique palais de la riche abbaye du Gard.

**PEREY.** Ce village, et le hameau de Saint-Hubert qui en dépend, s'étendent dans une plaine, sur la route de Chartres, à une lieue de Rambouillet et à neuf lieues de Paris.

Louis XV avait fait construire un château dans le hameau de Saint-Hubert et sur le bord de l'étang de Poura. Ce n'était qu'un rendez-vous de chasse. Les peintres, les sculpteurs les plus distingués de l'époque, Pigalle, Falconet, Coustou, Solthz, en avaient exécuté les principaux ornemens.

Le château de Saint-Hubert a été démoli. Les eaux de l'étang alimentent les cascades de Versailles.

**PÉRIGNY.** A cinq lieues de Paris, sur la rive gauche de la rivière d'Hières. Le territoire se divise en vignes et en terres labourables; il est arrosé par de belles fontaines. Il domine le joli paysage de Gercy, de Vaux-la-Reine et des environs.

L'église est sous l'invocation de Saint-Loup et de Saint-Gilles. Le village s'étend sur le plateau dont l'Hyères baigne la base.

Il y a deux villages du même nom dans le département de l'Yonne, l'un près de Pont, l'autre à trois quarts de lieue en deçà d'Auxerre.

**PÉRONNE.** Ville fortifiée, à trente-trois lieues

de Paris, a été quelque temps la résidence des rois
de la première race. Clovis l'avait donnée à son maire
du palais, Archinoald, qui y fit bâtir un monastère
pour des Écossais. Cette ville rentra dans le domaine
de l'état. Héribert, comte de Vermandois, s'en rendit maître et y enferma le roi Charles-le-Simple,
qui y mourut en 929. Les successeurs d'Héribert
possédèrent Péronne jusqu'au règne de Philippe-
Auguste. Louis XI donna cette ville, en 1466, à
Charles-le-Téméraire, duc de Bourgogne, qui, furieux de ce que Louis XI avait fait insurger les Lié-
geois, fit emprisonner ce prince, qu'il traîna à sa
suite jusqu'à Liége, et auquel il ne rendit la liberté
qu'après lui avoir fait souscrire un traité honteux.
Péronne fut assiégée en 1536 par Henri Nassau,
qui, malgré la puissance de son armée, fut obligé
de lever le siége. On a donné a cette ville le surnom
de *Pucelle*. Sa population était jadis beaucoup plus
nombreuse.

PERRAY, PERÉ ou PAIRÉ, près Corbeil. Avant
l'établissement de ce village, il en existait un autre
au neuvième siècle, appelé *Moiry* ou *Mory*. Celui de
Perray parait dater du treizième siècle. La destruction de l'église paroissiale de Saint-Melaine, pendant les guerres de cette époque, força les habitans à se réunir pour leurs exercices de piété à
celle de Perray, qui fut ensuite érigée en cure; le
curé habitait dans le faubourg de Corbeil; la proximité de Perray et de Corbeil fait considérer ce village comme un des faubourgs de la ville.

PERREUX (le). Près de Nogent-sur-Marne, à

trois lieues de Paris. Ce village, situé dans un val-lon, est remarquable par le choix et la beauté des arbres fruitiers que l'on y cultive avec le plus grand soin. C'est ce qui l'a fait surnommer le *PetitMontreuil*.

PETIT-BOURG. A une demi-lieue de Corbeil, sur les rives de la Seine, route de Fontainebleau. Le château appartenait au duc d'Antin ; madame de Montespan en habitait une partie : Louis XIV y venait souvent la visiter.

M. d'Antin y reçut le czar Pierre. Louis XIV en avait fait un rendez-vous de chasse, lorsqu'il allait prendre cet exercice dans la forêt de Sénart.

Il a appartenu depuis à la duchesse de Bourbon. C'est aujourd'hui une des propriétés de l'ancien en-trepreneur des jeux, M. Perrin, qui n'a rien épar-gné pour le rendre agréable.

Les environs de Petit-Bourg sont charmans ; il est environné de jolies maisons de campagne. C'est un des plus beaux et des plus vastes paysages des environs de Paris.

PIERRE-FITE, *Petra Ficta, Petra Fricta* ou *Petra Fixa*. Ce nom est commun à plusieurs gros villages et bourgs de France, sans doute parce que leur territoire renferme des parties propres à la fabrication de la poterie, *petra fictilis*.

Ce village est à une demi-lieue de Saint-Denis, et la route de Picardie le traverse ; il est très-bien bâti : on y cultive beaucoup de vignes.

L'église est sous l'invocation de Saint-Gervais et de Saint-Protais. Ce village était une seigneurie de l'abbaye de Saint-Denis. *Jacques Petit*, l'un des plus

habiles chirurgiens de son temps , est né à Pierre-
Fite : il exerça son art jusqu'à l'âge de quatre-vingt
dix-sept ans. Il mourut le 22 août 1708.

PIERRE-LAYE. A six lieues de Paris, sur la route
de Pontoise. C'était encore une seigneurie de l'abbaye de Saint-Denis. L'église est sous l'invocation
de Saint-Jean-Baptiste. Le territoire est sablonneux
et couvert de bouleaux. Les habitans bornent leur
industrie à fabriquer des balais pour la capitale.

PIN (le). Village à six lieues de Paris et à deux
lieues est de Livry,

PIPLE (château de). *Voyez* BOISSY SAINT-LÉGER.

PISCO. Le nom de ce village s'écrit de plusieurs
autres manières ; j'adopte la plus usitée. Il est
situé au-dessus de Saint-Brice, à quatre lieues de
Paris ; la culture en est très-variée. En 1214, il
n'y avait qu'une chapelle, qui fut érigée en cure
par Pierre de Nemours, évêque de Paris. Le curé
de Saint-Brice se fit indemniser de ce démembre-
ment de sa paroisse par des dotations en fonds. La
Sainte Vierge partage avec Saint-*Gunifort* le patronage religieux de Pisco.

PISSOTTE ( la ). Village à deux lieues de Paris ,
près de Vincennes.

PLAISANCE. Près de Nogent-sur-Marne, à deux
lieues de Paris. L'ancien château, qui datait du
dix-septième siècle, a appartenu à plusieurs familles distinguées , et successivement , à plusieurs
princes de la famille royale. Le financier Paris Du-
verney a fait construire le nouveau château; il fut
bâti en six mois , et tous les ornemens furent placés

en quinze jours : ils sont d'une grande magnificence. Les jardins, bien dessinés, occupent un espace de trente arpens.

Le comte de la Blache, que Beaumarchais a rendu fameux dans ses Mémoires, avait hérité de ce château et de ses dépendances.

PLANCY. A trente-six lieues de Paris, près d'Arcis-sur-Aube. L'empereur Napoléon, parti de Plancy, précédé du corps d'armée du maréchal Ney et suivi de sa garde, entra ensuite dans Arcis. Un combat terrible s'engagea sur la rive gauche de l'Aube. C'est une des actions les plus importantes de la campagne de 1814.

PLESSIS-SAINT-ANTOINE. A cinq lieues de Paris, sur la route de Rosoy.

PLESSIS-BOUCHARD (le). A quatre lieues et demie de Paris. Le territoire, très-fertile, se compose de vignes et de vergers très-bien cultivés. Ce village doit son nom à un vaste enclos de vignes que possédait en ce lieu Bouchard ou Burchard, seigneur de Montmorency.

Cette seigneurie a passé de sa famille à celle de Condé, et en partie au grand-prieur de France.

L'église est sous l'invocation de Saint-Nicolas ; les dîmes étaient attribuées à l'abbaye de Saint-Martin de Pontoise.

PLESSIS-CHESNAY (le). A une lieue d'Essonne, route de Fontainebleau. Un bois de chênes qui en était voisin, a donné son nom à ce hameau.

PLESSIS-GASSOT (le). A quatre lieues de Paris, au-delà d'Écouen. Ce village, dont le territoire est

fertile en grains; appartenait en grande partie aux
guillemites ou blancs-manteaux de Paris, à qui
Robert Malou et son épouse en avaient fait don
en 1321, pour empêcher les moines de quêter. C'é-
tait pour eux moins un besoin qu'une habitude, car
ils étaient déjà très-riches.

PLESSIS-LE-COMTE (le). A un quart de lieue
d'Arengy. Le nombre des habitans était si petit, que
l'église n'avait point de marguilliers.

PLESSIS-PASTÉ, ou d'ARGOUGE, ou SEBBE-
VILLE. Ce village doit son nom à Jean Pasté, doyen
du clergé de Chartres, en 1520, et depuis évêque
d'Arras.

Je ferai remarquer une fondation qui du moins
avait un but utile. La *Ferme des Capettes*, qui fait
partie de ce village, avait été léguée par testament
de Claude Lefèvre, avocat au parlement, le 18 février 1549, au collège de Montaigu, pour la pension de deux enfans du bourg d'Aunoy ou le testa-
teur était né.

Le nouveau château a été bâti pour Geoffroy de
Laignes, conseiller au Parlement. Le Nôtre en avait
dessiné les jardins.

PLESSIS-PIQUET (le). A deux lieues de Paris,
sur la pente d'un coteau, à une demi-lieue de la
route d'Orléans. D'anciens titres le désignent sous
le nom de Plessis-Raoul, *Plesséssum Radulphi*. Un
seigneur de ce village lui donna depuis le nom
qu'il porte maintenant. Ce village est bien exposé:
il domine le joli vallon de Fontenai-aux-Roses, le
Bourg-la-Reine et Chatenay.

19.

L'église, sous l'invocation de la Magdeleine, a été reconstruite en 1737. Le château est orné de beaux jardins, où l'on descend par une superbe terrasse.

PLESSIS, près Lusarches (le), ou le PLESSIES. A dix lieues de Paris, et à une demi-lieue de Lusarches. Il paraît que ce village et celui de Lacy ne formaient qu'une seule commune avec Lusarches, qui était le chef-lieu d'un vaste domaine.

L'église, sous l'invocation de la Vierge, est moderne. La seigneurie de ce village était partagée entre la famille Molé de Champlatreux et le couvent des célestins de Paris.

Ce nom de Plessis est commun à plusieurs autres bourgs des environs de Paris.

POISSY. Petite ville, à six lieues de Paris, sur la rive gauche de la Seine. Il s'y tient un très-grand marché en bétail pour l'approvisionnement de Paris. Cette ville a vu naître Louis IX. Si on en croit la tradition du pays, l'église a été bâtie sur l'emplacement du château qu'habitait la reine Blanche, dont le lit était placé au lieu même où s'élève le maître-autel. Cette église fut incendiée par la foudre. La fameuse assemblée, connue sous le nom de *Colloque de Poissy*, s'y tint en 1561.

POMPONE. A sept lieues est de Paris, sur la rive de la Marne entre Lagny et Chelles. Il y avait une léproserie dans ce village, à la fin du douzième siècle. Louis-le-Gros y séjourna long-temps en 1121. Il était alors en ▉▉re avec ses grands vassaux et surtout avec Thibaut, comte de Champagne et de Brie.

Lors du siége de Paris, par Henri IV, les Espagnols, dont il lui eût été si facile de prévenir l'arrivée, ou de la rendre inutile, étaient retranchés dans le village de Pompone.

PONTAULT. Village à six lieues de Paris, sur la route de Rosoy.

PONT-CARRE. Village à huit lieues de Paris, sur la route de Ferrières.

PONTCHARTRAIN. Sur la route de Paris à Dreux; à quatre lieues de Versailles. Le château a conservé le nom du chancelier qui le fit construire. Il est situé dans une belle vallée, orné de vastes et brillans jardins. Le parc est, dans presque toute sa longueur, bordé par la rivière de Mandre. Les bosquets et les parterres sont remplis de plantes et d'arbustes exotiques.

PONT-AUX-DAMES. A dix lieues de Paris, sur la route de Cressy. C'était le siége d'une riche abbaye de religieuses de l'ordre de Cîteaux. Madame Dubarry, après la mort de Louis XV, y fut exilée. Elle avait vu toute la cour à ses pieds; Voltaire lui-même lui avait prodigué un encens adulateur. Les plus sales épigrammes, les plus virulentes satires l'assaillirent dans sa disgrâce. Son exil au Pont-aux-Dames inspira cette épigramme intitulée *Complainte de Madame Dubarry*.

> Les ponts ont fait époque dans ma vie,
> Dit l'*ange*, en pleurs, dans sa cellule en Brie.
> Fille d'un moine et de Manon Giroux,
> J'ai pris naissance au sein du *Pont-aux-Choux* :
> A peine a lui l'aurore de mes charmes,
> Que le *Pont-Neuf* vit mes premières armes,

Au *Pont-au-Change* à plaisir je fêtois
Le tiers, le quart, soit nobles, soit bourgeois.
L'art libertin de rallumer les flammes,
Au *Pont-Royal* me mit le sceptre en main ;
Un si haut fait me loge au *Pont-aux-Dames*,
Où j'ai bien peur de finir mon destin.

*Voy.* LUCIENNES.

PONTOISE. A huit lieues de Paris, chef d'arrondissement de Seine et Oise ; ville très-ancienne, bien bâtie, au pied d'une montagne. La petite rivière de Viorne la traverse et se jette dans l'Oise. On trouve entre cette ville et Magni des restes de l'ancienne vóie romaine, appelée la Chaussée de César. Les couvens ne pouvaient manquer dans un territoire aussi fertile. On remarquait celui des bénédictines anglaises, et l'abbaye de Saint-Martin, dont les magnifiques jardins étaient justement admirés.

Cette ville avait été fortifiée, les Anglais s'en étaient emparés ; ils en furent chassés en 1432. Les états-généraux y furent convoqués sous Charles IX, et transférés ensuite à Saint-Germain-en-Laye. Le Parlement de Paris y fut plusieurs fois exilé. Son principal commerce est en blé et en farine. On distingue plusieurs usines, dont les principales sont celles de produits chimiques de MM. Cartier fils et Géraü, et une fabrique de bijoux d'acier, une fonderie de cuivre et plusieurs tanneries. Les marchés de Pontoise sont considérables.

PONT-DE-L'ARCHE. Ville à vingt-neuf lieues de Paris et à quatre lieues de Rouen, très-ancienne et jadis célèbre sous le nom de *Piste*. Ce fut la première ville qui se soumit à Henri IV. C'est près de ses murs que s'arrête le flux et le reflux de la mer, par le refoulement de la Seine.

PONT-SUR-YONNE, petite ville à vingt-cinq lieues de Paris, sur la route de Sens.

PONTEAUX. A cinq lieues de Paris, nord-est, sur le grand chemin d'Ozoir-la-Ferrière et Tournan. Ce village, bâti sur un tertre qui domine un petit vallon, est fertile en grains et en fourrages. Le clergé séculier et régulier ne perdait jamais à la suppression d'un ordre ou d'une simple maison religieuse : le domaine supprimé passait à une autre église, et la masse du domaine ecclésiastique restait la même. La commanderie de Saint-Jacques-du-Haut-Pas possédait à Ponteaux une ferme considérable. Elle fut éteinte sous Charles IX et réunie immédiatement à l'évêché de Paris. Dévastée à l'époque des guerres de religion, Henri de Gondi, qui occupait le siége épiscopal, l'afferma en 1599.

Les curieux qui visitaient l'église de Ponteaux, ne manquaient pas de copier une longue épitaphe en style gothique, moitié plaisante et moitié dévote, dans laquelle Mathurin Collet rappelait les terres et les rentes qu'il avait léguées à l'église, et qui lui avaient valu l'honneur d'y être enterré. Je ne citerai que les derniers vers.

Dites à son intention,
Sy vous plaist, bien dévotement
Chacun de vous une oraison,
En priant Dieu parfaitement
Qu'il lui plaise soudainement
Le colloquer en paradis,
En ce lieu qui est si plaisant,
Le mettre et tous ses bons amis.

Cette épitaphe paraît être du seizième siècle.

On appelle Pontilleau un hameau de ce village, du côté de Roissy.

PORT-A-LANGLAIS. Écart de la commune d'Ivry, sur la rive gauche de la Seine. On pourrait présumer que quelque Anglais débarqué sur ce port dans les quatorzième ou quinzième siècle, lui aura donné ce nom ; mais il a une origine toute française. Il paraît certain qu'un riche propriétaire d'Ivry avait affermé, en 1300, au chapitre Notre-Dame de Paris, dans cette partie, des noues, des saulcis, des prés et des vignes, et qu'il y fit construire des maisons, ou du moins quelques chaumières, pour l'exploitation de cette ferme, et qu'il a donné son nom à cette partie des rives de la Seine : on l'appelait en effet Langlois, sous les règnes de Louis XI et de son fils, Charles VIII.

PORT-ROYAL-DES-CHAMPS, près de Chevreuse, et à cinq lieues ouest de Paris. Son véritable nom était *Parrais* ou *Parrois*, que le pape Honorius III traduisit dans une bulle envoyée à l'abbaye de ce lieu, en 1324, par *Portus regis*. Il n'y eut jamais de port dans cet endroit, et rien n'indique qu'aucun roi l'ait même visité. Il n'en reçut pas moins depuis le nom de *Portus Regius*, Port-Royal.

Il n'y avait dans le treizième siècle qu'une chapelle du titre de Saint-Laurent : des dons pieux permirent d'y entretenir, en 1204, douze religieuses ; le monastère fut alors érigé en abbaye de l'ordre de Cîteaux. Les religieuses furent plus tard transférées à Paris ; elles retournèrent ensuite à leur ancien couvent, qui prit le nom d'abbaye de Port-Royal-des-Champs, pour le distinguer de celui de Paris.

La faction ultramontaine, qui n'a jamais cessé ses attaques contre les libertés de l'église gallicane, était parvenue à faire recevoir en France le formulaire d'Alexandre VII. Les religieuses de Port-Royal de Paris le signèrent sans nulle difficulté; celles de Port-Royal-des-Champs ne le signèrent qu'avec répugnance et sous des restrictions. Elles persistèrent dans leur opinion. Des prêtres distingués par leur piété, leurs talens, s'étaient réfugiés dans ce monastère : ils avaient pour eux les hommes les plus distingués en France par leurs lumières, leur désintéressement et leur amour pour la religion et leur pays. Louis XIV, entraîné par ses entours, détruisit le monastère de Port-Royal-des-Champs, par arrêt de son conseil, en 1709.

POUILLY-LE-FORT. Hameau à dix lieues de Paris, sur la route de Melun. Deux factions déchiraient la France sous Charles VI; le dauphin (depuis Charles VII) et Jean Sans-Peur, duc de Bourgogne, sentirent enfin la nécessité de se réunir contre l'ennemi commun, les Anglais. Ils se rendirent tous deux au château de Pouilly-le-Fort, près de Melun. Le traité conclu entre les deux princes, promettait à la France un avenir moins funeste. Ce traité fut ratifié en août 1419. Les deux princes devaient se revoir à Montereau. Cette entrevue eut lieu, et la mort de Jean Sans-Peur en fut le résultat. Le château de Pouilly existe encore, du moins en partie. On remarque des restes d'anciennes murailles, d'anciens ponts-levis. Delille a célébré en beaux vers ces ruines fameuses.

PRESLE. Bourg à huit lieues de Paris et près du bois d'Armainvilliers. Le village est groupé sur une hauteur ; le territoire est très-fertile, et se divise en prairies et labourages : les bois et bocages y occupent moins d'espace qu'autrefois. Ce pays a beaucoup gagné à la suppression des prérogatives féodales : depuis que les terres ne paient plus d'impôts qu'à l'état, elles sont mieux cultivées ; les propriétés se divisaient jadis en plusieurs fiefs. La seigneurie de Presle était une baronie ; elle appartenait, en 1700, à la famille Bussy Lameth.

Raoul de Presle, clerc du roi, fonda, en 1313, à Paris, un collége où plusieurs écoliers de son pays étaient reçus comme boursiers. Ce collége fut dans la suite réuni à celui de Beauvais, et tous deux au collége Louis-le-Grand.

PRECY. A neuf lieues est de Paris, sur le bord de la Marne. Un bac facilite les communications avec les villages voisins. On y trouve de la pierre coquillière et du silex roulé.

PROVINS. A vingt et une lieues de Paris. Ville assez grande, arrosée par la rivière de Vousie, qui s'y jette dans la Seine. On y remarque une belle rue, une très-belle fontaine et les restes d'un ancien château des comtes de Champagne. Cette ville a donné son nom à une espèce de rose rouge que l'on y cultive en quantité, et dont on fait des confitures. On prétend qu'elle est la même qu'*Agen-*

*dium,* citée par César. Quelques rois de la seconde race y ont fait battre monnaie. Elle avait jadis une fabrique de draps très-fameuse : les Anglais, forcés de quitter la France dans le quinzième siècle, en emmenèrent les ouvriers. Telle fut l'origine de cette branche d'industrie, qui, depuis, fut si lucrative pour l'Angleterre. On fabrique encore dans les hospices de Provins des draps qui ont mérité l'honneur de l'exposition. Le principal commerce de cette ville est en blé.

Dans la campagne de 1814, nos troupes, sous les ordres du maréchal Macdonald, se concentrèrent sur Provins, que ce général évacua le 17 mars, entre deux et trois heures du matin ; il alla s'établir à la Maison-Rouge, Donne-Marie et Eucharmois.

PUISEUX. A six lieues de Paris, à une lieue de Louvres, à gauche de la route de Senlis. Il est appelé dans d'anciens titres *Puteolus,* petit puits. Il doit ce nom à sa position dans un fond, où l'on trouve partout à peu de profondeur de quoi former de petits puits. Il n'est qu'à un quart de lieue de Châtenay et de Marly-le-Roi. Il paraît que ce village et celui de Belle-Fontaine ne formaient jadis qu'une seule et même commune. Son territoire, abrité de toutes parts, n'est point propre à la culture de la vigne, aussi manque-t-il totalement de ce genre de culture.

PUTEAUX. Village à une lieue et demie de Paris et à trois quarts de lieue de Nanterre. C'était, dans l'origine, un hameau de Surenne ; les habitans étaient obligés d'offrir à la paroisse de Surenne un

cierge éteint, à la Toussaint et à Noël, et un
cierge allumé, à la Chandeleur : ils ont été excom-
muniés pour n'avoir pas rempli cette formalité. Ce
ne fut qu'après de longs débats qu'ils obtinrent
successivement une chapelle, une succursale et
enfin une paroisse; mais le clergé et les fidèles
étaient obligés d'aller assister à la grand'messe à
Surenne le jour de Pâques. Le clergé et les fidèles
de Surenne venaient le lendemain remplir les mêmes
devoirs à Surenne. La seigneurie de Puteaux avait
passé des abbés de Saint-Denis à la communauté de
Saint-Cyr. Le joli domaine appelé La Faventine a
successivement appartenu au duc de Guiche, au
duc de Penthièvre; il appartient aujourd'hui à
madame Durosier. On cultive beaucoup de roses
dans ce village.

# Q.

QUEUE (la). Bourg à six lieues de Paris, sur la
route de Fontenai en Brie, dans un petit vallon. Sa
position est fort agréable. Les anciens annalistes ont
fait de longues dissertations sur l'étymologie de son
nom, mais sans donner aucun résultat; il est du
moins certain que ce bourg est très-ancien et qu'il
a été fortifié : il avait encore au milieu du siècle
dernier trois portes appelées Portes d'Après, de Brie
et de Lagny. Suivant la tradition du pays, le moulin
appelé *Chanclin*, a été construit sur l'emplacement
d'une léproserie du même nom, et qui était destinée
à recevoir les malades de quinze autres villages.

La ville fut dévastée et sa forteresse démolie par les Anglais dans le quinzième siècle. On lit dans les registres du Parlement, au sujet du bourg et du château de la Queue, ces mots :

« Le 9 octobre 1430, ce jour, après le *recouvrement* » et démolition de la ville et forteresse de la Queue » en Brie, retourna et entra à Paris le comte de » Suffkol, à grande compagnie de gens d'armes de » la nation d'Angleterre. »

Le territoire de la Queue se compose de terres labourables et de prairies.

Il y a un autre village du même nom à une lieue de Paris, sur la route de Dreux.

QUIERS ou QUERRE. A treize lieues de Paris et à trois lieues de Melun. Une maison qui existait au quinzième siècle et qu'on appelait *Lefort*, et que l'on présume avoir eu la forme d'une tour carrée, a pu faire donner à ce village le nom qu'il porte. C'est ainsi que l'on a traduit l'ancien nom de *Bellum Quadrum* par *Beaucaire*.

QUINCY. Sur une montagne dont la base est arrosée par la rivière d'Hières, à sept lieues de Paris. Une charte de Louis IX, de 1227, avait permis aux habitans de cultiver certaines portions de terre de ce village, sous la condition de lui donner sept septiers d'orge à Noël et neuf deniers pour les œufs de Pâques. Ce prince fit ensuite la remise de ces rededevances annuelles pour le repos de l'âme de ses père et mère. Il y a deux villages du même nom dans les environs de Meaux et de Provins, et deux autres dans le Soissonais.

Il y a plusieurs autres villages de ce nom à des distances plus éloignées de Paris; l'un, près de l'abbaye de Jouy, un second, à une lieue nord-est de Couilly, un troisième, à une lieue de Coucy-le-Château, un quatrième, à deux lieues sud de Braine.

QUINQUEMPOIX. Village à huit lieues de Paris, sur la route de Troyes. Ce fut un seigneur de ce village qui, suivant Sauval, donna son nom à une rue de Paris, qui devint fameuse sous la régence du duc d'Orléans. Ce nom de Quinquempoix désigne aussi plusieurs autres villages à des distances opposées, l'un près de Molières, et les autres près de Montdidier et de Soissons.

# R.

RAINCY ( le ). A quatre lieues de Paris, dans la commune de Livry. Le château a été bâti par Levau pour l'intendant des finances, Bordier, qui y dépensa près de cinq millions. C'est un grand corps-de-logis composé de trois pavillons; les appartemens sont vastes et riches : on y remarquait des tableaux peints, dont un surtout était une véritable satire au pinceau. Les fortunes financières s'élèvent et disparaissent avec une égale rapidité. Ces vastes constructions annoncent toujours, dans quelques parties, le goût favori du maître : on ne peut comparer aux magnifiques écuries de Chantilly que l'élégance et l'étendue des cuisines du Raincy.

Ce château et ses belles dépendances ont été vendus au feu duc d'Orléans, qui aliéna en même temps son château de Bagnolet. Ce prince a fait encore de nombreux et riches embellissemens ; c'est une des plus belles résidences d'été du duc d'Orléans, son fils.

RAMBOUILLET. Sur la route de Chartres, à douze lieues sud-ouest de Paris.

Cette ville n'était, au quatorzième siècle, qu'une seigneurie appartenant à la famille d'Angennes, surnommée *Sapin*. Ce domaine, érigé en marquisat sous Louis XIII, fut vendu au comte de Toulouse, l'un des enfans légitimés de Louis XIV, et érigé en duché en 1711.

Les rois l'avaient souvent habité comme rendez-vous de chasse ; François Ier. y mourut, en 1547, d'une maladie honteuse dont son médecin, Fernel, l'aurait guéri ; mais il n'osa employer pour le roi le même remède dont il avait fait heureusement l'application au prieur de Saint-Denis de la Châtre et à diverses personnes de la cour, atteintes du même mal. On ne connaissait pas alors toutes les propriétés du mercure.

Le château de Rambouillet était un des séjours favoris du régent et de sa fille, la duchesse de Berry. Saint-Simon, le meilleur annaliste de cette époque, si féconde en événemens, nous a laissé dans ses Mémoires, et surtout dans le premier volume du supplément, des anecdotes très-piquantes.

Un établissement utile y rappelle le souvenir de Louis XVI, qui y fit établir une ferme pour l'éducation d'un troupeau de mérinos. Le commerce et l'agriculture ont recueilli les fruits de ce bel établissement, qui est encore dans l'état le plus prospère.

RAPÉE (la). Entre la barrière de ce nom et Bercy. Des guinguettes et des entrepôts de vins occupent cette partie de la banlieue, dont les constructions ont considérablement augmenté depuis trente ans.

REAU. Sur la route de Paris à Melun, à deux lieues et demie de Brie.

REDON ou RODON. Hameau de la commune de Menil-Saint-Denis, au nord-ouest, sur le chemin de Port-Royal. C'est aussi le nom d'un village voisin, entre la Chapelle-Milon et Saint-Remy.

REIMS ou RHEIMS, chef-lieu d'arrondissement du département de la Marne, l'une des plus anciennes villes de France, très-bien bâtie, au milieu d'une plaine, sur les bords de la Vesle, environnée de coteaux couverts d'excellens vignobles; à trente-neuf lieues de Paris. On y trouve encore quelques débris de monumens romains. Les quatre anciennes portes de cette ville s'appelaient Mars, Cérès, Vénus et Bacchus. Les deux premières l'ont conservé; l'arc de triomphe qui est auprès de la porte de Mars, servait encore d'entrée dans le seizième siècle; il fut muré en 1544. On croit que ce monument avait été érigé en l'honneur de Jules César; on remarque près de la même porte les ruines d'un ancien château. Les archevêques de Reims en avaient fait une citadelle, qui fut démolie en 1594. Des débris d'un autre arc de triomphe et d'un amphi-

théâtre, se font remarquer près de l'ancienne université et à une petite distance de la ville. La cathédrale, bâtie dans le douzième siècle, est une des
plus belles métropoles de France. Le portail passe
pour un chef-d'œuvre d'architecture de ce genre :
l'église a quatre cent cinquante pieds de long,
quatre-vingt-treize de large et cent cinquante d'élévation.

On voit dans l'église Saint-Nicolas le tombeau de
Jovien, qui fut préfet des Gaules. L'église de Saint-
Remy est décorée extérieurement de colonnes et de
figures d'assez bon goût : on y conservait la sainte
Ampoule. Les autres endroits remarquables sont
l'église Saint - Pierre, le palais archiépiscopal,
l'Hôtel-de-Ville et la Place-Royale. La ville est divi-
sée en deux parties par une promenade fort agréable. Les alliés s'étaient rendus maîtres de Reims
pour la seconde fois, au commencement de mars
1814. Le général Sébastiani marcha sur cette ville,
dont le général Saint-Priest, émigré français au
service de la Russie, défendait les approches à la
tête de seize mille hommes établis sur les hauteurs.
L'artillerie commença un feu terrible : tandis que
nos troupes attaquaient les positions, les ingénieurs
faisaient rétablir le pont Saint-Brice afin de tourner
la ville.

Les gardes d'honneur chargèrent l'ennemi avec
la plus heureuse intrépidité, et firent quinze cents
prisonniers, dont un tiers de cavalerie. Ce succès
ouvrit le passage au général Marmont, qui, réunis-
sant toute son artillerie, couvrit de mitraille les

20

rangs ennemis. Tous s'enfuirent en désordre, partie sur Rhetel, partie sur Châlons. Les Prussiens seuls parvinrent à rejoindre Blucher. Reims fut délivré. Cette victoire nous valut trois mille prisonniers, onze pièces d'artillerie, une grande quantité de bagages et un équipage de pont.

Napoléon fit son entrée à Reims le 14 mars; toute la population se porta au-devant de lui. ( *Napoléon et la grande armée*, tom. 2, pag. 139 et 140. )

Les rois de la branche des Bourbons ont été sacrés à Reims, Henri IV et Louis XVIII exceptés. Charles X y a été sacré le 29 mai 1825. Nos nouvelles institutions exigeaient des changemens dans la formule du serment et les cérémonies de cette grande solennité. Le plus remarquable a été le serment à la Charte constitutionnelle. Tous ces changemens ont eu lieu. Les formules qui rappelaient l'élection ont été supprimés; elles étaient, il est vrai, prononcées par deux évêques, mais il suffit de lire le formulaire du sacre, pour se convaincre que les évêques répondaient non comme prélats, mais pour le peuple.

Le sacre de Charles X a été célébré avec une pompe, une magnificence extraordinaire. Le prince était parti de Fismes le 28, et il était entré à Reims le même jour. Il a fait son entrée dans la capitale le 6 juin. Les fêtes publiques ont duré trois jours.

Reims n'est pas peuplé en raison de son étendue; les maisons sont peu élevées; mais les plus petits logemens s'y louèrent fort cher à l'époque du sacre. Cette ville est très-commerçante , on y compte plusieurs manufactures du premier ordre.

REMY-(Saint-) LE-CHEVREUSE , petit village près de Chevreuse , et qu'environnent les châteaux de Beauplan, de Chevincourt et de Combertin.

Chevincourt domine la vallée ; Combertin est dans la vallée même. Il ne reste qu'un pavillon du château de Vaugien ; celui d'Aigrefoin a tout-à-fait disparu.

Cette réunion d'habitations seigneuriales dans un si court espace , atteste assez l'heureuse situation de ce village. Il y en a deux autres du même nom , l'un à cinq lieues ouest de Paris , l'autre à une lieue près Saint-Denis.

RENNEMOULIN. A six lieues de Paris , au bas de la côte et sur le bord d'un ruisseau , à une demi-lieue de Roquencourt et de Villepreux , à peu de distance de la faisanderie de Versailles.

RIS. A cinq lieues sud-ouest de Paris , à une demi-lieue de la cour de France , et communiquant à la Seine par le hameau de la Berde. Des chartes du onzième siècle le désignent sous les noms de *Regia, Reysæ* et *Reziæ.* Le beau château qui s'élève à l'entrée du village appartient au général Andreossi. Henri IV, la reine, le dauphin, et des princesses de la famille royale , ont fait quelque séjour à Ris en allant à Fontainebleau.

ROCHEFORT. Petite ville à dix lieues sud-ouest de Paris , sur la route de Chartres. Les seigneurs de ce domaine se sont rendus fameux dans le

20.

moyen âge, époque si brillante dans les romans,
si désastreuse dans l'histoire. Les seigneurs se faisaient entre eux une guerre continuelle, ou infec-
taient les grands chemins, pillaient les marchands
et les voyageurs. Le roi lui-même ne pouvait,
sans danger, s'éloigner de sa résidence. Louis-le-
Gros marcha, avec toutes ses troupes, contre
Hugues de Pompone, châtelain de Gournai-sur-
Marne, qui avait volé des chevaux sur la voie
royale; Guy de Rochefort, surnommé *le Rouge*,
était accouru, avec ses vassaux et ses amis, au secours du châtelain voleur. Le roi ne s'en rendit
pas moins maître de Gournai. Ce Guy-le-Rouge eut
deux fils, qui se signalèrent par de nouveaux brigandages. Louis-le-Gros employa, pour comprimer
l'anarchie féodale, un moyen plus efficace que les
armes, en affranchissant les communes; il est vrai
qu'il leur vendit cet affranchissement; mais ce fut
encore un bienfait. Il ne reste du vieux château
de Rochefort que quelques débris. Ce domaine
appartient à une famille qui porte encore le même
nom. Les curieux vont visiter dans les environs,
dans le hameau de la Celle-les-Bordes, deux châteaux, dont on prétend que l'un a été bâti sur l'emplacement d'une cellule de Saint-Germain.

ROISSY. Le château gothique, démoli en 1704,
reconstruit à grand frais par le comte d'Avaux, et
qui a long-temps appartenu à la famille de Mesmes,
avait été vendu, en 1719, par la marquise de La
Carte au fameux Law, dont la fortune colossale

grandit et s'évanouit avec la même rapidité que son système qui bouleversa toutes les têtes et toutes les fortunes.

ROMAINVILLE. A une lieue et dans Paris ; c'est le rendez-vous des familles parisiennes. Les gens à équipage vont humer la poussière sur l'avenue de Neuilly et dans les travées du bois de Boulogne ; les honnêtes piétons vont se reposer et s'abriter sous les ombrages frais du bois de Romainville. L'étymologie de son nom a beaucoup occupé les savans, sans amener aucune découverte importante : on sait que le nom de Romain était commun à tous les Gaulois, après l'invasion des Francs et des Bourguignons. Le *trou vassou*, dont on parlait beaucoup jadis, n'excite plus l'étonnement. Le château, bâti sur une hauteur, fut construit pour un sieur Morand, seigneur de l'endroit : il appartient maintenant à la famille Cardon. Les plus anciens titres qui parlent de Romainville, datent du douzième siècle ; on y couronnait tous les ans une rosière. Un nouveau hameau s'élève sur le territoire de cette commune, dont le site est un des plus agréables et des plus fréquentés des environs de la capitale.

ROMORENTIN, à quarante lieues de Paris, doit son nom au Morentin, ruisseau qui l'arrose et se jette dans la Sandre. Le roi François Ier. s'y plaisait beaucoup ; il se trouvait dans le château, vers les premiers jours de janvier, lorsqu'il apprit que la veille des Rois, le comte de Saint-Pol avait réuni chez lui une nombreuse société, et qu'on y avait fait un roi de la fève. François Ier réunit tous les courtisans qu'il avait près de lui, pour aller attaquer le monarque de la fève, qu'il envoya défier. Le comte de Saint-Pol et les siens préparèrent des boules de neige, des œufs, des pommes, pour soutenir l'attaque. Ces munitions épuisées, un des assiégés lança sur les assaillans un tison enflammé, qui atteignit François Iᵉʳ à la tête. On tremblait pour ses jours, et ce prince, qui craignit de rester chauve, fit couper le reste de ses cheveux et laissa croître sa barbe; tous les courtisans l'imitèrent. Romorentin a donné son nom à l'édit célèbre proposé par Lhospital, et qui épargna à la France l'établissement de l'inquisition. ( Voyez mon *Essai sur la vie et les ouvrages de Lhospital*, Iᵉʳ. volume de ses *OEuvres complètes*, pag. 95 et suiv. )

RONQUEROLLES. A dix lieues de Paris, près du bourg de Chambly et de la route de Paris à Beauvais.

RONY ou ROSNY. Dans une des plus agréables vallées des environs de Chelles, à trois lieues de Paris. Les montagnes qui l'environnent sont couvertes de vignes. C'était une des terres seigneuriales de l'abbaye de Sainte-Geneviève. Jadis, le fermier de ce domaine était tenu de payer chaque année dix oies à la ville de Paris.

Ce château appartient à Madame, veuve du duc de Berry.

ROSNY. A quatorze lieues de Paris, sur le bord de la Seine, à un quart de lieue de Guerne, sur la route de Paris à Vernon.

ROQUENCOURT. Entre Versailles et Saint-Germain, dans la plaine qui s'étend jusques auprès de Madrid. Ce village est très-ancien ; il était érigé en paroisse dès le treizième siècle. Vers le milieu du dix-huitième, la seigneurie, qui avait appartenu à la famille Sanguin, fut vendue à un bourgeois de Paris ; il y fit bâtir une maison que *Madame* fit démolir en 1783 et reconstruire sur un plan plus étendu et plus élégant.

Le territoire de ce village fut le théâtre d'un combat très-vif, le 1er juillet 1815.

Les Prussiens, maîtres de Saint-Cloud, se dirigeaient sur Versailles : les troupes françaises et des gardes nationales marchèrent à leur rencontre. Instruit de ce mouvement, le général Excelmans sort de Chaville, fait embusquer les soldats dans les bois, qui environnent le village, ordonne aux troupes de ligne et aux gardes nationales de Versailles de soutenir le premier choc de l'ennemi. Les Prussiens marchaient avec la confiance qu'inspire la certitude du succès. A peine eurent-ils fait leur premier feu, que les Français embusqués s'avancèrent. Cernés de toutes parts, les Prussiens se formèrent en bataillon carré ; mais, après une opiniâtre résistance, ils furent forcés de mettre bas les armes, et tout ce qui avait échappé au combat fut amené prisonnier au quartier-général de Vandamme, et de là à Paris. Ce fut le dernier combat et la dernière victoire des Français dans cette mémorable campagne.

Blucher jura de se venger de cette défaite sur la ville de Versailles, et dès le lendemain il marcha contre cette ville à la tête de ses colonnes. Les autorités constituées s'avancèrent à sa rencontre, précédées du drapeau blanc, et implorèrent sa clémence. Il s'opiniâtra à vouloir y entrer en ennemi, et à peine y fut-il arrivé, qu'il fit enjoindre à tous les Versaillais de lui apporter leurs armes dans deux heures, et sous peine de mort. Il fut obéi, et assuré de n'éprouver aucune résistance, il livra la ville au pillage. Les maisons des quartiers éloignés furent ravagées de fond en comble.

Il est permis de douter qu'il se fût montré moins barbare s'il eût été vainqueur au combat de Roquencourt.

ROSOY. A douze lieues de Paris, sur la rivière d'Hières, petite ville fermée. La culture consiste en blé et en pépinières. Le château de la Fortelle avait encore des ponts-levis et des fossés à la fin du dix-huitième siècle. Les seigneurs avaient pour armoiries *trois roses*. Rosoy a trois faubourgs.

ROUVRE. Hameau. *Voy.* DRAVERN.

RUEL. Bourg près de la grande route et à deux lieues de Paris. Suivant Grégoire de Tours et M. de Valois, Ruel fut habité par les rois de la première race; Sauval et l'abbé Lebœuf ajoutent qu'ils firent couper une partie des bois pour s'y faire bâtir un château. En 817, l'empereur et roi Louis-le-Débonnaire donna au monastère de Saint-Germain-des-Prés une pêcherie située à *Riolius*, sur la Seine. En 870, Charles-le-Chauve donna à l'abbaye de Saint-Denis, la seigneurie de Ruel, à la charge d'entretenir après sa mort, jour et nuit, sept luminaires devant l'autel de la Sainte-Trinité, pour

son père Louis, pour sa mère Judith, pour lui,
pour la princesse Hyrmentrude, qui fut son épouse;
le cinquième pour sa femme Richilde ; le sixième
pour ses enfans; le septième pour Boson, frère de
Richilde, Wedon et d'autres courtisans qu'il af-
fectionnait particulièrement.

Il ordonna en même temps que le réfectoire serait
éclairé par quinze flambeaux. Les moines de Saint-
Denis avaient agrandi ce domaine, quand il fut vendu
à Richelieu, en 1635, moyennant douze mille livres
de rente. Le cardinal ministre y tenait sa cour ; il
augmenta les bâtimens, et son château de Ruel sur-
passait en magnificence toutes les résidences royales.
Ce fut là que fut condamné, par des commissaires
dévoués au ministre, le maréchal de Marillac, le
28 mai 1632. Le fameux Joseph Leclerc, plus connu
sous le nom de père Joseph, le confident de Richelieu, mourut à Ruel, le 18 novembre 1632. Ce
capucin organisa cette légion d'agens de police,
connue sous le nom de mouchards. On a beaucoup
parlé des oubliettes du château de Ruel.

Zaga Christ, qui se faisait appeler roi d'Ethiopie,
mourut à Ruel. On fit sur ce prince équivoque,
cette singulière épitaphe :

> Ci gist du roi d'Ethiopie
> L'original ou la copie.
> La mort à vidé les débats ;
> Fut-il roi, ne le fut-il pas ?

Le cardinal de Richelieu avait légué la seigneurie
de Ruel à la duchesse d'Aiguillon, sa nièce. La
cour s'y réfugia pendant les troubles de la Fronde.

En 1648, Louis XIV voulut acheter cette terre ; la duchesse d'Aiguillon produisit un mémoire qui en faisait monter le prix à près d'un million.

Le séjour de Richelieu à Ruel fut favorable à ce bourg. Les courtisans s'étaient empressés d'y faire bâtir des maisons pour faire leur cour au ministre régnant. Le pays se repeupla ; les dévastations des Anglais auxiliaires d'Henri IV en avaient éloigné la population ; mais à la mort de Richelieu, le château et les maisons furent abandonnés par les courtisans qui étaient venus s'y établir. Devenu propriété nationale, le château fut vendu. Il appartient aux héritiers du maréchal Masséna.

Les belles casernes de Ruel ont été bâties en même temps que celles de Courbevoie ; elles sont spécialement affectées aux régimens suisses. Feu M. Pacher de la Pagerie, oncle de l'impératrice Joséphine, a été inhumé à Ruel ( *Voy.* MAL-MAISON ).

Les casernes furent converties en hôpitaux pour les soldats russes, en 1814 et 1815.

RUNGY. A deux lieues et demie de Paris, entre les routes de Fontainebleau et d'Orléans Les premiers travaux pour conduire à Paris, par Arcueil, les eaux des sources de Rungy, ont commencé dans le seizième siècle par le bel aqueduc construit par ordre de Catherine de Médicis ( *Voy.* ARCUEIL ). Le cardinal de Richelieu avait une maison dans ce village. Presque tout le territoire est en labourage. Les vignes n'y sont cultivées que vers la montagne, du côté où commence l'écoulement des eaux.

# S.

SABLONS (Plaine des). Elle s'étend depuis la barrière de l'Étoile jusqu'au pont de Neuilly. Jadis le roi y passait chaque année la revue de deux régimens des Gardes-Françaises et des Suisses. Depuis trente ans de nouvelles habitations y ont été construites ; des maisons de campagne , des jardins agréables , des avenues , quelques guinguettes , animent ce grand espace autrefois désert. On y avait établi , il y a quelques années , des jeux chevaleresques. Le principal amusement consistait en courses à cheval et dans des chars de forme antique. Cette bigarrure de chars grecs et romains et d'attelages français, ces jeux de lance , n'étaient plus depuis long-temps dans nos mœurs et dans nos goûts , et les chevaliers et écuyers , laissant les accoutremens grecs, romains et gaulois , ont bientôt repris les habitudes et le costume de leur siècle et de leur pays.

SABLONVILLE. On nomme ainsi le nouveau village que l'on construit dans la plaine des Sablons ; les rues et les places sont tracées : les constructions sont très-peu avancées. Après avoir établi tous ces nouveaux quartiers en-deçà et au-delà des barrières, on songera peut-être , pour l'embellissement et l'assainissement de la capitale, à rétablir sur des plans plus réguliers les vieux quartiers de la capitale, dont l'aspect est si hideux et le séjour si dégoûtant et si malsain.

SACLÉ. A trois lieues ouest de Paris, dans une plaine. Ce village est environné d'un grand étang, creusé sous le règne de Louis XIV, pour y réunir les eaux de la vallée pour l'approvisionnement du parc de Versailles. Au-dessous de la vallée, se trouve le hameau de Vauhallan. La partie du terrain près de la route de Chevreuse est en labourages. Le curé de Saclé avait le droit de chasse, autorisé par une bulle du pape. Ce singulier privilége, si contraire aux maximes de l'église, était accordé à trois églises du titre de Saint-Germain, Saint-Germain-des-Prés et Saint=Germain-en-Laye.

SAGY. A sept lieues ouest de Paris, sur le bord d'un ruisseau qui se jette dans la Seine à Meulan.

SANNOY, ÇENNOY ou ÇANNOY. A quatre lieues nord de Paris, sur la route de Pontoise. La seigneurie de ce village appartenait au prieuré d'Argenteuil, dans le seizième siècle.

SARCELLE et CERCELLE. A cinq lieues de Paris, sur la route de Saint-Denis à Chantilly. Parmi les nombreux écrits que fit éclore la bulle *Unigenitus,* on distinguait les remontrances en prose et en vers, dont les auteurs avaient emprunté le nom et le langage des villageois de Sarcelle. Si cette controverse n'eût été que ridicule, des épigrammes suffisaient; mais elle excita de longues et cruelles persécutions : les libertés de l'église gallicane triomphèrent enfin des efforts des ultramontains.

SARRIS. A huit lieues de Paris et à deux lieues de Lagny, dans une plaine couverte de terres labourables et de prairies très-bien cultivées. Les moines de Saint-Denis en étaient gros décimateurs, et les meilleures terres appartenaient aux Célestins, dont l'ordre fut supprimé dix ans avant la révolution. Le hameau de Belesme dépend de Sarris.

SARTROUVILLE ou SERTROUVILLE. Sur la rive droite de la Seine, à quatre lieues de Paris, entre Épinai et Cormeilles. L'heureuse exposition des coteaux qui l'environnent détermina les moines d'Argenteuil et de Saint-Denis, donataires de ce territoire, à y faire planter des vignes. Le premier village fondé au bas de ces coteaux, fut Sartrouville, qui, dans un vieux langage signifie village des vignerons.

« Comme la récolte du vin, dit l'abbé Lebœuf, » *Hist. du Dioc. de Paris*, tom. 3, p. 60, fait toute » l'espérance des habitans de cette paroisse, l'u- » sage s'y était introduit avant 1660, lorsqu'on » s'apercevait que les vers mangeaient les raisins, » de porter en procession le Saint-Sacrement dans » les vignes. M. de Gondy ou ses grands vicaires, » défendirent de la faire cette année-là ; il fut or- » donné que l'on ferait seulement l'exorcisme des » vers dans un des carrefours de la campagne, et » que l'on retournerait à l'église pour y chanter la » messe *de necessitatibus*, à laquelle le Saint-Sacre- » ment serait exposé...... »

Le clocher est remarquable par son élévation et sa légèreté. Parmi les jolies maisons de cette commune, on remarque celle appelée *La Vaudoire*, au sud-ouest, à quelque distance du village.

SAVIGNIES. A deux lieues nord-ouest de Beau-

vais. On y trouve une fabrique considérable de po-
teries, dont les propriétaires ont obtenu une médaille d'honneur à l'exposition de 1806.

SAVIGNY-SUR-ORGE. A cinq lieues de Paris et
à une demi-lieue de la route de Fontainebleau.
Quelques rois de France ont logé dans l'ancien château. Ce village fut pris par les troupes d'Henri IV,
sur les ligueurs, en 1592. Il est situé dans un vallon; la culture y est très-variée.

Il y a un autre Savigny à quatre lieues de Paris,
sur la route de Brégi.

SAULX-MARCHAIS. A dix lieues ouest de Paris,
près de Neauple.

SCEAUX. A deux lieues sud de Paris, appelé
successivement Ceaux, Sceaux-du-Maine, Sceaux-
Penthièvre. Le château, dont l'origine datait du
quinzième siècle, fut reconstruit pour le ministre
Colbert; les plus célèbres artistes de l'époque concoururent à l'embellir. Le pinceau de Lebrun dé-
cora les appartemens; Le Nôtre dessina les jardins;
Girardon et Pujet en exécutèrent les sculptures.
Louis XIV vint visiter ce beau domaine.

Le duc du Maine devenu possesseur de Sceaux,
en 1700, y fit des augmentations considérables; il
s'y retira après sa captivité. Aux conciliabules politiques succédèrent des réunions littéraires : Lamothe-Houdard, enivré des éloges de la duchesse,
s'éprit de passion pour cette princesse; Voltaire fut
aussi l'un des coryphées de cette société, qui se
réunissait aussi à jour fixe à Paris, chez madame
Lambert. Les priviléges de la noblesse s'étendaient

alors jusqu'aux fauteuils de l'Académie; si la noblesse ne supposait pas le savoir, elle pouvait en tenir lieu. La duchesse du Maine, écrivant à Lamothe-Houdard, lui fait cette singulière demande en faveur d'un noble académicien.

« *P. S.* Un des quarante de l'Académie française » demande comment il faut écrire l'impératif du » verbe *secourrir*, à la *première* personne. M. Lamothe » le fera écrire sur le papier, s'il lui plaît. »

En 1775, Sceaux appartint au duc de Penthièvre, qui le posséda jusqu'à l'époque de la révolution ; il fut vendu comme propriété nationale. La commission de savans et d'artistes chargée spécialement de recueillir tous les livres, tous les objets de sciences et d'arts, avait fait transporter au Luxembourg et au Musée des Monumens français la bibliothèque, les tableaux et les statues qui décoraient ce château.

Le nouvel acquéreur, M. Lecomte, ne conserva que l'orangerie, les écuries, la cuisine et un logement pour sa famille. Tout le reste fut démoli, et tout le terrain qu'occupaient le parc, les bosquets, les parterres, fut mis en culture.

Sceaux est maintenant le chef-lieu d'un arrondissement du département de la Seine. Il s'y tient un grand marché de bestiaux chaque lundi; plusieurs établissemens de commerce y ont été formés, et notamment une fabrique de fayence.

SEIGNELAY. A deux lieues d'Auxerre. Ce village, qui n'était jadis cité que pour le château qui en faisait l'unique ornement, possède maintenant

plusieurs manufactures considérables de couver-
tures de laines, de draps.

SELLE-EZ-BORDE. A sept lieues de Paris, près
de la forêt des Yvelines.

SENLICES. A huit lieues de Paris, et à une lieue de
Chevreuse. Ce village est fort ancien, il est cité dans
des actes qui datent du règne de Charles-le-Chauve.
La maison seigneuriale s'appellait la Court-Senlices :
c'était une dépendance du comté de Dampierre. On
y fait remarquer une fontaine à l'eau de laquelle on
attribue la singulière propriété de faire tomber les
dents sans douleur. Senlices fournit des pierres
meulières et des grès.

SENLIS. A douze lieues de Paris, sur les bords
de la Nonette. Cette ville est fort ancienne ; elle a
appartenu aux comtes de Vermandois et aux ancêtres de Hugues Capet.

C'est sans nul fondement qu'on a donné le nom
d'États-Généraux à l'assemblée tenue à Senlis en
873. Charles-le-Chauve qui, pour prix de son hu-
miliation, avait reçu du clergé la permission de
reprendre le titre de roi, avait forcé Carloman,
l'un de ses fils, de se faire diacre ; le jeune prince
s'était révolté. Son père le fit amener devant l'assemblée de prélats et de nobles, qu'il convoqua à
Senlis, où il le fit condamner à mort, et voulut
bien se contenter de lui faire crever les yeux et de
l'enfermer dans le monastère de Corbie pour y faire
pénitence. La nation ne fut point complice de ces
atrocités : elle n'était point admise dans ces assemblées ; il n'y avait alors ni lois ni tribunaux régu-

liers, la royauté elle-même n'était qu'un vain titre.
Tout le pouvoir était dans les mains du clergé et de
la noblesse; la nation, plongée dans l'ignorance et la
plus abjecte servitude, n'avait pas même le sentiment de sa dignité et de ses droits.

Le clocher de la cathédrale passe pour un des
plus élevés des églises de France. On trouve dans
quelques parties de l'ancien mur d'enceinte quelques masses qui indiquent une construction romaine. L'hôpital de Saint-Lazare, dont l'origine
date du XII<sup>e</sup>. siècle, avait une foire privilégiée qui
durait huit jours. Il était d'usage que les habitans
du faubourg Saint-Martin allassent demander au
prévôt la permission de l'ouvrir en prononçant
ces mots : « Sire prévôt, None est tintée, pouvons
» nous bien foire crier. »

On voit dans l'église Saint-Rieul un calice de vermeil qui contenait sept pintes. Le fou du roi
Charles V fut enterré dans l'église Saint-Maurice :
son épitaphe était ainsi conçue :

« Ci git Thévenin de Saint-Légier, fou du roi
» notre sire, qui trépassa l'onzième juillet, l'an de
» grâce 1375.

Le défunt était représenté revêtu du costume et
des insignes de sa charge de fou du roi.

En 1214, Guérin, évêque de Senlis, rangea
l'armée en bataille à Bouvines, et contribua par ses
talens au succès de cette journée. Guérin dirigea
les manœuvres des combattans sans combattre lui-
même. Il n'imita point Philippe, évêque de Beauvais qui, pour concilier les maximes de l'église et

21

sa passion pour la guerre , combattit le même jour avec une massue de bois.

En 1289 , le duc de Longueville et Lanoue , à la tête de la milice bourgeoise de Senlis et des troupes réglées , battirent le duc d'Aumale ( depuis duc de Guise ) sous les murs de Senlis. Ce fut en mémoire de cet événement que fut établie la compagnie d'arquebusiers de cette ville.

Senlis est aujourd'hui chef-lieu d'un arrondissement de l'Oise. Cette ville est très-commerçante , et l'on y compte plusieurs manufactures de divers genres et dans la plus heureuse activité.

SENS. Sur la rive droite de l'Yonne, à vingt-huit lieues de Paris ; ancienne ville. C'est une des principales cités des Gaules. On remarque dans son église métropolitaine le tombeau, du dauphin , fils de Louis XV , et de son épouse ; ce monument est un des meilleurs ouvrages de Coustou. Le concile, tenu à Sens en 1140, condamna Abeilard. Sens est la patrie du jurisconsulte Loiseau,

En 1814, des nuées de cosaques infestaient toutes les routes de cette partie de la France : le pillage, l'incendie, les assassinats, signalaient le passage de ces hordes barbares. Leur hetman Platow se présente devant Sens avec une nombreuse cavalerie. Le général Alix, avec six cents hommes avait défendu cette ville ; attaqué ensuite par le prince de Wurtemberg à la tête de douze mille hommes , il résista pendant douze jours , et ce ne fut qu'après quarante heures de bombardement, et lorsque l'armée ennemie eût franchi la faible enceinte de la ville, qu'il opéra sa retraite. Il passa l'Yonne avec le peu de braves qui lui restaient, et fit sauter le pont.

Sens fut livrée au pillage et les troupes alliées s'abandonnèrent à tous les excès de la plus infâme férocité. (*Nap.* et *la Gr. Arm.* tom. II, p. 141.)

SERAINCOURT. A dix lieues de Paris, près de Gaillon.

SERGY. A cinq lieues ouest de Paris, entre Pontoise et Saint-Vert-l'Amône.

SERRIS. A huit lieues est de Paris, et à une lieue de Chanteloup.

SERVON ou CERVON. A cinq lieues est de Paris, sur un coteau qui domine la petite rivière du Réveillon. On y trouve de la pierre coquillière.

SEVRAN. A quatre lieues est de Paris dans la plaine. La culture y est très-variée ; on y compte plusieurs fermes considérables.

SÈVES ou SÈVRES. Sur le penchant d'une colline, entre Paris et Versailles, et à une distance à-peu-près égale de ces deux villes. Ce bourg est très-ancien ; les archéologues ne sont point d'accord sur son étymologie : Saint-Germain, dit l'abbé Lebœuf, y délivra une fille nommée Magaroflède d'une espèce de possession, et en fit une religieuse. L'église existait déjà, du moins en partie, au seizième siècle. Le château servait de succursale à la prison du Châtelet, lors de l'entrée des reines. C'était alors l'usage de délivrer tous les prisonniers de la capitale à l'époque de ces grandes solennités. On éludait cette coutume, devenue loi par le laps de

21.

temps, en les transférant au château de Sèvres; le seigneur recevait une rétribution spéciale. Cet antique édifice est occupé aujourd'hui par une tannerie.

L'ancien pont de bois a été remplacé en 1812 par un pont de pierre, qui n'était pas terminé en 1814.

Ce bourg est maintenant fameux par des manufactures : celle de porcelaine passe pour la première de l'Europe. Il en existait une autre à Vincennes, fondée et entretenue par le marquis de Fulvi; elle fut achetée par les fermiers-généraux en 1750, et tranférée à Sèvres; Louis XV l'acheta en 1759. Cette manufacture doit sa supériorité aux talens et au zèle de M. Bronguiart.

On y remarque trois collections complètes : la première, de toutes les porcelaines étrangères avec les matières premières dont se compose leur manipulation; la deuxième, de toutes les porcelaines et fayences de France; la troisième, de modèles de vase, de services, de statues, etc., confectionnés dans cet établissement depuis sa fondation.

D'autres manufactures y occupent un grand nombre d'ouvriers; je ne citerai que la verrerie qui fournit aux besoins de la capitale, et en partie à ceux des départemens. Elle est située sur le territoire de Meudon; mais elle n'est connue que sous le nom de verrerie de Sèvres. La fabrique de fayence jaune, noire et blanche est dirgée par M. Clavereau qui a obtenu un brevet d'invention pour les impressions sur émail; la fabrique d'émail de M. Lambert, établissement non moins précieux.

Le port de Sèvres est dans une heureuse activité : il sert à l'exportation des produits des manufactures, et reçoit les nombreux envois de vins et autres productions agricoles ou industrielles des départemens arrosés par la Seine, l'Yonne et la Marne.

Dans la dernière guerre, les gardes nationales réunies à quelques soldats de troupe de ligne, opposèrent aux Prussiens une longue et vigoureuse résistance. Toute la commune fut livrée au pillage pendant huit jours ; les ennemis n'épargnèrent que la manufacture de porcelaine.

Sèvres et les environs renferment des caves immenses : la plus grande est celle connue sous le nom de *Cave du Roi* ; elle peut contenir quinze mille tonneaux.

SILLY. A quatre lieues de Beauvais. M. Lejeune exploite dans ce village une fabrique d'instrumens pour les mesures linéaires, pieds de roi, mètres, etc.

SOGNOLLES. A sept lieues est de Paris, sur la rivière d'Hières, entre Ville-d'Avray et Bellevue. Sa position est très-agréable ; la campagne fertile ; la culture y est plus active et mieux entendue qu'autrefois. Les fermiers étaient écrasés de dîmes qu'ils payaient au curé, au chapitre de Notre-Dame de Paris, aux abbayes du Jard et de Livry.

SOISSY-SOUS-MONTMORENCY. Ce village, situé immédiatement au-dessous de Montmorency, est ainsi nommé pour le distinguer de Soissy-sous-Etioles.

**SOISSY-SOUS-ÉTIOLES**, à six lieues de Paris, sur le bord de la Seine, vis-à-vis Petit-Bourg : on l'appelle aussi Soissy-sur-Seine. Le sage et savant Duhamel habitait Étioles. Son château, parfaitement conservé, et qui ne rappelle que d'honorables souvenirs, appartient à M. Sibuet, ancien président du tribunal de Corbeil. A l'extrémité du village s'élève un autre château également bien conservé et entretenu, mais qui fut plus fameux que célèbre ; c'était la demeure du financier Le Normand, mari de la favorite Pompadour : il appartient aujourd'hui à madame de Saint-Aulaire.

**SOISSONS.** A vingt lieues nord-ouest de Paris, l'une des plus anciennes villes de France. Clovis en avait fait la capitale de sa domination, après la bataille qu'il gagna sur Siagrius en 486. Charles-le-Simple y fut vaincu en 922.

A peine Charlemagne fut-il mort, que deux prêtres, Vala et Adelar, abbé de Corbie, s'emparèrent de Louis, son fils et son successeur. Le nouvel empereur fait crever les yeux à Bernard, son cousin, roi d'Italie : Bernard meurt après ce cruel supplice. Les deux moines, Adelar et Vala, effrayent la conscience de Louis, lui font subir les plus ridicules, les plus humiliantes pénitences : ils le font comparaître, couvert d'un cilice, devant l'assemblée d'Attigny, composée de prélats, d'abbés et de seigneurs. Louis demande humblement pardon aux trois fils bâtards de son père, qu'il avait forcés de se cloîtrer.

Un roi avili n'inspire plus ni crainte, ni pitié, et

Louis vit bientôt ses fils, entre lesquels il avait partagé ses états, se révolter contre lui. L'abbé Vala et les évêques s'assemblent à Soissons en 883; ils déclarent le trône vacant, en disposent en faveur des princes rebelles, forcent leur père à faire une confession publique; ils le dépouillent de ses armes, des insignes de l'empire, et bientôt il est enfermé dans une cellule du couvent de Saint-Médard, et l'impératrice Judith, sa femme, est reléguée dans un autre couvent.

Ainsi l'on vit, dans cette assemblée de Soissons, des fils rebelles, soutenus par le clergé, détrôner leur père, l'avilir, et le réduire à un degré de misère et d'abjection. Cet atroce parricide fit murmurer; mais les coupables régnaient, ils trouvèrent des flatteurs, et Agobard, archevêque de Lyon, publia une apologie des enfans de Louis. Le clergé, si humble, si soumis du temps de Charlemagne, s'était institué le juge suprême des peuples et des rois, et il ne s'était écoulé que dix-neuf ans depuis la mort de Charlemagne. Le scandale de l'assemblée de Soissons s'est renouvelé dans les siècles suivans.

Cette ville avait été fortifiée par Mayenne; elle se soumit ensuite à Henri IV, par capitulation.

Le 14 février 1814, Soissons, qui n'avait pour défense que les cadres de six bataillons, mille gardes nationaux et cent gendarmes, sous les ordres du général Busca, fut attaquée par toute l'armée de Winzingerode.

Busca, après avoir soutenu un combat opiniâtre contre l'avant-garde ennemie, s'était renfermé dans la ville : un coup de canon termina ses jours. Les Russes profitèrent de ce fatal événement pour donner l'assaut. Les citoyens de Soissons se défendirent avec une infatigable intrépidté. On combattit dans les rues. La garnison, forcée de céder au nombre, s'ouvrit un passage à travers l'ennemi, et se dirigea sur Compiègne. Le général russe livra cette ville au pillage.

Les Français y rentrèrent bientôt. Mais, avec tous les moyens de la défendre, et averti de l'approche de notre armée, le général qui commandait la place se rendit sans combat.

Cette campagne si désastreuse eût été fatale aux ennemis, si, partout, les citoyens eussent eu des chefs valeureux et dévoués ; mais ces chefs, que des idées de grandeur personnelle et d'ambition avaient corrompus, oublièrent pour la plupart qu'ils avaient une patrie : ils ne reconnaissaient qu'un maître. Les citoyens ne purent opposer qu'une résistance partielle, et ils se trouvèrent placés entre la faiblesse et la trahison des commandans.

SOUGEONS. A cinq lieues et demie nord-ouest de Beauvais. On y fabrique beaucoup de lunettes, de miroirs et de montures de lunettes en argent.

SOULAIRE ou SOLERS. A huit lieues de Paris et à deux lieues de Brie-Comte-Robert. Ce village borde la plaine qui se prolonge entre les deux val-

lons , l'Hières et un ruisseau venant de Coubert. Les
coteaux sont couverts de vignes ; la plaine se divise
en terres à blé et en prairies.

SOUILLY. A sept lieues est de Paris, au confluent de deux ruisseaux, au nord de Clayes, sur
la grande route de Paris à Meaux et près du bois
de Montsaigle.

SOUPLET ( Saint-). A neuf lieues est de Paris,
sur un côteau , entre Machemorel et Gesvres.

STAINS. A trois lieues de Paris, sur la route de
Saint-Denis. Les environs en sont fort agréables et
ornés de belles avenues. M. de Livry possède dans ce
village un très-beau troupeau de mérinos.

SUCY. A quatre lieues est de Paris, entre Noiseau et Bonneuil , sur le chemin de Brie-Comte-
Robert. On y exploite beaucoup de pierres meulières et de grès.

SURESNE. A deux lieues ouest de Paris, sur la
rive gauche de la Seine. Charles–le-Simple donna
ce bourg à Robert, abbé laïc de Saint-Germain ,
et à des moines.

En 918, Suresne devint célèbre par ses vins. On
aura peine à concevoir que , dans des thèses de médecine, soutenues à Paris en 1724 ou 1725, on
affirmait que ses vins étaient supérieurs à tous ceux
de la Bourgogne. Boutray , dans son poëme latin
intitulé *Lutetia* , croit faire le plus bel éloge du vin
de Suresne en le comparant à celui d'Orléans.

Colbert avait une maison de plaisance à Suresne
en 1633; M. de Lyonne en possédait une autre
en 1669.

Lors des conférences entre les catholiques ligueurs et Henri IV, il fut décidé qu'elles auraient
lieu à Suresne, où elles s'ouvrirent en effet
le 29 avril 1593. On avait d'abord proposé pour
ces réunions Montmartre, Chaillot et Saint-Maur :
elles continuèrent pendant tout le mois de mai.

Sur la fin du siècle dernier, M. Heliot, ancien
secrétaire de la feuille des bénéfices, fonda le couronnement d'une rosière : cette sage institution
subsiste maintenant, et la cérémonie a lieu, chaque
année, au mois d'août.

Suresne possède plusieurs usines, et notamment
une fabrique de très-bon vinaigre.

# T.

TAVERNY. A cinq lieues et demie de Paris, sur
le revers de la hauteur de la forêt de Montmorency.
C'était une dépendance des grands domaines de la
famille des Montmorency dès le douzième siècle. On
est fondé à croire que plusieurs rois y avaient une
maison ou château. Deux chartres, de Philippe-le-Bel
et de Philippe-le-Long, sont datées de Taverny;
la première en 1299, la seconde du 5 juin 1317.
Jean, duc de Normandie, fils du roi Philippe de
Valois, y tomba malade en 1335. Les moines de
Saint-Denis y vinrent trois fois pieds nus, portant
le saint Clou, un fragment de la sainte Couronne
et un doigt de Saint-Denis. La maladie du jeune
prince fut de courte durée, et le 7 juillet, le roi se

rendit à pied à Saint-Denis, pour rendre grâce à
Dieu de la convalescence de son fils.

En 1465, Louis XI donna à Antoine de Cha-
bannes, comte de Dammartin, ce qu'il possédait
dans le fief de Taverny. Dammartin avait été l'accu-
sateur et le juge de Jacques Cœur, dont Louis XI
fit réhabiliter la mémoire. Il n'y a dans ces deux
actes du prince qu'une apparente contradiction; il
fut juste en annulant un arrêt inique, et généreux
en récompensant Dammartin des services qu'il lui
avait personnellement rendus.

La campagne de Taverny présente l'aspect le plus
agréable et le plus varié. On y remarque plusieurs
maisons de plaisance fort jolies.

TAUREAU ( Combat du ). Ce spectacle existait
avant la révolution ; sa suppression fut un des premiers actes de la nouvelle administration municipale : il n'était cependant ouvert que les jours de
fêtes solennelles et lorsque tous les théâtres étaient
fermés. La haute société allait ou du moins pouvait aller s'emboîter dans les petites loges du
concert spirituel, et il était permis aux autres
d'aller voir combattre des ours, et même des tigres
et des lions. Les combats d'animaux étaient, sous le
règne des Valois, le spectacle favori de la cour, et
l'amusement de François Ier. J'en ai parlé dans mon
*Mémorial parisien*, en rendant compte des mœurs
et des usages de nos rois pendant leur long séjour
à l'hôtel Saint-Paul.

Le spectacle du combat a été rétabli sous l'empire, et plus heureux qu'avant la suppression de

cet établissement, le directeur peut donner des représentations tous les dimanches et toutes les fêtes. Le style de l'affiche est aussi étranger à la grammaire, que ce spectacle lui-même l'est à nos mœurs. Le combat a souvent changé de lieu; il était d'abord hors de la barrière de Sèvres, et c'est de là qu'il fut transféré près de l'hôpital Saint-Louis : il a donné son nom à la barrière auprès de laquelle il est maintenant établi. On ne manque jamais de mettre sur l'affiche l'invitation à MM. les amateurs d'amener leurs chiens, et les amateurs sont toujours des bouchers.

TERNES (les) Près de Paris, arrondissement de Saint-Denis. C'est dans ce hameau que MM. Chaptal, d'Arcet et Holker ont établi leur fabrique de produits chimiques, dont le dépôt est à Paris, rue des Jeûneurs.

TESSANCOURT. A dix lieues nord de Paris et à une lieue de Meulan.

TESSONVILLE. A cinq lieues de Paris et près du Plessis-Gassot. Une léproserie, bâtie entre ces deux villages, a été démolie pendant les guerres du quinzième siècle.

THÉATRES DE LA BANLIEUE ET DES ENVIRONS DE PARIS. Le goût des spectacles est devenu général. Le peuple ne connaissait jadis que les arlequinades, les pantomimes et les sauts périlleux; tout est changé : il fréquente les premiers théâtres; il juge sans prévention, et juge mieux. Feu M. Séveste obtint la permission d'établir des spectacles aux barrières, dans la banlieue et dans les environs : c'est une ressource pour les acteurs qui débutent dans la carrière et pour ceux qui se trouvent sans emploi.

Les théâtres des barrières du Mont-Parnasse, du Roule et de Rochechouard sont ouverts tous les jours ; aux Thermes, les dimanches et les jeudis ; au Ranelagh, tous les lundis d'été ; à Saint-Cloud, tous les mardis ; à Saint-Denis et à Corbeil, tous les dimanches d'hiver.

M. Séveste fils a succédé à son père dans la jouissance de son brevet.

On représente sur ces différens théâtres la comédie, et parfois la tragédie, mais le plus souvent l'opéra-comique, le vaudeville et le mélodrame : ce dernier genre est le moins suivi.

• THIAIS. A deux lieues de Paris, sur la route de Choisy à Fontainebleau. Sa culture se divise en vignes et en labourages.

THYEUX. A sept lieues est de Paris, sur la route de Meaux.

TILLAY ou LE TILLAY, à quatre lieues de Paris, doit son nom aux tilleuls plantés sur les bords de la petite rivière de Crould. Ce village occupe un vallon fort agréable entre Gossainville et Gonesse. Feu M. de Veimerange y a fait planter, sur les dessins de M. Bellanger, des jardins, dont l'élégante et riche distribution atteste le bon goût de l'artiste et du propriétaire : c'est le plus bel ornement de cette campagne.

TIGERY. Entre Corbeil et Étioles. C'était un ancien domaine seigneurial des vicomtes de Corbeil. D'anciens titres citent un Richer de Tigery, qui vivait dans le onzième siècle, sous Henri I^er.

TIFAINE. Petit hameau dépendant de Soulin ou Solin.

TINQUEUX. A trente-six lieues de Paris, sur la route de Reims. Le 28 mai 1825, les princes de la famille royale et une partie du cortège y reçurent le roi, qui se rendit le même jour à Reims. La veille, un incendie avait consumé les écuries de la poste ; dix-huit chevaux qui appartenaient au roi avaient été brûlés.

TORCY. A cinq lieues est de Paris et à une lieue de Lagny. Le prieuré des bénédictins de Torcy ne fut établi qu'à la fin du dix-septième siècle, par Louis Berryer, abbé commendataire de Notre-Dame du Tronchet, et possédant en même temps trois prieurés et un canonicat. Il acheta de la famille Duvivier des terres et des bâtimens, « reconnaissant, dit-il » dans l'acte d'acquisition de 1674, que les revenus » provenant des biens ecclésiastiques, après l'ac- » quit des charges et des fondations, et l'entretien » modeste du titulaire, doivent être employés pour » la gloire de Dieu..... » Une des clauses du contrat avec la famille Duvivier lui conférait le droit d'y faire élever quatre filles, à la seule condition que celles qui voudraient se faire religieuses seraient, en outre, reçues gratuitement.

Les environs de Torcy offrent une attrayante va- riété de sites et de productions ; des coteaux, une plaine, des vignes, des vergers, des prairies.

TORFOU. A dix lieues de Paris, au-delà d'Arpajon, sur la route d'Étampes et d'Orléans, dans une grande plaine. Cette campagne, maintenant si fertile, si paisible, avait été dévastée pendant les guerres civiles du dix-septième siècle.

TORIGNY. A six lieues de Paris, près de Lagny, sur un coteau et près des rives de la Marne. Son territoire s'étend jusqu'à l'extrémité du pont de Lagny. On allait jadis en pélerinage et en procession à une chapelle fondée par Adelme, et à laquelle on attribuait la vertu de guérir de la fièvre.

Les entrepreneurs du Bazar français exploitent dans ce village, par brevet d'invention, une fabrique d'ouvrages d'albâtre français agatisé.

TOURNAM. A huit lieues de Paris et à cinq de Corbeil. Cette petite ville fournissait beaucoup de charbon à Paris dès le treizième siècle. Le seigneur de Tournam recevait l'investiture de l'évêque de Paris, qui lui mettait un anneau au doigt en signe de foi et hommage. Ce seigneur était aussi un de ceux qui portaient sur leurs épaules l'évêque de Paris lors de son installation.

Le château, bâti par la famille Garlande, était déjà détruit long-temps avant la fin du siècle dernier.

TOUSSU. Ce village, à six lieues de Paris et à deux lieues de Versailles, était surnommé *Le Noble*. Il est situé dans une plaine fertile, à l'extrémité du parc de Versailles.

TRACY. A quatre lieues de Compiègne. La France, jadis tributaire de l'étranger, est devenue enfin puissance commerciale : des fabriques de toiles de coton se sont établies et multipliées avec une étonnante rapidité. Le village de Tracy et les communes voisines en possèdent de très-considérables.

TREMBLAY ( le Grand et le Petit ). Ces deux villages, presque contigus, sont situés à cinq ou six lieues de Paris. Les anciens rois y avaient droit de gîte. Philippe-le-Bel logea au Petit Tremblay au retour de son sacre, en 1286. Une ordonnance de Philippe-le-Long est datée de Tremblay, 3o janvier 1316.

Deux autres villages qui portent le même nom se trouvent, l'un entre Monfort et Neaufle; l'autre, entre Brie et le pont de Saint-Maur. .

TRIANON ( Grand et Petit ). Le village sur l'emplacement duquel ont été construits ces deux élégans édifices, appartenait, dans le douzième siècle, à l'abbaye de Sainte-Geneviève. Louis XIV, après avoir fait bâtir Versailles, l'acheta pour agrandir le parc. Le village disparut bientôt, et fit place à un château de fantaisie, destiné aux plaisirs du monarque. Louvois réunissait au portefeuille de premier ministre la surintendance des bâtimens. Le prince remarqua une croisée qui n'était pas en proportion avec les autres parties de l'édifice. Louvois soutint que là croisée était régulière : ministre absolu, il traitait le roi comme son premier sujet. Le prince s'en remit au jugement de Le Nôtre, que ce singulier arbitrage jeta dans le plus grand embarras : il ne pouvait donner son avis sans s'exposer à déplaire au prince ou au ministre;

il osa être impartial : l'observation du roi était juste. Louvois reçut les plus vifs reproches en présence de la cour et des ouvriers ; il rentre chez lui pâle de honte et de fureur. « C'en est fait, dit-il à
» ses familiers, je suis perdu auprès du roi, de la
» façon dont il vient de me traiter pour une fenêtre.
» Je n'ai de ressource qu'en une guerre, qui le dé-
» tournera de ses bâtimens et qui me rende néces-
» saire, et, parbleu, il l'aura. »

Il tint parole, et cette guerre, qui éclata en 1688, ébranla le trône de Louis XIV et faillit entraîner la perte de la France.

Les caprices d'un favori ont souvent coûté à la France bien du sang et des larmes. Je ne citerai qu'un seul trait du règne précédent : Un mot du duc d'Orléans irrita Anne de Beaujeu, qui fit proscrire le prince : cette proscription partagea la noblesse, et une guerre civile en fut la déplorable conséquence.

Le château de Trianon est plus fastueux qu'élégant ; il porte le cachet de ce règne : du moins la majesté royale ne s'y était point encore dégradée. Mais, sous Louis XV, ce palais devint le théâtre des débauches les plus effrénées : ces scènes scandaleuses se répétèrent dans les autres palais. Telle fut l'origine et la destination des petits appartemens, sous Louis XV. Il avait ajouté de nouveaux bâtimens au palais de Trianon : on a depuis appelé Grand Trianon la partie qu'avait habitée Louis XIV ; et Petit Trianon celle que Louis XV avait fait arranger pour lui et ses familiers, et ce fut là qu'il mourut.

Louis XVI donna le Petit Trianon à son épouse, qui l'embellit de nouvelles plantations.

Delille et d'autres poètes ont célébré ce séjour enchanteur. Ces lieux restèrent long-temps déserts. Napoléon les fit restaurer pendant les premières années de son règne; il y séjournait souvent plusieurs jours. Il y avait réuni une bibliothèque choisie des meilleurs ouvrages écrits dans toutes les langues. Le Petit Trianon fut spécialement affecté à l'impératrice Marie-Louise; elle y reçut son père en 1814, et son départ pour Vienne fut décidé dans cette entrevue.

TRIEL. Bourg sur la rive droite de la Seine, à sept lieues nord-ouest de Paris et traversé par la route de Caen. Le château, qui dominait toute la campagne et qui appartenait à la princesse de Conti, a été démoli. On remarque dans les environs de ce bourg plusieurs maisons de campagne fort agréables. Triel a un hospice desservi par les sœurs de la Charité. Quelques chapelles sont consacrées à plusieurs saints peu connus, entre autres Saint-Ego- belle et Sainte-Mille. On communique aux deux rives de la Seine par un bac.

TROSSY. A trois lieues de Senlis, en face de Saint-Leu, sur la rive gauche de l'Oise. Ses carrières fournissent au commerce les pierres connues sous le nom de pierre de Trossy et de Saint- Leu.

TROUS ( les ). A huit lieues environ de Paris et à une lieue de Chevreuse. Ce village n'est environné que de terres à blé. Le hameau de Montabé y fut annexé en 1621.

TROUSSEAU. Village à dix lieues de Paris, sur le bord de la Marne, à peu de distance de Ris et de Fromont.

# U.

UGNY. A deux lieues de La Fère en Tardenois.

UGNY-LE-GAI. A une lieue et demie nord-ouest de Chauny.

URBAIN (Saint-). Sur le bord de la Marne, à une lieue est de Joinville. Les vins que l'on récolte dans les environs de ce bourg sont estimés.

URRI. Près de Beauvais, à quatorze lieues de Paris, sur la route de Clermont en Beauvoisis.

URSINES. *Voy.* VÉLIZY.

USSY. A treize lieues de Paris, près de Meaux, sur les bords de la Marne.

# V.

VAL D'OSNE. *Voy.* CHARENTON-SAINT-MAURICE.

VAL SAINT-ÉLOI. *Voy.* CHILLY.

VAL-GRAND ou VERT-LE-GRAND, VAL-LE-PETIT ou VERT-LE-PETIT. A peu de distance l'un de l'autre : le premier est à huit lieues de Paris, à l'extrémité de la plaine de Bretigny ; le second sur le penchant d'un coteau. Quelques vignes sur les hauteurs, des terres à blé et des prairies dans la plaine.

Philippe de Valois a résidé, en 1331, à Val-Grand, qui fut le berceau de Florens Pasquier, seigneur du lieu, et qui se livra avec autant de zèle que de succès à l'étude des langues et des arts. Les seigneuries de Val-Grand et de Val-Petit furent réunies : c'était un marquisat, dont les lettres-patentes furent enregistrées, en 1720, au Parlement de Paris, qui siégeait alors à Pontoise.

VALENTON. A trois lieues et demie sud-est de Paris, entre les deux routes de Melun. Le territoire se divise en vignes, prairies et terres labourables.

VALMY. Près de Nonancourt, à vingt-six lieues de Paris. Ce n'est qu'un moulin, qui a donné son nom à la bataille gagnée par les Français, le 20 septembre 1792, sur l'armée de la première coalition, et qui a immortalisé le général Kellerman, élevé depuis à la première dignité militaire. L'armée ennemie, forte de quatre-vingt mille hommes, se composait d'Autrichiens, de Prussiens et d'un corps d'émigrés.

« Le 20 septembre, à sept heures du matin, la
» canonnade commença sur toutes les lignes. A dix
» heures, l'artillerie des ennemis fit sauter, au
» moulin de Valmy, deux caissons, ce qui occa-
» siona quelque confusion ; mais la présence du
» général en chef (Kellerman), pour l'établisse-
» ment d'une nouvelle batterie, rétablit l'ordre
» sur toute la ligne. Cependant l'ennemi redoubla
» son feu et se forma sur trois colonnes. Soutenu
» par la cavalerie, il s'avança pour attaquer les
» Français, surtout sur le point du pont de Valmy.

» A mesure que ses colonnes avançaient, le feu de
» son artillerie diminuait, ce qui obligea le général
» Kellerman à faire faire une manœuvre semblable.
» A peine les colonnes sont-elles formées, que
» s'adressant à l'armée, il lui dit : Camarades, le
» moment de la victoire est arrivé ; laissons avancer
» l'ennemi, et chargeons à la baïonnette. L'armée
» répondit par des cris de *vive la Nation!* qui du-
» rèrent plus d'un quart-d'heure ; ce qui étonna
» tellement l'ennemi, qu'il s'arrêta tout court, fit
» demi-tour à droite, et retourna prendre sa pre-
» mière position avec assez de précipitation, laissant
» beaucoup d'hommes et une grande quantité de
» chevaux sur le champ de bataille.

» Entre trois et quatre heures, l'ennemi s'avança
» de nouveau, en colonne, sur les mêmes points.
» Il fut reçu avec vigueur, et, une seconde fois,
» forcé à la retraite. Le feu de l'artillerie se sou-
» tint vigoureusement, de part et d'autre, jusqu'à
» huit heures du soir. Le général Kellerman, pour
» conserver la communication de Châlons et cou-
» vrir ses subsistances, résolut de changer de po-
» sition. En conséquence, l'armée se mit en marche
» à neuf heures du soir, défila par le pont de Dam-
» pierre-sur-Aure, et se trouva en bataille le len-
» demain à sept heures du matin. Cette manœu-
» vre, exécutée en présence d'une armée ennemie
» forte de quatre-vingt mille homme, fut décisive
» pour le salut de la république, et força l'aile
» droite des Prussiens de prendre position sur la
» route de Châlons.

» L'ennemi laissa plus de quatre mille hommes
» sur la place; les Français ne perdirent que sept à
» huit cents hommes. Les armées gardèrent leurs
» positions respectives du 21 au 30 septembre,
» époque de la retraite des coalisés. » ( Thoulongeon,
*Histoire de France depuis la révolution*, tom. I<sup>er</sup>.,
édit. in-4°. )

L'armée française, à cette époque, était en
grande partie composée de bataillons de volontaires,
que l'amour de la patrie et de la liberté avait fait
voler à la défense des frontières. Le général Kellerman, créé maréchal de l'empire par Napoléon,
reçut le titre de duc de Valmy; et, vingt-huit ans
après cette bataille célèbre, il ordonna par son
testament que son cœur fût déposé sur ce champ
d'honneur. Ses dernières dispositions ont été exécutées en 1821.

VALORGE, Sur la rive de l'Orge, près de Bretigny. Le château, qui était une dépendance du
marquisat de Leuville, n'existe plus depuis près
d'un siècle:

VANVRES ou VANVES. A trois quarts de lieue
de Paris, sur la rive gauche de la Seine.

Les avantages ou les inconvéniens des localités
ont toujours déterminé la nature des premiers établissemens. Le village de Vanvres, situé sur les
bords de la Seine, a d'abord été habité par des pê-
cheurs; c'est ce qu'indique son nom, emprunté
du latin *Banna* ou *Vanna*. Aux cabanes succédèrent
des maisons, et vers le milieu du seizième siècle
Vanvres formait déjà une paroisse.

La seigneurie de Vanvres appartenait aux religieux de Sainte-Geneviève. Tous les habitans furent affranchis en 1247. L'abbaye ne se réserva qu'un droit assez bizarre, celui de nommer le religieux qui devait donner le signal du départ des concurrens, le jour de la *fête de l'Epée*.

On nommait ainsi une course à laquelle étaient seuls admis les domestiques des bourgeois. L'espace à parcourir était depuis la porte d'Enfer (alors place Saint-Michel) jusqu'à la porte de Vanvres. Le vainqueur recevait une épée. Cette fête était l'occasion de rixes souvent funestes et elle fut supprimée.

Les annalistes contemporains nous ont conservé une pièce singulière, c'est un certificat de bonne vie et mœurs, donné en faveur d'un âne par le prieur-curé et les notables de l'endroit.

Cet âne était accusé d'attentat public à la pudeur d'une ânesse. La dame, propriétaire du prévenu, avait été mise en cause, et pour intéresser la sensibilité des juges, elle demanda et obtint un certificat ainsi conçu :

« Nous soussignés, prieur-curé et habitans de la
» paroisse de Vanves, avons connaissance que
» Marie-Françoise Sommier, femme de Jacques
» Féron, avait un âne depuis quatre ans pour le
» service de leur commerce, et que pendant tout
» le temps qu'ils l'ont eu, personne ne l'a connu
» méchant, et qu'il n'a jamais blessé personne,
» même pendant six ans qu'il a appartenu à un autre
» habitant ; qu'aucun ne s'en est jamais plaint, ni

» entendu qu'il *ait fait des malices* dans le pays ; en
» foi de quoi nous, soussignés, lui avons délivré le
» présent témoignage.

» A Vanves, ce 19 septembre 1780.

» PINTEUL, *prieur-curé*, Jérôme PATEN, Claude
» JEANNET, Louis RÉTORÉ, Louis SENLIS,
» Claude CARBONNET. »

Soutenus par une aussi puissante recommandation, la dame Françoise et son âne ne pouvaient manquer d'être mis hors de cour.

Les eaux de sources sont très-abondantes dans ce village : elles ont été réunies dans un vaste bassin construit au centre de la commune. Le blanchissage du linge est la principale industrie des habitans.

Le château de Vanvres, bâti par Hardouin Mansard, en 1698, appartenait à la famille de Condé. Devenu propriété nationale, il a été employé à des établissemens d'utilité publique.

Il a été depuis acheté pour le Lycée impérial, maintenant Collège de Louis-le-Grand, qui le possède encore.

C'est une vaste et belle habitation. De jolies maisons particulières embellissent encore le village.

VARENNES. A cinq lieues de Paris, près de Gercy, sur la rivière d'Hières, qui forme en cet endroit un bassin de dix-huit à vingt pieds de profondeur. Les abbesses d'Hières et de Gercy, le prieur de Saint-Jean en l'île de Corbeil et de Marolles, étaient gros décimateurs de ce village.

VASSY. Chef-lieu d'arrondissement de la Haute-Marne, sur le bord de la Blaise, à onze lieues de

Saint-Chaumont. Lieu tristement célèbre par le massacre des protestans, en 1562, par les ordres et sous les yeux de François, duc de Guise, et du cardinal Charles de Lorraine. Ce déplorable événement fut le signal des guerres civiles qui désolèrent la France sous les règnes de Charles IX, Henri III, Henri IV et Louis XIII. ( *Voy.* mon *Essai sur la vie et les ouvrages de Michel Lhospital*, tom. I<sup>er</sup>. de ses *OEuvres complètes*, pag. 179. )

VAUCRESSON. Dans le canton de Sèvres, à une lieue de Saint-Cloud et de Versailles, sur la pente d'un côteau exposé au midi. Les vignes, qui existaient encore au seizième siècle, ont disparu : toute la culture se divise maintenant en bois et en terres labourables.

Ce n'était, dans l'origine, qu'une vallée inculte et déserte, dépendant de l'abbaye de Saint-Denis. Suger chassa les brigands qui y avaient établi leur repaire. Il fit construire une église et quelques chaumières ; et pour y appeler une population, il donna, en 1145, une charte, par laquelle il concédait à chaque famille qui y viendrait s'y établir quatre arpens et demi de terrain, sous la condition d'un cens de douze deniers, la retenue d'un écu et la dîme pour lui sur l'arpent de terre Saint-Denis. Les habitans seraient dispensés d'obéir à aucune sommation de prendre les armes, faite de la part des princes ou du roi lui-même ; ils ne seraient obligés de se rendre à l'armée que lorsque l'abbé de Saint-Denis leur commanderait de s'y rendre avec lui.

Cette suzeraineté féodale n'a rien qui doive étonner. Les rois de France et les ducs de Bretagne et de Bourgogne, qui les égalaient au moins en puissance, étaient, à cette époque, obligés de rendre foi et hommage à des moines.

L'église, bâtie par Suger, fut dédiée à Saint-Denis, qui fut remplacé, dans le patronage religieux, par Saint-Leu et Saint-Gilles, patrons de la Marche, lorsque l'église de ce hameau a été détruite.

Le village de la Marche et celui de Jardi furent dans la suite annexés au village de Vaucresson. Le château de la Marche existe encore.

On n'avait conservé de l'ancien prieuré de Jardi qu'une ferme avec une chapelle, qui est remplacée maintenant par une maison fort agréable, qui appartient à M. Johannot.

M. Mazeleyre possède dans le même hameau un très-beau troupeau de mérinos.

VAUDHERLAND. A quatre lieues et demie de Paris, sur la route de Senlis, entre Roissy et Tillay. Les religieux de Dueil et le curé de Gonesse se disputèrent quelque temps le patronage religieux de ce village. Odon de Sully, évêque de Paris, régla entre eux le partage des dîmes. L'intérêt avait plus de part que la piété à ces scandaleux débats, et l'ordonnance épiscopale termina les procès des prétendans.

VAUDREUIL. Sur les bords de l'Eure, à une lieue de la route de Paris au Hâvre, entre Gaillon et Pont-de-l'Arche.

VAUGIEN. Entre Gif et Chevreuse, dans un vallon. Le contrôleur-général des finances, Bertin, y possédait un château magnifique, entouré de deux étangs séparés par une belle avenue.

VAUGIRARD. Sur la rive gauche de la Seine. Ce village, que son extrême proximité de la capitale pourrait faire considérer comme un de ses faubourgs, est fort ancien; il a porté jusqu'au treizième siècle le nom de *Val Boitrou* ou *Vau Boitrou*. Il doit sa nouvelle dénomination à Girard de Moret, abbé de Saint-Germain-des-Prés.

Le village relevait alors de cette abbaye. Ses accroissemens dans le siècle suivant exigèrent l'érection d'une cure en 1342. La Vierge en fut d'abord l'unique patrone; mais elle partagea ensuite cet honneur avec Saint-Lambert, évêque de Mastricht. Une confrérie en l'honneur de ce saint s'y forma en 1455.

François I<sup>er</sup>., qui avait prévu tous les maux que pourrait causer à la France et à sa propre famille l'ambition des Guises, avait recommandé, en mourant, à son fils, de les tenir éloignés de sa cour et surtout du pouvoir; et à peine eût-il rendu le dernier soupir, que son imprudent successeur, Henri II, leur accorda une confiance sans bornes.

Sa mort imprévue, loin d'affaiblir la puissance des Guises, les rendit plus puissans encore. Le règne de François II fut marqué par des persécutions toujours croissantes contre les huguenots, qu'on appelait aussi les *Mécontens*. J'emprunte au plus religieux de nos historiens le tableau des persécutions dont Paris et le village de Vaugirard furent le déplorable théâtre.

« Le peuple de Paris, dit-il, éveillé par les récompenses promises aux délateurs, alléché par le pillage des maisons abandonnées, et ameuté par quelques moines enthousiastes, mettait son étude et sa gloire à exterminer sans miséricorde une engeance qu'on lui peignait comme ennemie de Dieu et des hommes.

» Entre autres moyens qu'on mit en usage pour découvrir ceux qui dissimulaient, celui-ci parut efficace. Comme on connaissait leur horreur pour le culte des images, on plaça au coin des rues et sur la porte des maisons les plus apparentes de petites statues de la Vierge ou de quelque saint.

» On dressait au pied une table en guise d'autel, sur laquelle on mettait des cierges allumés. Si quelqu'un passait sans s'être agenouillé, ou du moins sans avoir dévotement salué l'image, des gens cachés dans des boutiques voisines couraient après lui, le forçaient de remplir ce devoir, ou le traînaient chez un commissaire.

» Pour fournir à l'entretien du luminaire, on avait fabriqué une sorte de boîte qu'on nommait tirelire : on la présentait effrontément au premier qu'on rencontrait, et quiconque refusait d'y jeter quelques pièces de monnaie, était injurié, battu et en danger d'être assommé..... »

Ne serait-ce point là l'origine de ces petites chapelles que dressent dans les rues les enfans à l'époque de l'Octave de la Fête-Dieu? usage que rien ne peut justifier et qui s'est répandu dans toute la France. Cet abus n'est-il pas propre à les habituer à se jouer des choses les plus sacrées, et à leur apprendre à faire de ce qu'ils devraient le plus respecter, l'objet d'une sordide spéculation? N'est-ce pas exposer les signes du culte à des *outrages*, même involontaires?

Ces contributions imposées à tous les passans, les rixes, les vexations auxquelles un refus bien légitime pouvait donner lieu, contribuèrent à exaspérer les esprits, déjà irrités par l'assassinat juridique d'Anne Dubourg. C'est à ces causes réunies qu'il faut attribuer la conjuration d'Amboise, dont le but avoué et prouvé était de délivrer la France de la domination des Guises. La cour préluda aux massacres par un infâme guet-apens : j'en ai esquissé l'effrayant tableau dans mon *Essai sur la vie et les ouvrages de L'hospital* et dans mon *Histoire de Coligny;* je ne le répéterai point.

Les proscrits se réunissaient secrètement à Vaugirard : l'expulsion des Guises était l'objet de leurs délibérations; c'était le vœu de tous les amis de la religion et de la patrie. Il fut cruellement déçu.

Vaugirard s'agrandit encore à la fin du seizième siècle. Une communauté de filles et de femmes veuves y fut établie sous la direction de madame Vilneuve. Un séminaire s'y forma vers le milieu du siècle suivant; il donna naissance à celui de Saint-Sulpice, dont les professeurs se sont montrés depuis si courageusement fidèles aux libertés de l'église gallicane. On voyait s'augmenter avec les établissemens religieux les cabarets.

L'hospice des *pauvres enfans-trouvés atteints de la maladie vénérienne*, établi à Vaugirard, fondé par M. le lieutenant de police, *Lenoir*, a été depuis la révolution transféré dans l'intérieur de Paris.

Ce village fut très-endommagé par l'explosion de la poudrière de Grenelle, le 31 août 1794 ( *Voy.* GRENELLE ). Ce désastre est encore présent à tous les souvenirs, et cependant il n'en reste plus de vestiges.

La population de Vaugirard s'élève aujourd'hui à plus de quatre mille âmes; il est très-fréquenté, surtout les dimanches. Ses nombreuses guinguettes se remplissent d'ouvriers, qui viennent s'y délasser des travaux de la semaine. Ils y trouvent des établissemens de danse dans toutes les saisons. On y trouve aussi des fabriques de produits chimiques, des filatures de coton, etc.

On y entretient beaucoup de laiteries. Une grande partie du terrain est couverte de potagers et d'arbres fruitiers.

Le cimetière, ouvert en 1781, n'est pas assez étendu. De nombreux monumens funéraires, dont l'emplacement a été vendu à des familles aisées, en occupent une grande partie : on rencontre à chaque pas des inscriptions où l'esprit a plus de part que le sentiment, et qui sont presque toujours les signes certains d'une douleur moins sincère que fastueuse. Il est d'honorables exceptions, et on ne

fera pas ce reproche au petit coin de terre où fut
inhumé le respectable Quetan, décédé doyen des
gens de lettres.

VAUGIRARD ( Cimetière de ). Au-delà des bou-
levards de l'ouest, à l'entrée du village de Vaugirard. C'est le moins étendu des grands cimetières
de Paris. On remarque parmi les monumens tumulaires les tombeaux de Laharpe, du médecin
Alphonse Leroi et du général et pair de France,
Meunier, etc. (*Voy.* VAUGIRARD. )

VAUGRIGNEUSE. A neuf lieues de Paris. Nicolas,
cinquième fils du premier président Guillaume de
Lamoignon, acheta, le 12 juin 1676, le domaine
seigneurial de Vaugrigneuse, que le roi réunit au
comté de Launay-Courson en 1677. Les lettres-patentes furent enregistrées au Parlement, le 15 juin
de la même année.

VAUJOU. A quatre lieues de Paris, sur le penchant de la montagne appelée *Montauban*. On y
remarque un gouffre, dans lequel les eaux disparaissent comme au Trou-Vassou de Romainville,
sans qu'on leur connaisse d'issue.

Louis Dumas, qui avait consacré son zèle et ses
talens à faciliter l'instruction élémentaire, mourut
au château de Vaujou en 1744; il fut inhumé dans
le chœur de l'église : son épitaphe est remarquable
par sa touchante simplicité.

« Ci-gît Louis Dumas, licencié en droit, également
» remarquable par ses lumières et par ses vertus,
» inventeur du bureau typographique, mort à Vau-
» jou, le 19 juillet 1744, âgé de soixante-huit ans

« Pleurez sa perte, jeunes enfans, et versez sur sa tombe les larmes que sa méthode vous a épargnées. » Il était du Languedoc.

VAURAIN. A vingt lieues de Paris, à trois lieues de Soissons, sur la route de Laon, entre cette ville et Soissons.

VAUX. A sept lieues de Paris, sur l'Ivette, qu'on appelle aussi le Grand-Vaux, pour le distinguer du village du même nom qui est sur la rive opposée. Nicolas Fouquet, dernier surintendant des finances, y avait fait bâtir le magnifique château dont la dépense fut une des causes, ou plutôt le prétexte de sa disgrâce. Louis XIV avait résolu sa perte, et n'en accepta pas moins une fête dans le château de ce ministre.

Il le fit arrêter bientôt après à Nantes et renfermer à la Bastille; il le fit juger par des commissaires; il fut transféré au château de Pignerole où il mourut. Ce ne fut qu'après plusieurs années de captivité qu'il obtint la permission de voir sa femme. Fouquet eut pour défenseur et pour ami notre La Fontaine. Pelisson s'est immortalisé par son courage et ses talens à justifier le ministre disgracié. Au lieu de répondre à ses mémoires, on le fit jeter à la Bastille.

Le maréchal de Villars acheta le superbe château de Vaux et ses dépendances, au commencement du dix-huitième siècle, et substitua au nom de Vaux-le-Vicomte celui de Vaux-le-Villars.

VELIZY. A trois lieues et demie sud-ouest de Paris, près de Viroflé et de Chaville, a remplacé

le village d'Ursines, dont il n'était d'abord qu'un
écart; ce qui existait depuis le onzième siècle. Ursines
occupait le vallon.

La fantaisie d'un ministre opéra ce changement.
Louvois venait de faire construire son château de
Chaville; il lui plut de remplacer le village d'Ursines par des étangs. Il donna des ordres, et le
village disparut. Il remplaça l'église par une nouvelle qu'il fit bâtir dans le hameau de Velizy.

En 1815, les Français, sous les ordres du général
Excelmans, y battirent les Prussiens qui étaient
très-supérieurs en nombre; mais deux jours après,
le village fut pris et pillé par les ennemis, sous prétexte que les habitans étaient sortis en tirailleurs
et avaient fait feu sur les troupes alliées. Suivant le
code militaire de Blucher, la légitime défense était
un crime.

Le hameau de Villacomblay fait partie de la commune de Velizy. Le jurisconsulte Dumoulin, qui
fut proscrit pour avoir franchement publié son
opinion sur les libertés de l'église gallicane, vécut
quelque temps dans ce hameau auprès du seigneur
dont il était l'ami.

VEMARZ. A six lieues de Paris, à une demi-lieue
de la route de Senlis, dans une plaine. La principale culture est en labourage. Les femmes y font
de la dentelle commune. A l'extrémité de ce village
était la belle ferme de Choisi-aux-Bœufs, dont
jouissait la riche abbaye de Chaalis.

VER ou VERRE-SUR-MARNE. A cinq lieues environ de Paris, sur le bord de la grande prairie qui se prolonge de Lagny à Chelles.

VERBERIE. Bourg sur l'Oise, à quatre lieues de Paris. Il a été le siége de trois conciles. Le continuateur de Nangis cite un Étienne de Verberie qui, en 1308, fut accusé d'une opinion erronée sur le mystère de l'Eucharistie, et qui en demanda pardon en public.

Concile ne signifiait alors qu'assemblée. Ce fut *in concilio optimatum suorum* que Charles-Martel partagea la domination des Francs entre ses trois fils. Il donna à Carloman, l'aîné, l'Austrasie ; la Neustrie et la Bourgogne à Pepin-le-Bref ; et une petite principauté à Griffon, qui fut bientôt dépouillé par ses deux frères : et Carloman s'étant jeté dans un cloître, Pepin-le-Bref resta seul maître des trois royaumes.

VERNELLE. Écart de la commune d'Évry, sur le chemin de Grisy, et bordant la rivière d'Hières.

VERNEUIL. A neuf lieues de Paris, sur la rive gauche de la Seine. Le château est environné de belles avenues et de bois considérables : il domine un vaste horizon. On remarque aussi deux belles maisons de campagne, dont l'une est l'ancien fief du Petit-Barnival.

VERNON. Petite ville sur la rive gauche de la Seine, en-deçà de Gournay.

Sa situation est agréable. On y remarque un vieux château et une haute tour. La route de Paris au Hâvre traverse la ville.

VERNOUILLET. A dix-huit lieues de Paris, au milieu d'un vaste et joli paysage, s'élève une maison de campagne considérable, et d'une élégante construction. Elle réunit tous les agrémens que l'on recherche dans une riche habitation rurale, de grands jardins bien distribués, un parc assez étendu, et des eaux très-abondantes.

VERRIÈRES. A deux lieues de Paris, près d'Antony. L'érudit André Duchêne, à qui l'on doit d'utiles et vastes recherches sur les faits les plus importans de notre histoire, avait une maison de campagne à Verrières.

VERRIÈRE (la). *Voy.* MENIL-SAINT-DENIS.

VERSAILLES. A quatre lieues de Paris (Seine et Oise). Au nombre des témoins signataires d'une donation faite par Odon ou Eudes, comte de Chartres, au monastère de Saint-Pierre de la même ville, se trouve mentionné *Hugo de Versaliis*, que les archéologues traduisent par ces mots, Hugues de Versailles. Cette donation porte la date de 1037. Deux autres actes de 1065 ou 1066, et de 1084, rappellent encore le nom de Versailles. Il résulte de ces actes que Versailles renfermait à ces deux dernières époques un couvent et une collégiale.

Indépendamment de cette collégiale, qui est sous l'invocation de Saint-Julien, Versailles avait une église paroissiale à la fin du onzième siècle. La confusion qui régnait alors dans les juridictions religieuses et seigneuriales, donnait lieu à de fréquens débats. C'est dans les actes des prétendans qu'il faut aller chercher l'origine de la plupart des

23.

communes de France , et des anciens usages, depuis le plus chétif hameau jusqu'aux plus considérables de nos cités. Je n'applique ici le nom de
commune qu'à la simple localité.

Saint-Julien , patron de la collégiale , était aussi
celui de la paroisse. Il paraît que la nomination du
curé appartenait au prieur , qui relevait de l'abbaye
de Saint-Magloire.

Après la réunion de cette abbaye à l'évêché de
Paris , l'évêque réclama ce droit que le prieur de
la collégiale lui contestait, alléguant pour raison
que le prieuré était obligé de fournir *de la paille aux
femmes* pendant l'hiver. C'était alors l'usage : on
garnissait de paille le plancher des églises, de tous
les lieux publics, et même des palais des rois ; et cet
usage s'est maintenu jusqu'à la fin du treizième
siècle. Les prieurs de Saint-Julien de Versailles
étaient encore assujettis à une coutume non moins
singulière : ils devaient donner chaque année , le
jour de l'Assomption de la Vierge , au chapitre de
Notre-Dame de Paris , le *pigment*. On appellait
ainsi un vin épicé qu'on buvait à la fin des grands
repas. ·

Ce prieuré fut réuni au siége de Paris vers la fin
du dix-septième siècle. Il paraît que cet établissement religieux possédait la plus grande partie du
territoire , puisque les anciens seigneurs laïques
n'avaient qu'un chétif château et des bois pour la
chasse. A Versailles, comme dans toutes les autres
parties de la vieille France, les donations successi-
ves que provoquait de génération en génération le

clergé séculier et régulier, l'avaient rendu propriétaire de la plus grande partie des terres et des redevances féodales. Le clergé acquérait sans cesse
et n'aliénait jamais.

Ce fut sur la demande de Martial de Lomenie,
conseiller au département des finances, que
Charles IX établit quatre foires annuelles à Versailles et un marché chaque jeudi. On sait que
ces établissemens étaient pour les seigneurs l'objet
de nouveaux tributs assez considérables.

Martial de Lomenie, suspect d'attachement au
roi de Navarre (depuis Henri IV), périt dans le
vaste massacre de la Saint-Barthélemy. Henri parvenu au trône de France, rétablit le fils de Martial
Lomenie dans tous les droits qu'avait eus son père,
et il allait souvent avec lui *courre le cerf* à Versailles.

Jean de Soissy, seigneur de Versailles, vendit à
Louis XIII la terre et le château en 1627. Ce prince
fit ajouter un petit pavillon : le tout n'était pas
très-imposant. Saint-Simon appela cette résidence
royale un *petit château de cartes*. Le roi était souvent
obligé d'aller coucher dans un méchant cabaret, à
Roulière, et dans un moulin à vent, après de longues chasses dans la forêt de Saint-Léger. Le roi
y couchait rarement, et n'y restait jamais plus
d'une nuit.

Saint-Simon nous explique encore la cause qui
détermina Louis XIV à transférer sa cour de Saint-
Germain à Versailles. « Son goût, dit-il, pour ma-
» dame de La Vallière, qui fut d'abord un mystère,
» donna lieu à de fréquentes promenades à Ver-

» sailles....... Il y transporta tout-à-fait sa demeure
» peu de temps avant la mort de la reine; il y fit
» des logemens infinis qu'on lui faisait la cour de
» lui demander, au lieu qu'à Saint-Germain pres-
» que tout le monde avait l'incommodité d'être à la
» ville, et le peu qui était logé au château, y était
» étrangement à l'étroit. »

Mais les nouvelles constructions faites à Versailles
par ordre de Louis XIII, n'avaient pas rendu cette
résidence plus considérable que celle de Saint-Germain. Dans l'assemblée des notables, tenue à Paris
en décembre 1626, janvier et février 1627, le maréchal de Bassompierre parle des grandes et inutiles dépenses faites à Versailles par Louis XIII. Soit caprice,
soit respect pour la mémoire de son père, soit désir
de se créer un obstacle de plus, Louis XIV laissa
subsister une partie des anciens bâtimens; aussi la
façade principale n'offre qu'une masse de constructions disparates, sans goût et sans harmonie.

Il fallait une ville nouvelle. De vastes terrains
furent achetés; des exemptions d'impôts, des priviléges, d'autres concessions, encouragèrent les
courtisans à faire construire des hôtels : c'était le
plus sûr moyen de plaire au maître, et on vit
s'élever une belle et grande cité du milieu des
ruines d'anciennes et gothiques habitations.

Partout les travaux furent poussés avec la plus
grande activité. Jules Hardouin Mansard avait succédé à Leveau dans la direction de cette immense
entreprise.

Ces vastes pièces d'eau, ces nombreuses statues,

ces bosquets, ces boulingrins, ces longues allées,
ces massifs d'arbres, ce parc, dont un immense
horizon ne laisse pas même apercevoir les limites,
ces terrasses si spacieuses, si richement décorées,
tant de merveilles excitent plus d'étonnement que
d'admiration. Louis XIV n'attendit pas que les travaux fussent achevés pour y donner des fêtes, pour
lesquelles tous les arts et tous les talens furent mis à
contribution. Tandis que le jeune monarque s'éni-
vrait d'un encens adulateur; tandis qu'il consumait
en fastueuses frivolités le prix du sang et des sueurs
du peuple, la capitale, mal pavée, mal éclairée,
subissait tous les genres de désordres et de calamités.
Des nuées de vagabonds, de voleurs, portaient partout la dévastation et l'effroi; complices ou rivaux
de leurs laquais, des seigneurs s'amusaient à détrousser les passans et à voler les manteaux; et le
poète satirique n'était qu'historien quand il écrivait

« Le bois le plus funeste et le moins fréquenté,
» Est, au prix de Paris, un lieu de sûreté. »

Ce n'est point dans les brillantes et mensongères
description des Versailles qu'il faut chercher la vérité; mais dans les mémoires du temps : je n'indi-
querai que ceux d'un courtisan, témoin oculaire,
mais juste appréciateur des hommes et des choses.
Lisez les *Mémoires du duc de Saint-Simon*, tom. I<sup>er</sup>.,
pag. 127 et suivantes.

Des milliers de bras et le génie de Mansard et de Le
Nôtre n'avaient pu vaincre la nature.... « Les parcs
» et les avenues, tout en plaine, ne peuvent venir;

» en gibier, il faut y en jeter sans cesse ; en rigoles
» de quatre à cinq lieues de cours ; en murailles
» enfin, qui par leur immense contour enferment
» une petite province du plus triste et du plus vi-
» lain pays du monde......... Mais l'eau manquait
» quoiqu'on pût faire, et ces merveilles de l'art ,
» ces fontaines, tarissaient, comme elles font encore
» aujourd'hui à tout moment, malgré la prévoyance
» de ces mers de réservoirs qui avaient coûté tant de
» millions à établir et à conduire sur le sable mou-
» vant et la fange. Qui l'aurait cru ? ce défaut devint
» la ruine de l'infanterie.

   » Madame de Maintenon était à la cour; M. de
» Louvois était bien avec elle : on jouissait de la
» paix. Il imagina de détourner la rivière d'Eure,
» entre Chartres et Maintenon, et de la faire venir
» toute entière à Versailles.

   » Qui pourra dire l'or et les hommes que la ten-
» tative en coûta pendant plusieurs années, jusque
» là qu'il fut défendu, sous les plus grandes peines,
» dans le camp qu'on y avait établi, et qu'on y tint
» très-long-temps, d'y parler des malades, surtout
» des morts, que le travail et plus encore les exha-
» laisons de tant de terres remuées tuaient ? Combien
» d'autres furent des années à se rétablir de cette
» contagion ! Combien n'ont pu reprendre leur santé
» le reste de leur vie ! Et toutefois , non-seulement
» les officiers particuliers, mais les colonels, les bri-
» gadiers et ce qu'on y employa d'officiers généraux,
» n'avaient pas , quels qu'ils fussent, la liberté de
» s'en absenter un quart-d'heure.... La guerre in-

» terrompit les travaux en 1688.... Il ne resta que
» d'informes monumens qui éternisent cette cruelle
» entreprise.

Consultez Dangeau, qui, jour par jour, heure
par heure, et avec la plus minutieuse exactitude, a
tenu registre des moindres détails de l'intérieur de
la cour de Louis XIV. Il vous apprendra qu'il y
avait tous les jours vingt-deux mille hommes et six
mille chevaux employés aux travaux à Versailles,
que le nombre des travailleurs fut porté à trente-
six mille.

Madame de Sévigné raconte que chaque nuit on
conduisait des chariots remplis de malades ou de
morts.

« On employait, dit madame de La Fayette dans
» ses mémoires, les troupes à ce prodigieux des-
» sein, pour avancer de quelques années les plai-
» sirs du roi, et on le faisait avec moins de dépen-
» ses et moins de temps que l'on n'eût osé l'espé-
» rer. La quantité de maladies que cause toujours
» le remuement des terres, mettait les troupes qui
» avaient campé à Maintenon, où était le fort du
» travail, hors d'état d'aucun service ; mais cet in-
» convénient ne paraissait digne d'aucune attention
» au sein de la tranquillité dans laquelle on vivait. »

L'oisive curiosité n'aperçoit que la forme extérieure des monumens ; les méditations du philosophe et de l'homme d'état remontent à leurs
causes, et n'ont souvent que de pénibles regrets à
donner aux objets qui excitent la stupide admira-

tion du vulgaire. L'humanité gémit de ce qu'il plaisait à mademoiselle de La Fayette d'appeler un simple *inconvénient*.

Depuis l'époque où Louis XIV avait fixé son séjour à Versailles, cette ville a été le théâtre de grands événemens qui appartiennent à l'histoire générale de la France. Tout ce que les excès du plus intolérant fanatisme, de la plus obscène débauche, ont de plus hideux, de plus dégoûtant, s'y trouve répété pendant un siècle entier.

Les travaux de l'assemblée constituante ont fourni de belles pages à nos annales; mais qui peut lire sans la plus vive douleur tout ce qui les a précédés et suivis pendant cette longue période. *Voy.*, pour les événemens de 1815, l'article ROQUENCOURT.

L'attention s'arrête aujourd'hui sur des objets plus dignes de notre âge. D'utiles établissemens s'y sont formés; une population presque nouvelle a donné à cette ville un nouvel aspect.

Les monumens d'arts, réparés avec autant de talent que de succès, des établissemens militaires, une bibliothèque publique, un muséum et la plus belle manufacture d'armes d'Europe, y attirent une foule de curieux. Un grand nombre d'officiers retraités y ont fixé leur domicile. La modicité du prix des loyers et des objets de consommation, la proximité de la capitale, tous ces avantages réunis assurent à cette ville une existence moins animée, moins brillante, mais plus prospère. Des voitures spacieuses et commodes, et qui se succèdent à toutes les heures du jour, facilitent les communications avec Paris, et le trajet n'est plus un voyage, ni même une dépense.

Cette ville espère toujours y voir revenir la cour ; mais rien n'annonce encore que cet espoir se réalisera. Le motif de ce retard ne tient qu'à des souvenirs, mais à des souvenirs que le temps ne peut effacer. Cette ville, appelée par sa position favorable aux grandes fabriques, doit attendre du temps d'utiles compensations qui ne peuvent lui échapper.

VERT. Dans les environs de Chartres. On y trouve encore plusieurs monumens celtiques et gaulois appelés *pierres levées*. Celles que l'on remarque dans la commune de Vert sont d'une telle grosseur, qu'on a peine à concevoir comment on a pu parvenir à les soulever.

Le territoire de Vert est le plus riche en monumens de genre. Les curieux en rencontrent encore dans les contrées voisines. A Changé, et sur le chemin de Maintenon, ces *pierres levées* ou *fichées* sont sans nul ornement, et telles qu'elles ont été tirées des carrières. Il existe encore dans ces contrées des autels qui ont la même simplicité. Ces monumens religieux devaient être très-multipliés, puisque, malgré les ordres des conciles et les ordonnances des rois qui en ordonnèrent la démolition comme monumens d'idolâtrie, il en existe encore de toutes les formes et à des distances très-rapprochées. On peut croire que quelques-uns de ces blocs énormes ont pu être employés dans la construction de l'aqueduc de Maintenon.

VERT-SAINT-DENIS. Sur la route de Corbeil à Melun, à peu de distance de l'ancien château du Jard, fondé par Alix de Champagne dans le douzième siècle, et berceau de Philippe-Auguste. Le village de Vert-Saint-Denis communique par les bois qui l'environnent au parc de Bréviande, dont l'aspect présente le plus agréable paysage. Un élégant pavillon, bâti par l'aïeul du duc d'Orléans, s'élève dans l'emplacement de l'ancienne forteresse, dont les ruines même ont disparu.

VICEOURS. Appelé maintenant Vissours. A quatre lieues de Paris et près de la route d'Orléans, dans une plaine très-fertile en blé.

VIEUX-MAISON. Entre Bussière et Montmirail.

VILLE-DU-BOIS (la). *Voy.* NozAY.

VIQUEUX. A quatre lieues de Paris, à une demilieue de Villeneuve-Saint-Georges. On trouve dans les environs beaucoup de tombeaux de pierres dures, et des pots dont on se servait dans les douzième et treizième siècles pour placer à côté des morts du charbon et de l'eau bénite.

VILAINE-EN-FRANCE. A sept lieues ouest de Paris, à une demi-lieue de la route de Saint-Germain à Meulan. On y trouve des pierres meulières, du plâtre, du talc et des cailloux.

VILLABÉ. A huit lieues de Paris et à une lieue de Corbeil. Les vignes qui tapissent les coteaux, les prairies qu'arrose la rivière d'Essonne, varient agréablement ce paysage.

VILLACOMBLAY ou VILLE-COMBLAIN. Hameau de Vélisy. *Voy.* ce mot.

VILLE-D'AVRAY. A trois lieues de Paris et à une lieue de Versailles, sur le chemin de Sèvres au bois des Fausses-Reposes, à un quart de lieue de la Marne. La fontaine qui est à l'extrémité du village fournit la meilleure eau des environs de Paris : elle avait été réservée pour l'usage du roi. L'heureuse situation de Ville-d'Avray, sa proximité de Paris, Saint-Cloud, Versailles, ont déterminé plusieurs familles riches de la capitale à s'y fixer pendant la belle saison. De nombreuses et élégantes maisons de plaisance, des jardins bien distribués, s'y présentent sur tous les points de vue.

VILLE-DU-BOIS. A cinq lieues sud de Paris, entre deux coteaux, près de la chaussée d'Orléans, entre Nosay et Montlhéri ; environné de jardins et et de bouquets de bois.

VILLE-BON. A quatre lieues de Paris, n'est séparé de Palaiseau que par la rivière d'Ivette. Nicolas de Thou, évêque de Chartres et seigneur de Ville-Bon, avait fait bâtir une chapelle qu'il fit démolir et remplacer par une autre en 1641 et en 1644. André Pothier de Novion, devenu seigneur de Ville-Bon, obtint de l'archevêque de Paris qu'on y chanterait vêpres les dimanches et fêtes. Son fils, le président Novion, fit ériger en église cette nouvelle chapelle. L'archevêque ordonna que le 4 juillet de chaque année les habitans iraient en procession à Palaiseau avec leur curé. Celui de Palaiseau officiait et recevait 60 liv., et la fabrique 25 par an.

VILLE-CRESNE. A cinq lieues de Paris, dans la

plaine qui se prolonge depuis Boissy-Saint-Léger jusqu'au ruisseau de Rouillon ou Réveillon. Le gros du village se trouve entre Villeneuve-Saint-Georges et Brie-Comte-Robert. La population s'augmenta, en 1640, d'une partie des habitans de Saint-Jean-de-Gerbois, dont l'église et les maisons ont été détruites lors des travaux que fit alors exécuter dans son parc de Gerbois Charles de Valois, duc d'Angoulême. L'abbé Lebœuf fait dériver le nom de Ville-Cresne de villa et de Crene ou Cresne, qui, dans la loi salique, signifie hutte. Les Cresnes étaient en effet des huttes formées de branchages.

Ce village, connu depuis le douzième siècle, est entouré de bois. Les maisons sont bâties en pierres meulières, sans enduit extérieur ; on n'en remarque qu'une seule dont la construction soit plus soignée : elle appartient au docteur Richerand.

VILLE-FRIT. Joli domaine à l'extrémité du village de Noisy-le-Grand. On y arrive par une belle avenue. Des bosquets charmans, des terrasses, des jardins bien distribués, un élégant pavillon en face du château, des sites ornés par la nature et embellis par l'art, font de Ville-Frit un séjour fort agréable. Les eaux de la Marne entretiennent la fraîcheur et la fécondité.

VILLE-JUST. A cinq lieues de Paris, sur la route de Chartres, à une lieue au-delà de Palaiseau. Ses coteaux, couverts de vignes, dominent un vaste horizon. La culture y est très-variée.

VILLE-GENIS. A quatre lieues de Paris. Le château, remarquable par la régularité de son architecture, a été bâti par Dulin. L'intérieur est orné de tableaux estimés. Les pièces, les jardins et le parc sont distribués avec goût.

VILLE-JUY, ou vulgairement VILLE-JUIF. A une lieue et demie de Paris; bâti en partie sur la colline où commence la plaine de Long-Boyau, sur la route de Fontainebleau. Moréri et quelques autres historiens n'ont débité qu'une fable en attribuant à des juifs chassés par Philippe-Auguste la fondation de ce bourg. Des chartres de 1226 lui donnent le nom de *Villa-Juliettæ*. A l'entrée du bourg une croix fut érigée en mémoire de la réception des reliques de Sainte-Juliette, qui furent apportées d'Arles. L'église n'a été construite qu'en 1539, aux dépens des habitans. Cette date est indiquée par une inscription sur la tour qui sert de clocher. Lors de la première guerre de la coalition (1793), cette église a été transformée en atelier de salpêtre : le premier besoin de la France était de se défendre; et le danger passé, l'église a été réparée et rendue à sa première destination.

VILLE-MOISSON. A cinq lieues sud de Paris. Ce petit village n'a qu'une seule rue. Des prés, des vignes, des bois, des terres de labour, composent son territoire, que borne à quelque distance la forêt de Séquigny.

VILLE-MONBLE. A trois lieues de Paris, près de la forêt de Bondi ou de Livry. La terre répond avec une égale fécondité à tous les genres de culture. Le gros du village est resserré au bas de la montagne; quelques maisons bâties sur la hauteur forment un hameau appelé La Montagne. Le financier Barrême, décédé en 1741, possédait sur la côte, vers Avron une fort belle maison et des jardins très-étendus.

VILLENEUVE-LE-ROI. A trois lieues de Paris, sur les bords de la Seine et sur la pente d'un coteau. Claude Lepelletier, contrôleur-général des finances, s'y était retiré en 1697. Il dédia à l'historien Rollin, alors recteur de l'université de Paris, une description latine de ce village.

VILLENEUVE-SAINT-DENIS. A huit lieues de Paris, à deux lieues de Lagny et de Tournant, dans une plaine assez fertile et près de la forêt de Crecy. Ce village était une seigneurie de l'abbaye de Saint-Denis. L'abbé Guillaume, en 1248, avait accordé des lettres d'affranchissement aux serfs et aux serves de Villeneuve-Saint-Denis; mais en se réservant le droit de patronage et les grosses dîmes.

VILLENEUVE-SAINT-GEORGES. A quatre lieues de Paris, sur la rive droite de la Seine, au pied d'une montagne. Ce n'était, au neuvième siècle, qu'un très-petit village; mais son heureuse situation, sa proximité de la rivière, y attirèrent de nouvelles familles. Ce bourg n'a pris le nom de Saint-Georges qu'au onzième siècle. Les reliques de ce saint, apportées d'Espagne par le moine Usnard, furent déposées dans la nouvelle église qu'y firent construire à cette époque les moines de l'abbaye de Saint-Germain, qui en étaient seigneurs.

Les vins du pays, dont la culture était soignée, étaient réservés pour la consommation de l'abbaye : ce fait est constaté par une charte de 872, confirmée par Charles-le-Chauve.

Ce bourg, comme un grand nombre d'autres des environs de Paris, devait le gîte au roi au moins une fois l'an.

On voyait encore, il y a quelques années, près la fontaine des Bretons, un sentier qui conduisait au haut de la colline, où existaient encore les vestiges d'une herse destinée à arrêter les communications.

Henri IV, qui n'eût éprouvé qu'une faible résistance pour se rendre maître de Paris aussitôt après la mort d'Henri III, sacrifia une victoire aussi importante et aussi facile au désir de revoir sa Gabrielle qui était à Mantes. Bientôt le retour de Mayenne et de son armée le força de lever le siége de Paris et d'évacuer les environs. L'armée des ligueurs reprit Villeneuve-Saint-Georges ; ce bourg fut livré au pillage, et cette soldatesque fanatique fit baptiser, par des prêtres, tous les animaux, les veaux, les moutons, les cochons, etc. Les malheureux habitans, victimes de tous les genres de violence, portèrent leurs plaintes au duc de Mayenne, et n'obtinrent que cette réponse : « Il faut patienter, j'ai besoin de toutes mes forces » pour vaincre le tyran (Henri IV) ». C'est ainsi que l'appelaient les ligueurs quand ils ne lui donnaient pas de nom encore plus odieux.

En 1652, Turenne, qui commandait alors l'ar-

mée royale, se trouva, dans la plaine de Villeneuve-
Saint-Georges, en présence des troupes du duc de
Lorraine, qui, en rentrant dans le bourg, mirent
toutes les maisons au pillage. Le château de Beauregard, qui domine toute cette belle campagne,
était la résidence favorite du cardinal de Furstem-
berg, abbé de Saint-Germain-des-Prés. Il s'y faisait
donner de nombreux et brillans concerts dans un
salon voûté et sonore. Une lettre de ce cardinal,
qui cumulait tant de titres et de revenus, n'en solli-
citait pas moins des gratifications. Non content de
consommer au fond de l'Allemagne les produits
des riches bénéfices qu'il possédait en France, il
mettait encore le trésor royal à contribution. Il
écrivait, de Cologne, 30 août 1673, au ministre
Colbert : « Je viens vous rendre grâces très-hum-
» bles par ces lignes de la bonté que vous avez eue
» de me faire payer avec tant de ponctualité les
» dix mille écus que Sa Majesté m'a faict la grâce
» de me donner. Ce sont-là, Monsieur, des mar-
» ques de la continuation de l'honneur de votre
» amitié, sur laquelle vous avez bien voulu me per-
» mettre de faire un fond bien assuré. »

Quel ton respectueux et soumis dans un prince,
et un prince du Saint-Empire ! Il eût été moins
humble avec le roi, mais il s'adressait à un ministre
des finances ; et à toutes les époques, la clef du
trésor fut le sceptre du pouvoir.

Près de ce château de Beauregard, séjour de
l'oisive opulence, s'élève avec moins d'appareil,
mais sur un plan plus étendu, la vaste raffinerie de
MM. Cottreau.

L'un de nos plus célèbres astronomes, Cassini, qui venait souvent se délasser au sein de l'amitié des travaux de son cabinet et du tumulte du grand monde, fut si frappé des vestiges de petite vérole qu'il remarqua sur la figure de quelques enfans de madame Bayard, qu'il fut atteint de cette maladie, et fut bientôt après son retour à Paris enlevé aux sciences et à sa patrie.

Villeneuve-Saint-Georges compte encore plusieurs fabriques considérables.

VILLENEUVE - SUR - VERBERIE. A quatorze lieues de Paris, sur la route de Compiègne, sur la rivière de l'Oise. Ce bourg assez considérable a dans ses environs des eaux minérales.

VILLEPARISIS. A cinq lieues de Paris, sur la route de Meaux, qui traverse la plaine découverte où ce village est situé. Il est abrité par une montagne qui se prolonge depuis Villeneuve jusqu'au delà du territoire de ce dernier village. Une partie des bois qui s'étendait jusqu'à Tremblay a été défrichée et plantée en vignes.

Dans la campagne de 1814, le général Campan, pressé par les masses prussiennes, dont le nombre grossissait à chaque instant, s'était d'abord retiré à Villeparisis et ensuite sur Monsaigle. La cavalerie ennemie croyant pénétrer sans obstacle dans ce village, fut arrêtée par des tirailleurs postés dans les maisons; le général Campan ordonna au général Vincent de former sa cavalerie à droite en arrière en faisant face à la route. L'infanterie prussienne, fière d'avoir fait évacuer le village, voulut pour-

24.

suivre les Français sur la chaussée; mais à peine les premiers bataillons eurent-ils débouché, que le général Vincent tomba sur eux avec les cuirassiers du général Drajeon et les éclaireurs polonais, les refoula dans le village, et fit deux cent cinquante prisonniers.

La division française continua sa retraite jusqu'à Bondi, les Prussiens s'établirent à Villeparisis et dans les villages voisins; les Russes entre Trilport et Meaux.

VILLEPINTE, anciennement Villepeinte, *Villa picta*, à six lieues de Paris, doit peut-être son nom à l'usage qui s'introduisit de peindre en enduit d'ocre ou de rouge les premières maisons qui remplacèrent les huttes des temps barbares. Les moines de Saint-Denis étaient seigneurs de ce village aux neuvième et dixième siècles. Ils en perdirent la possession, et recouvrèrent ensuite cette seigneurie en 1281. Elle leur fut vendue 40,000 francs par le chevalier Hugues-le-Loup.

VILLEPREUX. A deux lieues ouest de Versailles, à cinq lieues et demie de Paris. Ce bourg ne commença à être connu que vers le milieu du neuvième siècle, sous le règne de Charles-le-Chauve; il est cité dans un acte de cette époque sous le nom de *Villa Porcorum*, et plus tard, sous celui de *Villa Pyresa, Villa Pyrorum*.

Villepreux avait depuis long-temps deux églises. On a même donné à ce bourg le nom de ville, sans doute parce qu'il était enclos de murs.

La donation de l'autel de Saint-Germain aux

moines de Marmontiers, en 1284, devint l'origine d'un prieuré de cet ordre. Un acte de libéralité des seigneurs de Villepreux, en faveur des moines de ce prieuré, dans le douzième siècle, contenait entre autres clauses, le panage de leurs porcs et la dîme de ceux des autres. On appelait panage le droit de faire paître les porcs dans les forêts.

Villepreux avait une léproserie au treizième siècle. Cette seigneurie a successivement appartenu aux Villeneuve, aux Labame, aux Gondy, aux Francini, aux Chevreuses, aux Pontchartrain. Le château n'est plus qu'une simple maison de campagne. La plus belle habitation est celle de Valjoyeux, entourée d'un beau parc, de belles eaux et d'agréables avenues.

On remarque à Villepreux une fabrique d'apprêt de laine mérinos. Elle appartient à M. d'Autremont.

VILLERON. A six lieues de Paris, à droite de la route de Senlis. Pays de labourage et de prairies : il payait la dîme au chapitre de Notre-Dame de Paris.

VILLEROI. A huit lieues sud de Paris. L'abbesse d'Hières nommait à la cure de ce village ; elle y renonça par acte passé avec le seigneur de Villeroi, le 28 octobre 1612. Ce fut en faveur de Nicolas de Neuville que cette seigneurie, qui n'était qu'un marquisat, fut érigée en duché-pairie en 1663. Louis XIV et sa cour s'arrêtaient dans ce vaste château en allant à Fontainebleau et au retour.

VILLERS-COTTERETS. A seize lieues de Paris, ancienne résidence royale sous les derniers Valois.

Henri IV y rendit plusieurs ordonnances. Catherine de Médicis et François II, son fils, y passaient une grande partie de la belle saison. Charles IX y tint une cour brillante avec Élisabeth d'Autriche. Henri, dont la chasse était une des grandes passions, y venait souvent pour s'y livrer à cet exercice. C'est celui de nos rois qui a rendu le plus d'édits, d'ordonnances, de déclarations sur la chasse. Ce code barbare semble appartenir à un autre règne; et ceux à qui le souvenir de ce prince est cher, voudraient pouvoir effacer ces pages honteuses de son histoire.

Le duc d'Orléans, aïeul du prince actuel, y reçut Louis XV à son retour du sacre, et lui donna et à toute sa cour une fête très-brillante.

VILLETANEUSE. A trois lieues de Paris, à l'extrémité de la plaine Saint-Denis. Ce village a pour patron saint Lifard, dont Orléans chômait aussi la fête le même jour, 3 juin.

VILLETTE (la). A trois-quarts de lieue nord-ouest de Paris; ce village s'est beaucoup agrandi depuis trente ans; plusieurs établissemens de commerce et des entrepôts de vins et d'autres marchandises s'y sont formés.

Le canal en rendant les communications plus faciles, a donné à la Villette plus d'importance. Sa proximité de la capitale fait considérer la Villette comme un faubourg nouveau.

Ce village et celui de la Chapelle furent brûlés par le parti des Armagnacs, le vendredi 8 juillet 1418. Pierre de Matigny, évêque de Castres, très en faveur auprès de François I<sup>er</sup>., avait une maison de plaisance à la Villette ; le roi allait quelquefois s'y divertir avec ce ministre courtisan. Cette maison manquait d'eau, le roi ordonna au prévôt et aux échevins d'en faire conduire un filet de la grosseur d'un pois ; ce ne fut qu'après plusieurs ordres réitérés que ces magistrats permirent, en 1528, d'en faire venir de la grosseur d'une vesce, mais à ses dépens, et à condition de la reprendre quand ils en auraient besoin, et que leur maître des eaux ( architecte ) en ferait le regard, et qu'eux-mêmes en auraient la clef.

Après les conférences tenues à Suresne pour la conversion du roi Henri IV, au mois de mai 1593, d'autres conférences s'ouvrirent le 11 juin suivant à la Villette, dans la maison d'Éméric de Thou ; et le 30 juillet, un traité fut conclu entre les royalistes et les ligueurs.

VILLEVAUDÉ. Petit village à six lieues de Paris, près de Chelles. Les seigneurs de ce lieu étaient vassaux de l'évêque de Paris. Avant de se mettre en possession du château, le nouveau seigneur devait se reconnaître *homme lige* de l'évêque et lui présenter un cierge de dix sous ; l'évêque lui remettait un anneau d'or en signe d'investiture. Le seigneur de Villevaudé était aussi un des gentilshommes qui portaient sur leurs épaules l'évêque de Paris, lorsque ce prélat faisait son entrée au siége épiscopal.

La tour de Montjay, reste unique de l'ancien château que Louis-le-Jeune prit et qu'il fit raser en 1140, a été détruite par le temps. Le prêtre

Jean Petit, qui s'est rendu si fameux sous le règne de Charles VI par son servile dévoûment et ses mensongères invectives contre la maison d'Orléans, et qui, par les plus absurdes impostures, tâcha de justifier l'assassinat du duc de Bourgogne, prétendit que le duc d'Orléans avait attenté à la vie du roi Charles VI, son frère, « il gagna, disait-il, qua-
» tre personnes, savoir : un moine apostat, un che-
» valier, un écuyer et un valet auxquels il bailla sa
» propre épée, sa bague et un anel pour faire des
» maléfices ; qu'ils portèrent le tout en la tour de
» Montjay vers Lagny, et s'y logèrent pendant plu-
» sieurs jours, entre Pâques et l'Ascension. Que
» là, un jour de dimanche, avant le lever du so-
» leil, sur une montagne, près cette tour, proche
» un buisson, ce moine fit plusieurs invocations
» aux diables qui apparurent en nombre de deux....»
Et de pareilles fables ont pu être imaginées par un prêtre, et applaudies dans le quinzième siècle...

Le duc de Betfort, régent pour le prétendu roi de France, Henri VI, s'empara de la tour de Montjay par capitulation, le 28 mai 1430.

On nomme Bordeaux un hameau de ce village situé sur l'ancien emplacement de la tour de Montjay.

VILLIERS-ADAM. A six lieues de Paris, doit son nom à un connétable de France, sous le règne de Philippe 1er. Les murs de clôture ont été détruits depuis long-temps. Ce village n'a jamais été très-peuplé. Les femmes y faisaient de la dentelle. Les garçons avaient le privilège d'exiger un droit des garçons des autres villages qui épousaient une fille de Villiers-Adam ; et chaque noce de ce genre était l'époque de rixes souvent sanglantes. Ce privilége fut aboli par ordre d'un vicaire - général de l'église métropolitaine de Paris , du 19 février 1667. La répression d'un tel abus appartenait à l'autorité municipale, mais alors les seigneurs laïques ou ecclésiastiques absorbaient tous les pouvoirs.

La riche abbaye du Val , de l'ordre de Cîteaux , était située sur le territoire de ce village. Le roi Philippe de Valois y logea en 1333, 1334, 1338, et le roi Charles V en 1366.

Le nom de Villiers est commun à plusieurs autres villages des environs de Paris , dont voici l'indication.

VILLIERS-LE-BACLE. A six lieues de Paris , et à une lieue et demie sud de Versailles.

VILLIERS-LE-BEL. A quatre lieues de Paris et à une demi-lieue d'Écouen et de Sarcelles. L'abbaye Saint-Victor en nommait les prieurs. Un moine de cet ordre , Jean Desconis, s'en était fait pourvoir par le pape , le parlement de Paris cassa cette nomination illégale, par arrêt du 11 juillet 1470 , et maintint dans la possession de ce prieuré Mathurin de la Folie , institué par les sénieurs ( anciens ) de Saint-Victor.

VILLIERS-LA-GARENNE. A une lieue de Paris, sur la rive droite de la Seine. Son territoire s'étend depuis Longchamp jusqu'auprès de Courcelle.

VILLIERS-LE-SEC. A cinq lieues de Paris. Il n'y a point de fontaines ; le terrein est aride. On y voit beaucoup de marres.

VILLIERS-SUR-MARNE. A trois lieues et demie est de Paris. Son surnom semblerait indiquer qu'il touche immédiatement à la Marne, et il est éloigné d'une demi-lieue. Son exposition est très-agréable. Des vignes tapissent le coteau sur lequel il est bâti; la partie inférieure de ce village se divise en labourage et en prairies.

Jean Budé, grand audiencier de la chancellerie, était seigneur de ce village en 1467; il fut père du célèbre Guillaume Budé, l'un des savans les plus distingués du quinzième siècle.

VINCENNES. A deux lieues de Paris. On aperçoit son donjon en arrivant à la barrière du Trône. Son nom se rattache aux principaux événemens de notre histoire. Les archéologues n'ont jamais été d'accord sur son étymologie. L'origine de ce château date du règne de Louis-le-Jeune. Ce prince y fit construire, en 1137, quelques cabanes en bois pour servir de rendez-vous de chasse. Son fils, Philippe-Auguste, agrandit ce rustique manoir dans la partie du bois la plus voisine de Saint-Maur. « C'é-
» toit non loin de là, dit le naïf Joinville, que maintes fois j'ai vu le bon roi (Louis IX) se aller esbat-
» tre après avoir ouï messe en été, et se séoit au
» pied d'un chêne, en nous faisant asseoir auprès
» lui, et tous ceux qui avoient affaire venoient à lui
» parler, sans que aucun huissier y mist empes-
» chement. »

En 1275, Philippe-le-Hardi épousa dans le château de Vincennes Marie, fille de Henri III, duc de Brabant. La reine Jeanne, épouse de Philippe-le-

Bel, et héritière du royaume de Navarre, y mourut en 1305.

Louis-le-Hutin, après un règne de deux ans , mourut à Vincennes en 1316. Charles-le-Bel, son frère, y mourut également en 1328. Philippe de Valois, son successeur, fit démolir l'ancien château et jeta les fondemens du donjon; Jean son fils y fit de grandes augmentations ; il y passa les trois années qu'il resta en France à son retour d'Angleterre, et ne le quitta que pour retourner à Londres où le rappelait son amour pour la comtesse de Salisbury, maîtresse d'Édouard , qui fonda en son honneur l'ordre de la Jarrettière.

Charles V, né à Vincennes en 1337, y fonda la Sainte-Chapelle qui existe encore. Ce château était le séjour favori de la lubrique Isabeau de Bavière. Charles VI, son faible et malheureux époux, y tenait sa cour. Il rencontra un jour dans la rue Saint-Antoine, le beau Bois-Bourdon, amant de sa femme, et le fit arrêter, et la nuit suivante il le fit jeter dans la Seine, enfermé dans un sac de cuir, sur lequel on lisait: *Laissez passer la justice du roi.* Isabeau vendit à l'Anglais son honneur, le trône de son époux et de son fils, sa fille et la France. L'usurpateur Henri V mourut à Vincennes en 1422.

Vincennes devint prison d'état sous Louis XI. Charles IX y expira , jeune encore, le 30 mai 1574. Il y avait reçu peu de jours auparavant la visite du prince de Béarn (depuis Henri IV). Charles IX mourut abandonné de toute sa cour et même de son confesseur ; sa nourrice reçut ses dernières volontés, l'expression de ses remords , et ses derniers soupirs ; son agonie fut longue et douloureuse : le sang lui sortait par les pores.

Une fête aussi brillante que scandaleuse y fut célébrée sous les yeux et par les ordres d'Henri IV. Il y fit baptiser avec une solennité extraordinaire César de Vendôme, dont venait d'accoucher Gabrielle d'Estrées, sa maîtresse ; et l'adultère fut consacré par les ministres d'une religion qui le condamne. Sous Louis XIII, qui ne fut que le premier sujet de son premier ministre, le donjon de Vincennes reçut beaucoup de prisonniers. Jean de Verth, général Autrichien, pris à la bataille de Rhinfeld, en 1638, y fut enfermé, mais c'était un prisonnier de guerre, et sa captivité ne fut ni dure ni longue. Le duc de Beaufort et le prince de Condé y furent renfermés pendant les troubles de la Fronde. Le premier parvint à s'évader.

Diderot, le créateur de l'Encyclopédie, y gémit long-temps. Jean-Jacques Rousseau se rendait à pied de la rue Plâtrière à Vincennes, et dès qu'il avait aperçu son ami à travers les barreaux, il reprenait le chemin de la capitale ; il se reposait sous un arbre à la barrière.

Un homme plus fameux que célèbre, Mirabeau, fut enfermé au donjon de Vincennes, depuis 1777 jusqu'en 1780. Ce fut là qu'il composa sa traduction de Tibulle, son ouvrage contre les lettres de cachet et ses lettres à Sophie Le Monnier, et d'autres livres où les mœurs sont indignement outragées et qui ne doivent point appartenir à notre histoire littéraire.

Napoléon, avant même son élévation à l'empire,

avait rétabli les prisons d'état, détruites ou fermées
depuis trente ans. Il y fit enfermer des cardinaux,
des hommes de toutes les classes ; je n'en rapporte-
rai pas l'effrayante nomenclature. Toute l'Europe
connaît la fin déplorable du duc d'Enghien. On lit
sur l'endroit où il mourut ces mots si expressifs :
*Hic cecidit.*

En 1813, Napoléon rendit Vincennes à sa première destination ; il en fit une place de guerre ,
dont il confia le commandement au général Daumesnil qui avait perdu une jambe à Wagram. Les
chefs des armées coalisées, lors de l'invasion de
1814, le sommèrent de rendre la place ; il arbora
le drapeau blanc , mais en déclarant qu'il ne la re-
mettrait qu'au roi ou à un prince de sa famille. Le
comte d'Artois (maintenant Charles X) se présenta,
et Vincennes lui fut remis. Le général Daumesnil
en conserva le commandement. Mais, après les
événemens de 1815, il fut remplacé par le marquis
de Puyvert. Ce château sert aujourd'hui de caserne
et de dépôt à l'artillerie de la Garde.

Le bois de Vincennes est très-fréquenté, surtout
les dimanches et fêtes. Le concours n'y est pas
moins nombreux qu'aux guinguettes des barrières;
mais il y a plus de franche gaîté et moins de tumulte.

Dans les premiers jours du printemps 1825, un
homme dont l'extérieur annonçait l'aisance et une
éducation soignée, poignarda avec le plus atroce
sang-froid, en plein jour et sous les yeux de leur
mère , deux enfans qui lui étaient tout-à-fait étran-

gers. Son crime était évident, mais la cause est encore un mystère, du moins pour le public.

VIRY. A quatre lieues et demie de Paris, au-delà Juvisy, à droite de la route d'Essonne. Exposition agréable, partie sur un coteau, partie en plaine. Des vignes, des terres à blé et des prairies en partagent la culture. Ce village se prolonge jusqu'au bord de la Seine par son hameau de Châtillon.

VIROFLÉ n'était jadis qu'un hameau du village de Montreuil : il est à huit lieues de Paris, à la gauche de la route de Versailles. La seigneurie de ce village fut vendue à Louis XIV par le chancelier Le Tellier. La culture est plus agréable que productive.

VITRY-SUR-SEINE. A deux lieues de Paris, entre Villejuy et Jory. Des vignes tapissent ses rians coteaux ; de vastes pépinières s'y élèvent de toutes parts. Son territoire produit les plus beaux chênes de France. Des massifs de platanes, de lilas, de chèvre-feuille, de marronniers, d'arbres fruitiers, varient ce brillant paysage. Henri Ier, roi de France, y mourut après un règne de trente ans, en 1060. Ce village a été le berceau du cardinal Jacques de Vitry, plus connu encore par sa morgue que par ses talens diplomatiques, et d'Étienne, cardinal et évêque de Paris, dans le quatorzième siècle. Les Anglais dévastèrent ce village pendant le règne du roi Jean ; Charles V fit rétablir l'église détruite par la foudre.

VOISIN. A six lieues de Paris, au-delà du parc

de Versailles, est aussi appelé Voisin-le-Bretonneux; il est désigné dans quelques registres sous le nom de Voisin et les hameaux.

VRAIN (Saint-). A huit lieues de Paris. L'architecte Ledoux y construisit pour madame Dubarry un château ou plutôt un magnifique palais. Tous les arts ont concouru à l'embellir. Tous les élémens de bonheur semblaient devoir charmer l'existence de la propriétaire : elle rêva tous les plaisirs et se réveilla sur un échafaud.

# W.

WARVILLE. A deux lieues nord-ouest de Clermont en Beauvoisis, et à dix-sept lieues de Paris.

WY. A huit lieues de Paris, entre Vemars et Plaissy, sur la route de Paris à Chaalis. Il y a un autre village du même nom près de Magny, et à quatorze lieues de Paris. On l'appelle aussi *Joli village*.

# Y.

YÈRES. *Voy.* HYÈRES.

YENVILLE ou JANVILLE. A une lieue de Thoury. Il s'y fait un commerce très-actif en rouennerie.

YÈVRE-LE-CHATEL. A vingt-une lieues de Paris, sur le bord de la Rinarde.

YÈVRE-LA-VILLE. Dans le même canton qu'Yèvre-le-Châtel. On appelle simplement Yèvre une commune située à six lieues plus loin de Paris, entre Orléans et Chartres.

YON (Saint-). A neuf lieues de Paris, à deux lieues d'Arpajon, à droite de la route d'Orléans. Les anciens seigneurs avaient fait bâtir une forteresse au-dessus de la montagne : elle a été détruite. Il n'en reste plus que les vestiges, au milieu desquels se trouvent l'église et le presbytère. La population, long-temps renfermée dans l'enceinte des fortifications, s'est établie dans la campagne, et a formé les hameaux de Feugères, des Conardières, de Dampierre, Launay, la maison de la Madeleine, et la ferme de Moret.

Ce village avait eu un couvent de religieux de l'ordre de Cluny. Il ne reste plus de vestiges de la première maison qu'ils occupèrent : on en eut vainement cherché des traces long-temps avant la fin du dernier siècle.

YVERNEAU. A cinq lieues de Paris, près de Férolles et de Lesigny. Ce village a donné son nom à une riche abbaye d'augustins, supprimée en 1790.

YVETTE. A huit lieues de Paris, près de la rivière du même nom. C'était le siége d'une abbaye de religieux supprimée en 1790.

FIN.

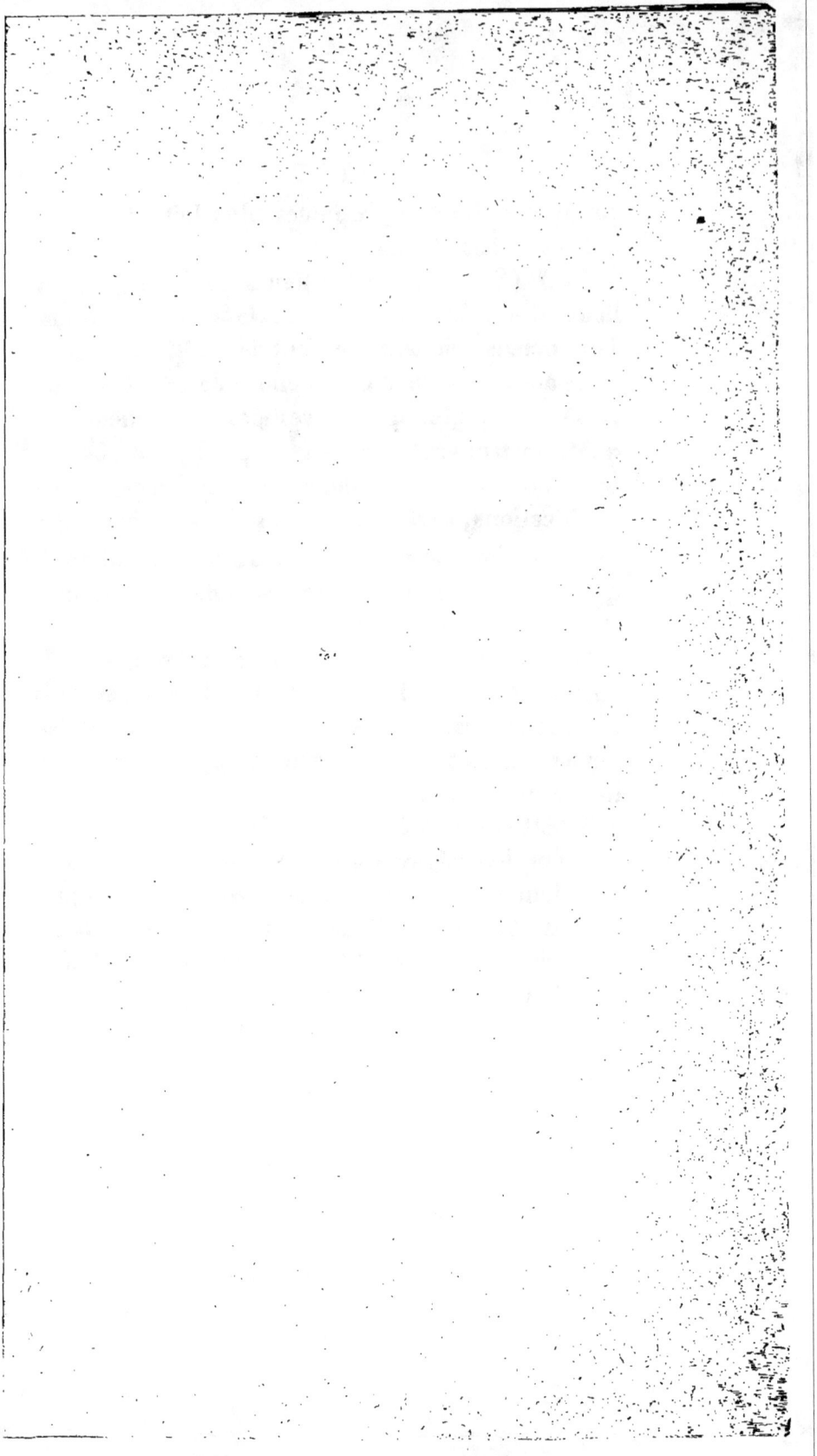

www.ingramcontent.com/pod-product-compliance
Lightning Source LLC
Chambersburg PA
CBHW061000220326
41599CB00023B/3782